지역사회복지연구방법론

박태영 · 채현탁 · 김동화 · 김석주

KNOWLEDGE COMMUNITY 공동체

Preface

최근 지역사회에 대한 관심이 증대하고 있다. 2017년 문재인 정권이 들어서고 난 후에는 주민자치라는 용어가 자주 거론되고 있다.

2000년 이전에는 사회복지 실천현장에서 지역사회복지 실천이 쉽지 않았다. 대학에서도 지역사회복지는 교과서상의 과목에 머물러 있었다. 2000년 이후부터 사회복지 영역에서는 지역사회 중심의 사회복지실천을 표방하며, 관련 법률 개정과 아울러 제도화가 진행되어 오고 있다.

그 대표적인 것이 시・군・구 지역사회보장협의체 구성과 운영, 지역사회보장계획 수립과 실행, 희망복지지원단의 설치・운영, 읍면동 지역사회보장협의체 구성과 운영, 읍면동 복지허브화사업 추진, 커뮤니티 케어 등이다.

이들 제도화의 기저에는 주민참여 내지는 주민주도가 필연적으로 자리매김 하고 있다. 아직까지 이들 제도가 주민참여에 기반하여 적절하게 작동된다고 보기에는 한계가 있다.

지역사회복지에서 다루어야 하는 '지역사회', '지역주민', '지역사회에서 이루어지는 주민의 삶'이라는 부분들은 나름의 특성을 지니고 있다. '지역사회'는 공간성을 바탕으로 한 인프라의 지역적 안배, 접근용이성 등이 고려되어야 할 것이다. '지역주민'은 관계성을 바탕으로 한 주민참여, 네트워크 형성・유지 등이 고려되어야 할 것이다. '지역사회 주민의 삶'이라는 차원에서는 기능성을 바탕으로 한 거버넌스 구현, 자치력 강화 등이 중요한 요소가 될 것이다.

이들 지역사회복지의 하위 요소들에 대한 과학적 접근이 필요하다. 이는 최소한 현장의 실태를 과학적으로 파악하여 그 원인을 밝히고, 이를 근거로 실현 가능한 대처방안을 수립하여 실천하기 위한 것이다.

그동안 지역사회복지 실천현장에서는 기존의 사회복지조사방법론에서 배운 설문지를 통한 양적조사 방법에 크게 의존해 온 경향이 있다. 그 대표적인 것이 지역사회보장계획 수립을 위한 지역주민 복지욕구 조사일 것이다. 이 양적조사 방법이 유용하기는 하지만, 지역사회복지 현장의 다양한 측면을 밝히는 데는 한계가 있어 보인다.

이 책은 이러한 지역사회복지 현장의 요구를 반영하여 제작하게 되었다. 여기서는 최소한 지역사회복지 실천현장에서 바로 사용할 수 있는 다섯 가지 연구방법을 제시하고자 한다. 소개하는 연구방법들은 지역사회복지 실천 유용성을 포함한 연구방법의 개요를 다룬 후, 그 내용과 적용, 지역사회복지에서 적용한 사례를 제시하고 있다. 특히 여기에서 다룬 내용들은 해당 연구방법을 활용한 현장분석 지식과 그에 따른 대응 사례를 알린다는 의도로 매우 구체적으로 다루었다.

이 책은 전체 여섯 장으로 구성되어 있으며, 그 내용과 담당 집필자는 다음과 같다.

1. 지역사회복지와 연구방법(박태영)
2. 설문을 이용한 지역사회 조사방법(김동화)
3. 지리정보체계(GIS) 분석(김석주)
4. 사회 네트워크 분석(채현탁)

5. 초점집단면접(채현탁)

6. 퍼실리테이션 기법(김동화)

여기에 제시된 연구방법 하나하나가 한 권의 책으로 소개되어 있기도 하여, 다섯 가지의 연구방법을 한 권으로 소개하는 것이 다소 무리인 듯 하지만, 지역사회복지 차원에서 활용 가능성을 높이기 위한 의도로 구성한 것이다.

이 책은 지역사회복지 현장실천가와 지역사회복지에 관심을 가지고 있는 연구자들에게 참고가 될 것으로 보인다. 나아가 대학원에서 지역사회복지를 전공하는 대학원생에게도 도움이 될 것이다. 이 책이 우리나라 지역사회복지 실천에 도움이 되었으면 좋겠다. 출판을 위해 애써준 도서출판 공동체 김동훈 사장님과 편집실 관계자에게 감사를 표한다.

2019. 3.

연구자들을 대표하여 박태영 씀

Contents

CHAPTER 04 사회 네트워크 분석 _ 159

CHAPTER 05 초점집단면접 _ 203

CHAPTER 06 퍼실리테이션 기법 _ 239

Chapter 1

지역사회복지와 연구방법

지역사회복지는 '지역사회를 기반으로 한 사회복지실천'으로 볼 수 있다. 사회복지실천의 한 부분(micro)이지만, 사회복지실천(micro)과 정책(macro) 사이에 위치하는(mezzo) 것으로 볼 수 있다. 이는 클라이언트를 지원함에 있어서 개인, 가족, 집단 혹은 국가 차원에서 지원하는 것이 아니라 지역사회 차원에서 지원하는 것이기 때문이다.

지역사회복지는 클라이언트를 지역사회에서 지원하는 것과 클라이언트를 지원하는 지역사회를 지원하는 것 그리고 지역사회 그 자체의 복지역량을 강화하는 것을 포괄하는 의미를 가지고 있다(岩間伸之・原田正樹, 2012).

지역사회복지를 '지역사회를 기반으로 한 사회복지실천'으로 보는 것은 지역사회의 생활과제라는 증상에 대처하기 위한 양방적 접근으로 볼 수 있다. 반면에 지역사회복지를 '지역사회복지 기반 구축'으로까지 확장시키는 것은 지역사회 생활과제에 대처하기 위한 역량을 강화하고 나아가 생활과제를 예방할 수 있는 체질을 강화하는 한방적 접근으로 볼 수 있다. 이 둘은 상보적인 관계로 볼 수 있다.

이를 그림으로 나타내면 다음과 같다.

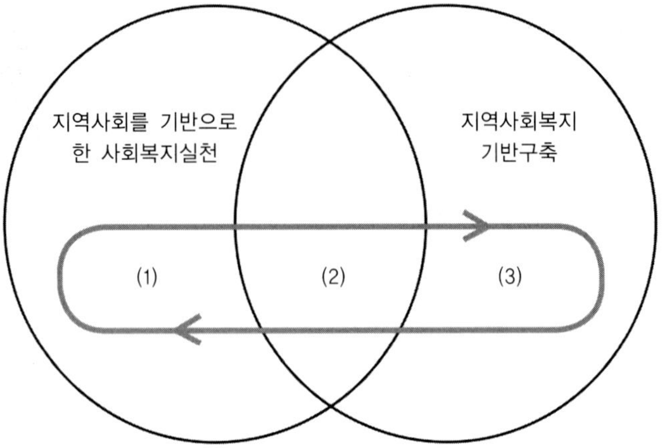

(1) 개인을 지역사회에서 지원하는 실천
(2) 개인을 지원하는 지역사회를 만드는 실천
(3) 지역사회복지 기반구축

|그림 1-1| **지역사회복지의 포괄적인 개념**

출처 : 岩間伸之・原田正樹의 자료 일부 수정.

여기서는 지역사회복지에서 중요한 개념인 '지역사회'에 대한 내용을 살펴본 후, 지역사회복지의 개념을 개괄적으로 소개하고자 한다.[1)] 나아가 이 책의 주된 내용인 지역사회복지 연구방법에 대하여 다루고자 한다.

1) '지역사회의 이해'와 '지역사회복지의 개관'은 지역사회복지론(박태영・채현탁, 2017)과 '읍면동, 지역복지 현장으로 적합한가'(2017 한국지역사회복지학회 추계학술대회) 자료를 중심으로 재구성한 것임

1. 지역사회의 이해

지역사회는 'Community'의 어원에서 의미를 살펴볼 수 있다. 'Community'는 라틴어의 'communis'에서 유래된 것으로, 이는 '친목, 인간관계나 정서적 지역사회'를 의미하고 있다. 그러나 중세 라틴시대에 'communis'는 '동료나 성곽 내에 거주하는 사람들의 총체'를 의미하는 것으로 사용되기 시작했다(NASW, 1999). 이러한 'Community'는 다양한 의미와 문맥 속에서 사용되고 있는데, 우리나라에서는 지역사회, 공동체, 공동사회 등으로 사용하고 있다. 이는 각 단어들의 뉘앙스가 다르고 강조하는 측면이 다른 것에 기인한다.

지역사회에 대한 대표적인 정의는 Hillery(Netting, Kettner, & McMurtry, 1998 재인용)의 것으로, 기존의 지역사회에 대한 정의들을 분석하여 지리적 영역(생활권역, 물리적 자원), 사회적 상호작용(사회관계), 공동의 연대감을 공통요소로 밝히면서, 이러한 세 가지 요소가 포함된 지역사회의 정의를 "일정한 지리적 영역 안에서 사회적 상호작용을 통하여 공동의 연대감이 갖추어져 있는 인간집단"으로 내리고 있다.

1) 지역사회의 기능

지역사회의 기능에 대하여 Warren(1978)은 생산·분배·소비, 사회화, 사회통제, 사회참여, 상부상조 등 다섯 가지로 제시하였으며, Pantoja와 Parry(1992)는 Warren의 연구를 토대로 하여 Warren의 다섯 가지 기능에 방어와 의사소통의 기능을 추가하여 설명하고 있다. 여기서는 일곱 가지의 기능을 중심으로 살펴보고자 한다.

(1) 생산 · 분배 · 소비

이는 의식주(衣食住)같이 지역사회 주민들이 일상생활을 위해서 필요로 하는 기본적인 재화(goods) 및 서비스를 생산·분배·소비하는 과정을 말한다. 오늘

날 사람들은 의식주, 보건, 교통, 고용, 여가생활 등과 관련된 다양한 영역에서 재화 및 서비스 같은 기본적인 욕구를 충족시키기 위하여 서로 의존하고 있다. 따라서 지역사회의 다양한 개인 및 조직들은 이러한 기능들을 수행하게 되고, 지역사회는 이러한 활동이 이루어지는 환경이 된다.

(2) 사회화

사회화는 개인들이 사회와 이를 구성하는 사회적 단위들의 지식, 가치, 행동유형 등을 터득하는 과정을 말한다. 예를 들면, 아동들은 가족 및 학교로부터 이러한 정보들을 주로 전달받게 되지만, 일반적으로 이러한 사회화는 일생동안 이루어지게 된다. 즉, 가족, 집단, 조직, 지역사회와 같은 모든 사회적 단위는 그 구성원에게 살아가는 데 필요한 정보를 직접적・간접적으로 전달해 주고 있다.

(3) 사회통제

사회통제는 그 지역사회의 구성원들이 사회적 역할, 규범, 가치 등에 순응하도록 하는 과정을 말한다. 이를 위하여 사회적으로 법률, 규칙, 규정 등을 제정하고, 이를 집행함으로써 그 지역사회의 질서를 지키고 사회해체를 막는 기능을 수행하게 된다. 그러나 이러한 사회통제 기능은 정부만의 전유물이 아니라 교육, 종교 및 사회적 서비스 같은 다양한 부문을 대표하는 기관들도 이러한 기능을 수행한다.

(4) 사회참여

지역사회는 구성원들에게 참여의 기회를 제공해 준다. 사회참여는 지역사회 주민들이 그 지역사회의 다양한 사회적 집단 및 조직의 활동에 참여하는 과정을 말하는 것으로, 여기에는 지역사회의 기능을 수행하는 공식적 조직뿐만 아니라 비공식적 집단 및 연합들도 포함된다. 예를 들면, 지역사회 구성원들은 지역의 교회, 시민조직, 또는 비공식적인 근린집단을 통하여 사회적 상호작용의 기회를 가지게 된다. 이러한 사회적 상호작용은 지역사회를 이룩하고 이를 함께 유지하는 결속의 역할을 하게 된다.

(5) 상부상조

상부상조는 지역사회의 구성원들이 서로의 안녕(well-being)을 위하여 도움을 주는 과정을 말한다. 가족, 이웃, 친구와 같은 1차적 집단은 전통적으로 기초적인 사회적 지지와 보호의 기능을 수행해 왔다. 그러나 사회가 보다 복잡해지고 다양화됨으로써 이러한 기능은 정부, 민간 사회복지기관 및 조직, NGO 등으로 옮겨지게 되었다. 따라서 이러한 상부상조 기능은 비공식적인 활동뿐만 아니라 공식적인 활동 모두를 포함한다고 볼 수 있다.

(6) 방어

방어(defense)는 지역사회가 그 구성원을 보호하고 지키는 방법이다. 이러한 기능은 특히 안전하지 못한 지역사회에서 주요한 기능이 되어 왔다. 이러한 기능은 공간적 지역사회뿐만 아니라 비공간적 지역사회에서도 관련되어 있는 기능이다. 예를 들면, 동성연애자 집단의 경우 이러한 방어적 기능은 더욱 중요할 수 있는데, 이는 그들에게 피해를 줄 수 있는 집단이 있기 때문이다. 또한 외국에서 생활하는 이민자들의 경우에도 그 사회의 주류집단으로부터 자신들을 보호하기 위하여 방어기능을 가지게 된다.

(7) 의사소통

의사소통은 생각을 표현하는 공통의 언어 및 상징(symbols)을 활용하는 것을 의미한다. 이러한 의사소통은 Warren이 제시한 다섯 가지 기능, 즉 첫 번째의 생산・분배・소비에서 다섯 번째의 상부상조 기능들의 보완적인 역할로 볼 수도 있지만, 여기에서는 현대사회에 있어서 의사소통을 하나의 독립된 기능으로 간주한다는 것은 매우 의미 있는 것으로 보인다. 여하튼 의사소통은 그것이 언어나 문자이든지, 그림 또는 소리를 통한 표현이든지 간에 사람들을 결속시키는 접착제와 같은 역할을 하는 기능이다.

2) 지역사회의 구성요소

지역사회는 어떤 요소 혹은 측면들로 구성되어 있는지에 대하여 기존의 자료들을 중심으로 살펴보고자 한다.

(1) Gardner의 지역사회의 구성요소

Gardner(1997)는 전통적인 지역사회가 개인주의적 성향과 지나친 경쟁의식, 교통 및 통신 수단의 발전으로 인하여 점차 자율성과 그 기능들을 상실하고 나아가 붕괴되어 가고 있다고 보았다. 지역사회의 붕괴 과정을 늦추고 재건하는 과정을 촉진시켜야 하는 필요성을 주장하며, 지역사회의 재건을 위한 필수적인 구성요소를 다음과 같이 제시하고 있다.

① 다양함을 포함한 전체

우리는 다양하고도 서로 밀접한 관계를 맺고 있는 세계 속에서 살고 있으므로, 법 테두리 내에서 공동선에 대한 다양한 비전을 추구할 수 있고, 동시에 살기 좋은 사회제도를 만들어 가기 위해 상호 조정이 가능한 체제를 추구하는 것이다. 공동 목적의 테두리 안에서 상충하는 이해관계를 추구하는 것이 자유세계의 장점이다. 그러나 지역사회는 어느 정도의 체제를 갖춘 전체, 즉 어느 정도 결속이 이루어진 전체, 다양성을 포함한 전체를 의미한다.

일부 지역사회는 불화와 단절로 상호 간의 의사소통이 되지 않고 이해하지 못하여 어떤 이슈에 대해서도 협력하여 대처할 수 없는 상태인 반면에, 일부 지역사회는 매우 이질적인 사람들이 상호 조화를 이루어 평화롭게 함께 살아가는 곳도 있다.

다양성을 포함한 전체를 구현하기 위해서는 우선 전체가 다양성을 억제하는 것을 방지해야 한다. 이를 위해서는 보다 큰 집단의 목적이 존중되는 범위 내에서 하위 지역사회에게 자신의 몫과 독자성을 지키는 기회가 제공되어야 한다. 또한 다양성이 전체를 파괴하는 것을 방지하기 위해서는 양극화 현상의 최소화, 다양한 집단끼리 서로 알도록 가르치는 일, 연합 결성, 분쟁 해결, 협상과 조정을 위한 제도적 장치들이 있어야 한다. 이러한 의미에서 비영리부문 혹은 자원봉사 분야는 다양함을 포함한 전체를 이루는 데 중요한 동반자가 될 수 있다.

② 공유가치들의 합리적 기반

지역사회가 그 구성원들로 하여금 모든 것에 대하여 동의하도록 요구하는 것은 비현실적일 뿐만 아니라 다양성의 존중이라는 정신에도 위배되지만, 어느 정도의 동의는 필요하다고 할 수 있다. 지역사회의 핵심이 되는 몇몇 공유가치들은 있어야 한다. 이러한 공유가치들은 법이나 규칙에 반영될 수 있으며, 관습이나 개인의 비전 속에 반영될 수도 있다.

건전한 지역사회는 구성원들이 공유하는 기본 공감대와 가치를 적극적으로 지켜나가는 곳이다. 이상적인 지역사회를 형성해 나가기 위해서는 정의, 평등, 자유, 개인의 존엄성, 재능과 에너지의 발휘 등이 존중되어야 하고, 구성원들이 공유하는 기본적인 가치들을 적극적으로 지켜 나가고자 하는 사회적 목적의식이 있어야 한다. 이러한 공유가치들을 육성하고 개발해 나가기 위해서는 교육이 뒷받침되어야 한다.

③ 배려, 신뢰, 협력

이상적인 지역사회는 구성원 서로를 인간적으로 대하고, 개개인의 차별성을 존중하고, 서로 열심히 일한 것을 인정해 주고, 구성원 서로가 서로를 필요로 한다는 자각을 가지고 있다. 또한 지역사회에 대한 소속감과 정체성이 있으며, 구성원 상호 간에 신뢰감이 있고, 누구나 참여의 기회가 있으며, 비동조자나 반대자도 용납되고, 소외자도 없다. 이러한 이상적인 지역사회를 만들기는 매우 어렵지만, 이와 유사한 환경을 만들기 위한 노력을 기울여 나가야 한다.

지역사회 내에서 배려와 신뢰, 협력을 추구해 나가는 데 필요한 첫 단계는 모든 소집단과 개인들로 하여금 그들이 지역사회 내에 완전히 받아들여졌다고 믿게 하는 것, 즉 모두가 소중하게 여겨진다고 느끼게 하는 것이다. 다음 단계는 갈등해결을 위하여 제도적 장치를 마련해야 한다. 다원화된 사회에서는 갈등을 피할 수 없으므로 이를 통하여 타협과 연대를 이루어 내는 기술을 익혀야 한다. 세 번째 단계는 공동의 활동에 근거를 두는 것이다. 지역사회 내의 문제를 함께 해결하는 활동은 지역사회의 내실을 견고하게 만든다. 따라서 지역사회에서는 구성원이 각종 사업에 참여하여 지역사회에 기여할 수 있도록 활동 근거를 마련해 주어야 한다. 마지막으로 다양한 유대경험을 제공하도록 해야 한다.

④ 효과적인 내부 의사소통

지역사회의 구성원들은 서로 자유롭게 의사소통할 수 있어야 한다. 원활한 의사소통은 상호 이해를 증대시키며 나아가 상호 의존, 상호 협력을 이끌어 내기가 쉬워진다. 보다 큰 지역사회나 체제에서는 구성원 간의 자유로운 정보교환을 위해, 또한 그러한 흐름을 방해하는 편가름과 같은 장애를 없애기 위해 의도적인 노력이 필요하다.

이를 위해서는 의견교환 시에 정중함과 공통된 언어의 사용이 필요하고, 의사소통을 위한 공식적인 규정이 있어야 한다. 또한 의사소통을 유도할 수 있는 여러 가지 만남의 장이나 모임을 주선할 단체나 기관이 필요하다.

⑤ 참여

이상적인 지역사회는 구성원들의 다양한 참여가 있어야 한다. 이러한 참여는 "당신은 우리와 같은 일원이고, 당신이 맡을 역할이 있으며, 그 역할은 의미 있는 것이다"라는 지역사회의 메시지에 대한 응답인 것이다. 활기찬 지역사회에서는 지도자들의 폭넓은 연결망과 영향력뿐만 아니라 실천 가능한 합의 도출, 동기부여, 설명 등에 구성원 자신들의 시간과 재능을 나눌 자발적인 참여를 필요로 한다. 시민들의 투표 또는 공공회합에서의 의사 발표가 사회참여의 한 형태인 것처럼 지역사회에 대한 책임감을 가지고 아이를 기르는 부모나 어려운 환경에 처한 어린이들을 가르쳐 주는 청소년 자원봉사자들의 활동도 역시 참여라고 볼 수 있다.

이러한 참여의 가능성을 높이기 위해서는 구성원들이 지역사회의 일원임을 느끼고 그들의 욕구가 고려되고 있다는 확신을 갖게 하는 공동체 문화 형성, 시민교육 실시, 투표참여 운동, 시민단체 육성, 자유롭고 책임 있는 언론매체의 육성, 공개적이고 문제점에 잘 대응하는 정치과정 형성, 효율적이고 참여적 지도자를 육성하기 위한 교육제도 정비, 시민참여의식 형성, 지역사회 발전을 위한 다양한 포럼 개최, 공공 영역에 대한 자원봉사활동의 전통 등을 만들어 가야 한다.

⑥ 확인

이상적인 지역사회는 끊임없이 스스로를 재확인하며 도덕성을 스스로 개발한다. 아무리 잘 조직된 지역사회라도 자신의 목적, 가치, 정체성 등을 재확인하는 것이 필요하다. 지역사회는 자신의 결함을 인정하고 비판을 수용하지만 근본적으로는 자기 지역사회에 대한 확신이 있다. 그러나 지역사회에서의 확신이 지나치면 지역사회 내의 창의성이 억제되고 순응이 강요되는 방향으로 나갈 위험이 있을 수도 있다.

일반적으로 기념식이나 축제 등에서 집단의 정체성을 재확인하게 되고 모범적인 구성원을 포상함으로써 지역사회의 공동의 목적과 가치를 드높일 수 있게 된다. 이를 위해서는 학교나 종교기관, 시민단체 등을 통해서도 공동의 목적이나 가치들을 재확인하는 교육이 진행되어야 한다.

⑦ 지역사회 바깥과의 연계

이상적인 지역사회는 자신 안에 다양성도 포함하지만, 동시에 외부의 여러 단체들과도 개방적이고 건설적인 관계를 유지해야 한다. 예를 들어, 학교는 소속한 학군, 지방자치단체와의 건설적인 관계를 통하여 그리고 지역사회와의 광범위한 관계를 통해서만 강력한 기관으로 발전할 수가 있는 것이다. 즉, 소속된 단위 지역사회들이 더 큰 지역사회에 대한 책임과 필요성을 인식한다면 단위 지역사회들이 튼튼하고 생동감 넘치도록 성장함에 따라 큰 지역사회도 건전한 생동감을 얻게 될 수 있는 것이다.

이를 위해 지역사회는 보다 큰 전체 내에서 효과적인 역할을 수행하는 한편, 다른 하위 지역사회의 지도자들과 협력적인 유대관계를 수립하여 보다 이상적인 지역사회를 형성해 나가는 데 노력해야 한다.

⑧ 청소년들의 육성개발

어떠한 지역사회이든 지속적인 생동감을 유지하기 위해서는 청소년들이 자신의 자질을 최대한 개발하도록 도와주어야 할 뿐만 아니라 공유가치를 그들의 내면에 자연스럽게 불어넣어 주고, 공동목적에 대한 책임감을 길러주며, 공동의 유산을 보존하거나 개선하는 방법을 가르쳐 줌으로써 젊은이들로 하여금 장래 그들의 역할에 대해 준비하도록 해야 한다.

이를 위해서 초등학교부터 중·고등학교에 이르기까지 어린이와 청소년들은 그들이 속한 지역사회 안에서 복지에 어느 정도 책임지는 것을 배우도록 하고, 이들에게 자원봉사활동을 할 수 있는 기회를 마련하여 자원봉사활동과 실습을 통하여 어른들의 세계와 그 지역사회에 대하여 이해하도록 도와야 한다.

⑨ 미래관

지역사회의 급변하는 상황에 대하여 지역사회가 어디로 향하고 있으며, 어떻게 변화할지에 대한 방향 감각이 있어야 한다. 앞으로 변화할 것을 미리 내다보고 대처함으로써 다음 세대들에게 보다 나은 지역사회를 물려줄 수 있는 것이다.

이를 위해서는 미래를 준비하고 장기 계획을 수립하는 기획위원회의 설치가 필수적이며, 이러한 위원회가 건설적인 차원에서 체계적이고 효율적으로 운영되도록 하기 위해서는 집중적이고 단기적인 차원에서 미래의 문제를 파악하고 준비하는 특별위원회의 운영뿐만 아니라 지역사회 내의 연구소나 대학들의 연구가 지속되어야 한다.

⑩ 지역사회 유지를 위한 제도적 장치

모든 지역사회는 각기 다른 지역사회의 구조와 관리 형태에 따라 제도적 장치를 가지고 있다. 예를 들어, 도시의 제도적 장치로서는 시 행정부 지도자와 민간 지도자들이 있으며, 비영리단체의 제도적 장치로서 이사회, 행정간부들과 직원, 자원봉사자들로 구성된 위원회가 운영됨으로써 민주사회에서는 인구 대다수가 체제유지 역할을 담당한다고 볼 수 있다.

지역사회 유지를 위한 제도적 장치 형성에 있어서 정부의 역할은 대단히 중요하다. 그러므로 정부는 존경과 신뢰를 받는 지역사회 참여의 수단이 되어야 하며, 지방정부와 민간분야 간의 지속적인 협력도 이루어져야 한다. 정부의 역할과 함께 지역사회를 지속적으로 유지해 나가기 위한 인력을 개발하고 훈련시키는 일 또한 중요하다.

(2) 지역사회의 '건전도' 측정지표

카토우(加藤博史, 2016)는 지역사회의 '건전도' 측정지표(Index of Community Soundness)를 다음과 같이 제시하고 있다. 여기에 제시하고 있는 여섯 가지 지표는

① 현대 사회시스템 기능의 불완전성을 해소해 나가기 위한 방향성–도시화・산업화라는 사회변동에 대응한 지역사회의 다양성에 대한 지방분권적・지방분산적 사회시스템의 필요성
② 고도의 복지사회건설을 위한 방향성–지방분권을 축으로 한 행・재정시스템의 개혁과 사회적 약자의 보호를 목적으로 하는 주민복지의 충실
③ 국민의 가치지향의 변화에 대응한 방향성–획일적인 대중소비사회로부터 다양한 생활설계나 문화의 존중, 거대조직에 의한 관리사회에 대항하는 주민참여형 사회시스템의 구상

지역주의는 '또 하나의 사회시스템(alternative society)'을 모색하는 것으로, 기존의 사회시스템을 지역사회 관점에서 재구축을 지향하는 사상이나 이념으로 볼 수 있다. 이러한 지역주의의 직접적인 형태로서의 운동은 '자립'과 '공생', 이 양자를 기반으로 한 네트워크적인 지역사회 관계의 구축으로 진전되고 있다. 지역주의에 의한 사회시스템의 변혁 구상은 지방분권화나 주민참여, 리사이클 사회의 구체화 등에서 나타나고 있다(玉野井芳郎松, 1978).

다음은 중앙주의와 대비하여 지역주의의 구조와 목표를 제시하고 있고, 이러한 지역주의의 구조와 지향점을 도쿄도 미즈호쵸(瑞穗町)에서 쓰레기 처리에 적용한 'Clean 미즈호 계획–사회시스템 구조'를 나타낸 것이다.

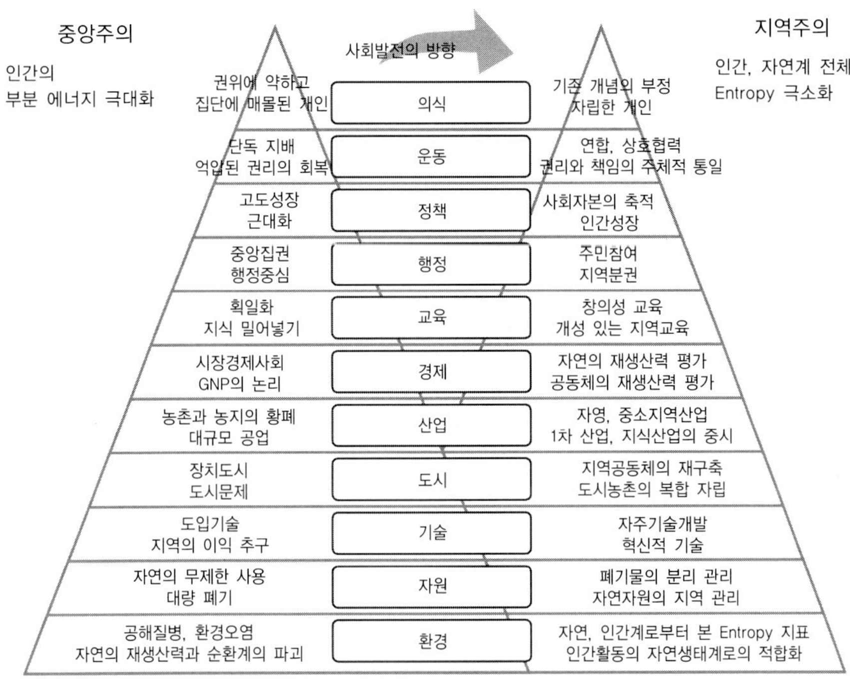

|그림 1-3| 지역주의의 구조와 목표

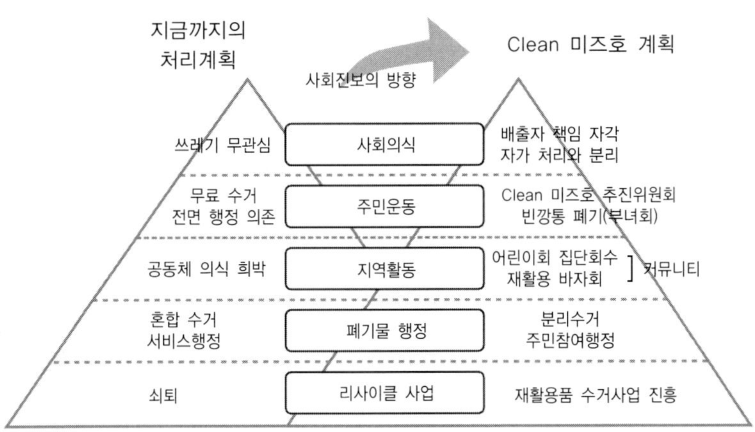

|그림 1-4| Clean 미즈호 계획-사회시스템 구조

4) 지역사회 붕괴 원인과 재구성 방안

오늘날의 지역사회는 붕괴되었는데, Putnam(2009)은 그 원인을 ① 세대변화·세대교체 50%[세대변화(35%), 세대변화와 TV(15%)], ② TV 25%[TV(10%), 세대변화와 TV(15%)], ③ 직장 10% 시간과 돈의 압박, ④ 도시팽창 10% 교외지역의 도시화, 장거리 출퇴근, ⑤ 기타 20% 정도는 다른 요소로 추정하고 있다.

타케노시타(竹之下典祥, 2016)는 그 원인으로 ① 사유화 : 자기 신변관심 지향성, 사회가 강화하는 과도한 프라이버시, 고립화된 육아와 밀실화된 가정, ② 쾌적성(amenity)의 과도한 추구 : 에너지 과소비, 지구온난화, 인간 오감 둔화, 인내심과 지구력의 둔화, ③ 생명과 평화의 경시 : 전쟁과 폭력, 범죄의 빈발로 보고 있다.

이렇게 붕괴되어 가는 지역사회를 어떻게 재구성 혹은 재구축하느냐에 따라 우리 미래의 삶의 질이 결정될 수 있을 것이다. Putnam(2009)은 이에 대한 방안으로 일곱 가지를 제안하고 있다.

① **청소년과 학교** : 청소년들이 사회의 모든 분야에서 성인이 되었을 때, 이들의 시민참여 수준을 할아버지 세대의 그 나이 때 수준에 필적하도록 끌어올리고, 동시에 연계형 사회적 자본은 할아버지 시대보다 실질적으로 더 크게 만들 수 있는 방법을 찾아야 한다.

② **일터** : 일터가 실질적으로 가족적이고 친근하며 공동체와 조화를 이루도록 보장할 수 있는 방법을 찾아야 한다.

③ **도시 설계** : 출퇴근 시간을 덜 쓰고, 이웃과 유대관계를 맺는 시간은 더 많이 가지도록 구축되어야 한다. 또한 직장과 생활공간이 보다 통합되고, 보행자 친화적인 지역에서 살 수 있도록 도시가 구성되어야 하며, 친구와 이웃들과 늘 가볍게 만나 사귈 수 있게 공동체를 설계하여야 한다. 지역사회의 모든 주민은 이름(first name)만으로도 알고 지내는 친근한 이웃들이 지금보다 많아지도록 해야 한다.

④ 종교 : 각자가 정신적 공동체에 더 깊이 참여하는 동시에 다른 사람들의 신앙과 행동에는 더 관용적인, 새롭고 다원적이며 사회적으로 책임지는 '신앙 부흥 운동'에 나서도록 해야 한다.

⑤ 매스미디어와 인터넷 : 반짝이는 스크린 앞에 맥없이 앉아 보내는 여가 시간을 줄이고, 동료 주민들과의 적극적인 연계에 더 많은 시간을 사용할 수 있는 방법을 강구해야 한다. 매스미디어와 인터넷은 공동체 참여를 방해하는 것이 아니라 오히려 강화하는 새로운 형태의 도구로 활용되어야 한다.

⑥ 문화와 예술 : 보다 많은 주민들이 다양한 경연대회, 노래자랑, 동네연극, 랩 페스티벌 등의 문화 활동에(단순히 소비하거나 '감상'하는 데 그치지 않고) 직접 참여할 수 있도록 하는 방법을 찾아야 한다. 다양한 주민 집단들을 불러 모으는 원동력으로서 예술을 이용할 수 있는 새로운 방법을 찾아내야 한다.

⑦ 정치와 정부 : 공직후보 출마, 공공회의 참석, 위원회 위원으로서의 봉사, 선거운동 참여, 심지어는 투표 등 공동체의 공적 생활에 더 많은 시민들이 참여하도록 보장하는 방법을 찾아내야 한다.

2. 지역사회복지의 개관

1) 사회복지학에서 지역사회복지

(1) 사회복지학에서 지역사회복지의 위치

사회복지학은 이론적인 체계를 가지고 있으면서도 실천적인 측면이 중요하게 다루어지는 학문이다. 사회복지학에서는 이론중심으로 접근하는 측면과 실천중심으로 접근하는 측면이 있다. 또한 실천 측면에서는 그 실천단위가 국가 수준, 지역사회 수준, 개인이나 집단 수준으로 나누어지며, 실천기법 측면에서는 제도나 정책적 기법을 활용하는 접근과 기술적 기법을 활용하는 접근이 있다.

국가 수준의 정책적 접근을 일반적으로 Macro Approach라고 하고, 개인 · 집단 수준의 기술적 접근을 Micro Approach라고 한다. 지역사회 수준에서 정책과 기술적 실천기법을 동시에 구사하는 것을 Mezzo Approach라고 할 수 있다(加納光子, 2001).

지역사회복지는 정책적 접근과 기술적 접근을 동시에 활용하면서 지역사회 수준에서 실천해 나가는 특성을 지니고 있다. 특히 국가 단위의 사회복지정책이 구체화되어 개인 및 집단의 삶의 질을 높이는 역할을 지역사회복지가 하게 된다. 지역사회는 개인이나 집단의 생활 터전이므로 개별화된 다양한 정책들이 통합되어 주민들에게 제공되는 장(場)이면서, 주민 스스로 자신들의 생활과제를 해결해 나가는 장이다. 이러한 장을 적절하게 활용한 사회복지실천이 바로 지역사회복지인 것이다.

(2) 지역사회복지의 고유성

사회복지실천방법 가운데 하나인 지역사회복지는 몇 가지의 고유성을 가지고 있다. 이를 살펴보면 다음과 같다(藤井博志, 2000).

첫째, 지역사회복지는 개인의 생활과제를 지역사회의 과제로 인식하는 것에서부터 출발한다. 사회복지는 생활과제를 해결 · 예방하기 위한 원조기술이다. 지역사회복지의 대상이 되는 것은 그것이 지역사회의 생활과제로 인식하는 데서부터이다.

둘째, 지역사회복지는 지역주민과 지역의 사회복지기관 등 지역의 사회자원을 활용한다. '자신의 문제'를 '우리들의 문제'로 여겨 지역에서 해결하려고 하므로 그 과제에 공감하는 주민이나 전문가의 참여와 협력을 바탕으로 실천하게 된다.

셋째, 지역사회복지는 무에서 유를 만들어 낸다. 즉, 자원을 창조한다. 개인의 생활문제가 지역사회의 과제로 부상하는 원인 가운데는 그 문제를 해결하기 위한 사회자원이 불충분하거나 사회자원 자체가 없기 때문인 경우가 많다. 필연적으로 지역사회복지는 지역의 사회자원을 유기적으로 연계하여 활동함과 아울러 필요한 사회자원을 만들어 내는 역할을 담당하게 된다.

넷째, 지역사회복지는 지역사회라고 하는 캔버스에 그림을 그리는 것과 같이 전체적인 활동을 구상하는 것이다. 지역사회복지사는 지역사회라는 백지 위에 그림을 그리는 것과 같이 그림 전체의 이미지와 디자인을 할 수 있는 능력, 즉 목표 설정과 기획 실행능력을 가지고 있어야 한다. 이것이 지역사회복지 기술에서 특히 중시되는 기획 책정기술인 것이다.

다섯째, 지역사회복지는 전문적인 기술임과 동시에 주민이 사용하는 기술이기도 하다. 지역사회복지의 기술은 전문가의 독점물만이 아니라 주민 자신이 지역사회를 만들기 위해 구사하는 기술이기도 하다.

(3) 사회복지실천과 지역사회복지의 공통점과 차이점

지역사회복지와 사회복지실천과의 관계에 대한 검토는 다소 애매한 부분도 있는 것으로 사료된다. 왜냐하면 사회복지실천에는 기본적으로 지역사회 차원의 접근도 포함되어 있기 때문이다. 하지만 사회복지학과 및 국가시험에서는 사회복지실천론 및 실천기술론 이외에 지역사회복지론이라는 별도의 과목을 두고 있다. 따라서 사회복지실천은 개인・가족・집단 중심의 미시적 접근을 주로 다루게 되고, 지역사회복지는 지역사회라는 별도의 영역을 주로 다루는 양상을 보이고 있다. 그러므로 여기서는 개인 및 집단을 대상으로 하는 사회복지실천과 지역사회복지 간의 공통점과 차이점을 정리해 보면 다음과 같다(牧里每治, 2002).

우선 공통점을 살펴보면 다음 몇 가지로 정리할 수 있다.

첫째는 개인, 소집단, 지역사회와 같이 각기 대상은 다르지만, 각 대상에 대하여 개별화된 대응을 한다는 점이다. 개별화의 원칙은 대상의 주체성을 존중하는 것에서 나온 것이다. 개인을 대상으로 하는 실천에서 자기결정, 집단을 대상으로 하는 실천에서 집단결정, 지역사회복지에서 주민주체의 원칙 등 그 표현은 다소 다르지만, 각각의 독자성을 인정하는 개별화된 대응이 필요한 것이다.

둘째는 생활주체자의 관점에서 문제 구조와 대처 메커니즘을 전체적이고 망라적으로 다룬다는 점이 같다. 사회복지의 대상인 주민의 생활구조가 전체적이고 종합적으로 이루어져 있기 때문에 이를 지원하는 사회복지는 그 접근 수준이 어느 수준이든 기본적으로 전인적인 대응이 요구되는 것이다.

셋째는 문제해결에 있어서 사회자원을 활용한다는 측면에서 공통점이 있다. 여기에서 의미하는 사회자원이란 다양한 사회적 제도를 의미하는 것으로 여러 사회제도와 연계를 통하여 문제를 해결하거나 예방하는 것이 사회복지 실천의 특징이다.

넷째는 인간의 사회관계를 조정하고 조직화하는 것과 관련되어 있다는 점이다. 인간관계에는 공식적·비공식적인 것이 있고, 이를 적절하게 조정함과 아울러 가족, 동료집단, 직장집단, 주민집단, 기능집단 등의 다양한 집단의 조직화를 통하여 변화를 추구하는 것이 사회복지실천이다.

다섯째는 전문가인 사회복지사가 개입한다는 점이다. 사회복지실천의 대상이 어느 수준이든지 처한 문제 상황을 해결해 나가기 위해서는 개별화, 수용, 비심판적 태도, 비밀 보장 등의 자세로 전문가의 개입이 있다.

다음으로는 개인 및 집단을 대상으로 하는 사회복지실천과 지역사회복지의 차이점을 몇 가지로 정리하고자 한다.

첫째는 사회복지실천은 문제를 가진 개인의 사회적 적응이나 사회적 성장을 목적으로 하여 사회조정을 중시하는 데 반하여, 지역사회복지는 개인이나 소집단을 둘러싸고 있는 환경의 개선을 목적으로 하는 사회변혁을 중시한다. 즉, 사회제도나 사회자원이 풍부하지 않으면, 서비스 조정이나 개인의 사회복귀 및 그 적응을 실현할 수 없게 될 것이다.

둘째는 사회복지실천에서 대상으로 하는 문제가 개인이나 가족의 심리·사회적 문제에 집중하는 데 비하여, 지역사회복지의 경우 정치·사회적 문제를 대상으로 하는 경우가 많다. 자원이나 제도가 지역에 잘 구비되어 있거나 그렇지 못한 것은 중요한 경제적·정치적인 문제이다. 특정 지역에 집중된 사회문제로서의 사회복지과제를 해결하기 위해서는 정치적·사회적 행동이 필요한 것이다.

셋째는 사회자원과 관련된 것으로서 사회복지실천은 대개 기존의 사회자원을 유효하게 이용하는 것으로 문제해결을 추구하지만, 지역사회복지는 사회자원 그 자체의 효과적인 조정뿐만 아니라 새로운 사회자원 개발에 역점을 두고 있다.

넷째는 수단적 측면에서 보면 개인을 대상으로 하는 실천은 클라이언트와 사회복지사 간의 신뢰관계나 정서적 결합의 특성을 활용하고, 집단을 대상으로 하는 실천은 대면적인 소집단에서 발생하는 동료의식, 역할의식, 상호부조기능 등의 특성을 활용하는 것에 비하여, 지역사회복지는 지역사회를 구성하는 단체나 조직, 요컨대 기존의 주민조직이나 기능집단이 가지고 있는 지위, 즉 역할의 서열·통합 기능, 주민집단의 응집력이나 연대감 등을 활용한다. 지역사회복지에서도 소집단 기술이 활용되지만 집단을 대상으로 하는 실천과 결정적으로 다른 것은 그룹의 구성원이 하위집단의 대표자로 모집단을 배경으로 하는 리더라는 점이다. 또한 개별면접 기술을 지역사회복지에서도 활용하지만, 개인을 대상으로 하는 실천과 다른 것은 지역의 리더를 상대한다는 점이다.

이러한 네 가지는 앞에서 언급한 지역사회복지의 고유성으로 볼 수도 있다. 특히 지역생활 과제의 대부분은 잠재화되어 있고 그 발견이나 개입을 위해서는 적극적인 접근이 필요하다. 지역사회복지는 그 실천대상의 발견단계에서부터 극히 선제적·능동적으로 대처하는 것이 요청된다. 이러한 실천은 종결까지의 기간이 중·장기간 소요되는 경우가 많다. 이런 특성으로 인하여 지역사회복지는 개인 및 집단을 대상으로 하는 사회복지실천과 비교하여 사회복지조사, 사회행동, 사회복지행정 등과의 관련성이 더욱 중시된다(박태영, 2008).

(4) 관련 영역과의 비교 검토

지역사회복지와 사회복지분야와의 관계는 이중적이다. 지역사회복지는 모든 사회복지분야에 관련되어 있으면서도 독자적인 성격을 동시에 지니고 있다(古川孝順, 2004).

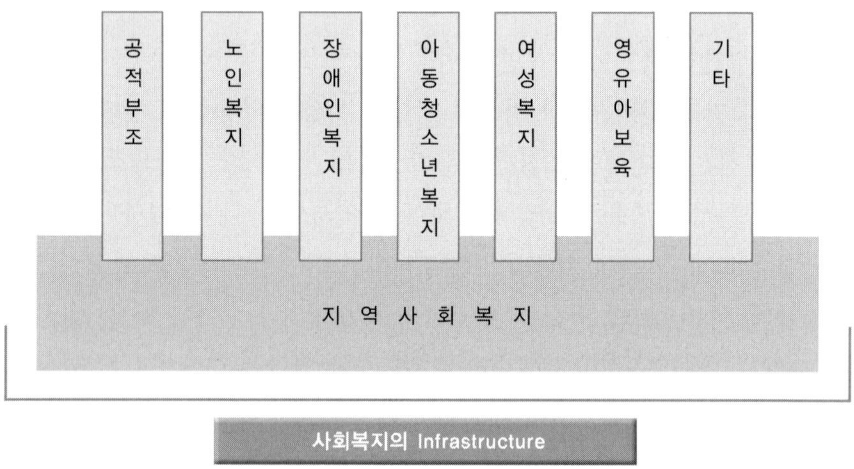

|그림 1-5| 지역사회복지와 사회복지분야와의 관계

출처 : 古川孝順(2004)의 그림 일부 수정·보완.

모든 사회복지분야의 실천현장은 지역사회 안에 위치하므로 지역사회복지적인 성격을 가질 수밖에 없다. 이는 실천현장의 기능 가운데 일정 부분은 지역사회복지 요소를 가진다는 의미이다. 다만, 실천현장의 기능이 특정 사회복지분야에 보다 치우쳐 있는지, 아니면 지역사회복지에 보다 기울어져 있는지를 보고 분류하는 경향이 있다.

2) 지역사회복지의 정의

지역사회복지에 관한 여러 정의를 검토해 보면, 지역사회 주민 개인의 문제를 개인 차원뿐만 아니라 지역사회 차원에서 동시에 대처한다는 것과 전문가와 주민이 공동으로 참여한다는 것, 지역사회의 다양한 자원을 활용한다는 것 등의 공통점을 발견할 수 있다.

따라서 지역사회복지는 일정한 지역사회 내에서 주민의 생활과제를 사회복지사와 주민이 함께 공식적·비공식적 자원을 활용·개발하여 해결하거나 예방하는 다양한 노력들이라고 정의할 수 있다.

이를 구체적으로 설명하면, '일정한 지역사회'란 지역사회의 문화와 역사, 지리적 조건, 주민 구성, 산업 특성 등에 따라 다양하게 구분할 수 있지만, 단순히 인구라는 측면으로 제한하더라도 인구 5,000명 정도 수준의 소지역을 의미할 수도 있고, 15,000명에서 20,000명 정도의 읍·면·동 단위를 의미할 수도 있고, 10만 명 정도의 사회복지관 설치기준 정도를 의미할 수도 있으며, 30만 내지 50만 명 단위의 큰 지역사회를 의미할 수도 있다. 원론적으로 보면, 양질의 사회복지서비스 이용을 위해서는 인구 단위가 적을수록 효과적이지만, 서비스 공급의 효율성을 동시에 고려한 '일정한 지역사회'를 상정할 필요가 있다.

'주민의 생활과제'는 단순히 협의의 사회복지서비스만을 의미할 수도 있지만, 주민의 생활과 밀접하게 관련된 다양한 영역을 포함할 수도 있다. 예를 들면, 보건·의료 영역까지만으로 할 것인지, 아니면 안전·교통, 고용·지역산업, 주거, 환경, 정보, 평생교육, 문화예술 등의 포괄적인 영역까지 포함할 것인지에 대한 논의의 여지가 있지만, 생활과제의 범위는 점차 넓어질 수밖에 없을 것이다.

'사회복지사와 주민이 함께' 한다는 의미는 지역사회복지만의 특성으로 주민은 서비스 이용자일 수도 있지만, 동시에 서비스 공급자라는 이중성을 가지고 있으므로 주민참여가 매우 중요시되고 있다. 물론 사회복지사의 개입이 전혀 없이 진행되는 지역사회의 변화를 지역사회복지라고 하기에는 다소 부담이 있다.

'공식적·비공식적인 자원의 활용 및 개발'이란 정부의 자원이나 시장에서 공급되는 공식적 자원뿐만 아니라 가족이나 친척, 이웃, 동료 등에 의해 제공되는 비공식적 자원까지 필요에 따라 다양한 자원을 적절하게 활용하거나, 필요하다면 개발하는 것을 의미한다. 여기에서의 자원이란 물적·인적·제도·정보 자원 등 다양한 영역을 포함하는 것으로 보아야 할 것이다.

'다양한 노력들'이란 지역사회 차원의 이러한 노력이 가능할 수 있도록 지방자치단체의 역량 강화, 지역사회복지의 기반시설·설비의 정비, 인력배치 및 전달체계의 구축, 사회적 자본의 확충, 주민 참여의식의 강화 등의 내용적 측면과 클라이언트 통합사례관리, 지역사회조직화, 지역사회자원개발, 지역사회복지계획, 복지교육, 권리옹호 등의 실천기술적 측면을 동시에 고려한 것을 의미한다.

3) 지역사회복지의 특성

지역사회복지만이 가지는 독자성과 내적 일치성에 초점을 맞추어 지역사회복지의 특성을 제시하면 주체성, 지역성, 종합성, 양면성을 들 수 있다(박태영·채현탁, 2017).

(1) 주체성

지역사회복지의 가장 독특한 면이 이용자를 포함한 주민들의 참여를 실천의 중심에 둔다는 것이다. 이에 지역사회복지를 꽃피우기 위해서는 주민의 단순하고 소극적인 참여가 아니라 적극적인 참여가 필요하다. 이는 주민의 자발성에 기초해야 하고, 지역사회복지의 역동성과 다양성을 가져오는 원동력이 되는 것이다.

대한민국의 민국(民國)은 주민이 나라 내지는 주인이라는, 즉 주민(住民)이 주민(主民)이라는 의미이다. 지방자치단체나 전문가의 역할은 마중물 수준이어야 할 것이고, 궁극적으로는 주민이 자신의 삶의 주체가 되는 것이 중요하다. 주체성의 진전 과정을 다섯 단계로 구분하면 다음과 같다.

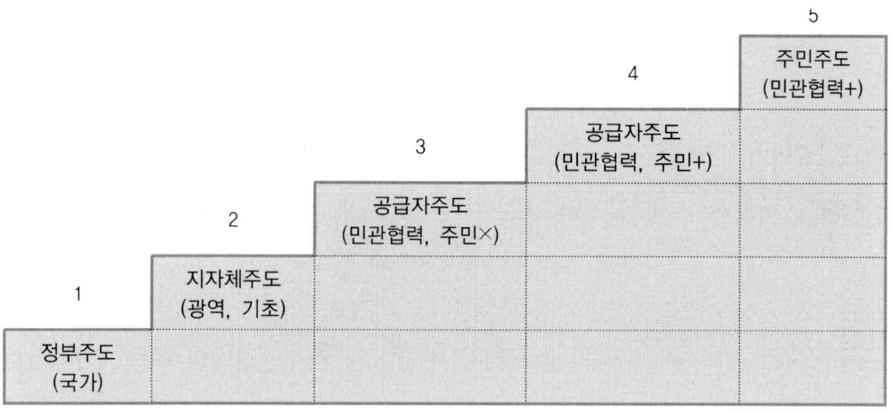

* 민관협력의 "민"은 공급자 중심의 "민(사회복지시설 · 기관 등)"을 의미함

|그림 1-6| 지역사회복지의 주체성 단계

(2) 지역성

지역성은 지리적 권역을 의미하는 것으로, 이는 주민생활의 장이자 참여의 장이라는 이중적인 의미를 가진다. 따라서 지역성은 물리적인 거리뿐만 아니라 심리적인 거리까지 포함하는 것이다.

지역사회 중심의 사회복지실천을 위해 2003년 사회복지사업법을 개정한 후, 국가중심의 사회복지가 지방자치단체 중심으로 바뀌게 된다. 이는 '복지의 지역화'로 볼 수 있고, 이를 바탕으로 '지역의 복지화'를 이루어 나가야 한다.

앞으로의 지역사회복지는 이슈에 따라 다소 차이는 있겠으나, 보다 주민의 생활권에 밀접한 소지역까지 중층적 구조로 구축되어야 할 것이다. 지역성의 구조를 다섯 단계로 구분하면 다음과 같다.

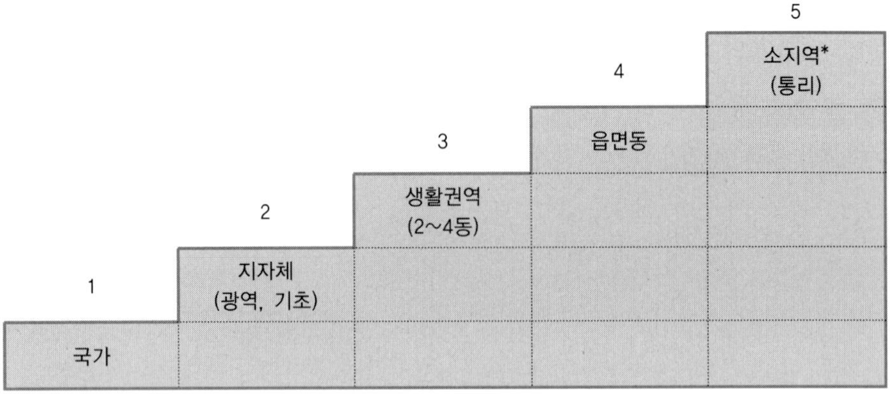

* 소지역(통리)은 주민주도의 생활과제를 다룰 때, 읍·면·동 하위단위의 통·리의 설정이 필요하게 됨

|그림 1-7| 지역사회복지의 지역성 단계

우리나라 지역사회복지의 전개에서 지역성은 복지인프라의 구축 및 서비스 제공의 효율성 단위, 이용자의 접근성 및 편의성 단위, 생활과제에 대한 주민 참여 단위 등을 동시에 고려한 지리적 범위를 검토하는 것이다. 기본적으로 우리나라는 국가 → 광역지방자치단체 → 기초지방자치단체 → 읍·면·동으로 이어지는 행정체계를 가지고 있다.

(3) 종합성

지금까지의 사회복지는 서비스 공급자 중심에서 용이성과 효율성을 내세워 서비스를 분리하여 제공하고 있다. 주민의 삶은 분리할 수 없는 것으로, 이용자 입장에서는 개선의 여지가 많다.

따라서 앞으로는 복지영역 내에서의 통합, 민간 자원들 및 보건과의 종합, 주민의 생활과제 전반에 걸쳐 종합화된 서비스의 제공 차원으로 점점 종합화되어야 할 것이다. 종합성의 진전 과정을 다섯 단계로 구분하면 다음과 같다.

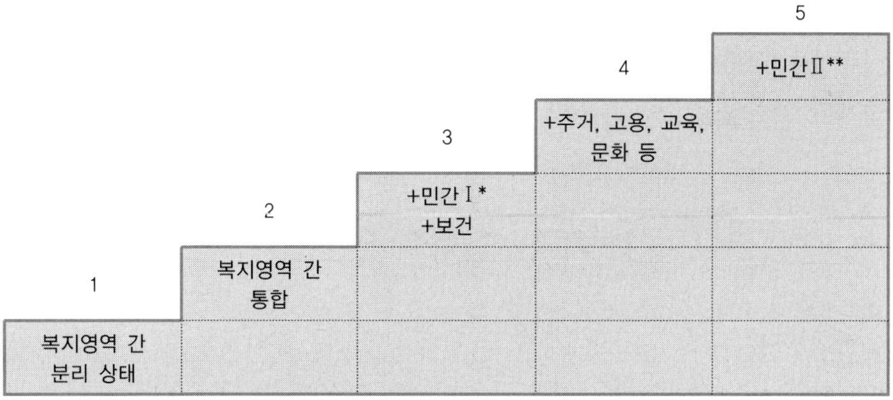

* 민간Ⅰ은 공식적 민간 자원(정부·지자체 지원을 받는 사회복지시설·기관)

** 민간Ⅱ은 비공식적 민간 자원(가족, 이웃, 주민)

|그림 1-8| 지역사회복지의 종합성 단계

지역사회복지는 정책과 실천 사이에서 이를 이어주는 역할을 한다. 또한 복지서비스의 공급과 이용을 연결한다. 이러한 연결고리가 취약하거나 제 기능을 못할 때는 복지 체감도가 떨어지게 된다.

복지서비스는 공급 측면에서 볼 때, 분화시킬수록 관리가 효율적으로 이루어지고, 책임 소재가 명확해진다. 반면에 이용 측면에서 보면, 통합 내지는 종합화할수록 욕구충족에 효과적이고, 만족도가 높아진다.

(4) 양면성

지역사회복지는 사회복지의 실천기술 중에 하나이지만, 실천분야적 성격도 동시에 지니고 있는, 즉 지역사회복지는 '분야적인 기술이고 기술적인 분야'인 양면성의 특성을 가지고 있다.

이는 지역사회복지의 정체성을 모호하게 하는 요소임과 동시에 그 자체가 정체성일 수 있다. 그러므로 학문적 성격도 Macro와 Micro 사이에 있는 Mezzo적인 것으로 규정할 수 있다.

또한 이용자와 주민은 지역사회복지의 객체이면서 동시에 주체이다. 지역사회복지 서비스를 이용할 대상임과 동시에 지역사회복지 서비스를 제공할 주체인 양면성을 가지고 있다.

3. 지역사회복지 연구방법

사회복지학과에서는 사회복지조사방법론이라는 교과목을 개설하고 있다. 그 내용으로는 대체로 설문지를 이용한 양적조사방법을 다루고 있다. 이는 클라이언트의 사회복지 욕구를 파악하거나 서비스 만족도를 파악하기 위한 가장 기본적인 기법이다.

지역사회복지에 관심을 가지고 있는 연구자나 현장실천가들은 클라이언트나 주민의 복지욕구 파악뿐만 아니라 지역사회의 자연환경 구성, 클라이언트 분포, 서비스제공기관 위치, 수요와 공급주체 상호 간의 관계 등 다양한 자료를 필요로 한다. 한번 파악한 자료가 꾸준히 유효한 것도 아니어서 주기적으로 새로운 자료가 업데이트 되어야 한다. 이러한 필요에 부응하기 위해 지역사회복지 연구방법들을 다루고자 한다.

1) 지역사회와 지역사회복지의 다층화

지역사회는 일정한 지리적 영역이라는 공간적 요소와 그 안에서 구성원 간의 사회적 상호작용을 하는 관계적 요소, 구성원들이 가지는 지역사회에 대한 공동의 연대감이라는 의식적 요소를 모두 가지고 있다.

하나의 지역사회는 다른 지역사회의 한 구성체이고, 다른 지역사회를 구성체로 가지고 있다. 달리 표현하면, 지역사회는 그 자체의 내적인 측면뿐만 아니라 지역사회 외적으로 다른 지역사회와의 관계 안에서 존재하는 것이다.

지역사회는 '과거-현재-미래'라는 시간 축 위에서 변화해 간다. 현재의 지역사회는 과거부터 축적해 온 지역사회의 자산들을 가지고 있다. 역사적 아픔의 흔적들도 남아 있다. 얼핏 보아서는 잘 보이지 않아도, 지역사회는 과거의 여러 사건의 흔적들을 가지고 있다.

따라서 지역사회를 파악한다는 것은 사실 매우 어려운 일이다. 그럼에도 불구하고 지역사회복지 실천을 위해서 지역사회를 파악하는 것은 피할 수 없는 일이다. 이러한 지역사회의 다층성 때문에 지역사회를 파악하기 위한 연구방법도 다양한 방법들을 활용해야 할 것이다.

지역사회복지의 특성 가운데 하나인 주체성은 주민의 자치력을 의미한다. 여기에서 의미하는 주민은 지역사회복지 실천의 이용자이자 제공자인 양면성을 가진 존재이다. 이들이 지역사회복지 실천에서 능동적인가 수동인가에 따라 그 결과는 크게 달라진다. 주민의 자치역량은 하루아침에 길러지는 것은 아니지만, 지역사회복지 실천에서 핵심적인 요소이다. 이러한 주민 자치역량을 파악하고, 이를 높이기 위한 방법은 앞으로 매우 중요한 것으로 대두될 것이다.

지역사회복지 실천에서는 그 지역사회의 특성을 잘 반영하여야 하는데, 지역성의 반영 정도에 따라 지역사회복지 실천 성과는 큰 차이를 보일 것이다. 정도의 차이는 있지만, 그 지역사회만이 가지는 독특한 지역성이 있다. 지역사회복지 실천에서 이러한 지역성을 간과하게 되면, '중앙정부 복지의 지역판'이지 '진정한 지역사회복지'는 아닐 것이다. 시・도-시・군・구-읍・면・동 단위의 복지욕구, 복지자원, 생활과제 등을 파악하고 업데이트하기 위한 다양한 노력들을 기울여 나가야 할 것이다.

지역사회복지 실천을 위해서는 지역사회의 다양한 조직, 단체, 영역과 측면들과의 연계협력을 필요로 하게 된다. 지역사회복지의 제공 측면에서는 종합적인 접근이 필요하고, 이용 측면에서는 전체적인 접근이 필요하다. 이를 위해서는 민간과 공공의 협력, 공식 자원과 비공식 자원의 협력, 복지-보건의료-고용-주거-교육-문화 등의 협력 등 다양한 연계협력이 필요하다. 이를 위해서는 지역사회복지 관계자 및 관련조직 리더의 지역사회복지에 대한 인식, 조직의 특성과 역량, 관련조직과의 관계 등에 대한 파악을 바탕으로 어떻게 연계협력을 펼칠지 구상하여야 할 것이다.

지역사회복지의 실천방법은 지역사회보장계획, 지역사회조직화, 자원개발과 활용, 복지교육, 통합사례관리 등을 들 수 있다. 이러한 실천방법들을 작동시키기 위해서는 필요한 연구방법들이 동원되어야 한다.

매 4년마다 한 번씩 수립하게 되는 지역사회보장계획은 다양한 연구방법을 필요로 하게 된다. 지역사회복지에 대한 국가통계가 없기 때문에 전국적으로 지역사회의 주민욕구를 조사하지만, 시・군・구 차원의 일회성 조사에 그치고 있어서, 이를 지역사회복지의 기초 자료로 누적시키는 데는 한계가 있다.

따라서 지역사회보장조사를 매년 실시하여 국가통계 차원에서 업데이트해 나갈 필요가 있다. 이를 바탕으로 하여 지역사회보장지표가 개발되어 각 지방자치단체에 제공되어야 할 것이다. 특히 읍・면・동 차원의 주민참여를 통한 자치를 구현하기 위해서는 읍・면・동 수준의 복지정보가 시급히 개발・제공되어야 할 것이다.

계획 수립에 있어서 복지수요와 공급 현상을 파악하기 위해서는 지리정보시스템을 활용한 수요・공급의 지역적 안배를 파악하여 이를 적절히 개선하는 노력도 반드시 필요할 것이다.

지역사회복지는 '나의 생활과제'를 '우리의 생활과제 혹은 지역의 생활과제'로 전환하는 것에서부터 시작된다. 지역사회조직화를 위해서는 우선 클라이언트나 주민이 인지한 욕구(felt need)를 표현하도록 하여야(expressed need) 한다. 퍼실리테이션 기법을 활용한 주민간담회를 통하여 이런 과정을 거치게 되면, 자신의 과제에서 지역의 과제로 전환할 수 있고, 부수적으로 주민 복지교육의 효과도 얻을 수 있을 것이다.

읍・면・동 차원에서의 복지의제 발견과 이에 대응하기 위한 계획을 세워

추진해 가는 것은 주민참여를 높일 수 있고, 주민 자치력을 높이는 좋은 방법이 될 수 있을 것이다. 제4기 지역사회보장계획에서는 읍·면·동 차원의 복지의제 설정과 해결방안이 제시되어 주민참여에 의한 지역사회복지 실천의 계기를 만들어가야 할 것이다.

2) 지역사회복지 실천의 가시화

지역사회복지 실천의 가시화는 최근 지역사회복지 실천에 대한 다양한 시도들이 확산되면서 그 중요성이 부각되고 있다. 지역사회복지 실천의 가시화의 필요성을 두 가지 측면에서 살펴보고자 한다(小林良二, 2016; 박태영, 2016).

첫째는 지역사회복지 실천가의 자기 확신을 위해 가시화 작업이 필요하다. 지역사회복지는 그 성과가 나오기까지 상당한 시간이 걸리는 특성을 가지고 있다. 또한 지역사회복지 실천에는 많은 변수들이 관련되어 있어서, 지역사회복지 실천가 스스로도 제대로 실천하고 있는지 의심스러울 때가 있다. 특히 경험이 적은 초보 실천가일수록 이런 경향이 많다. 이럴 때 지역사회복지 실천의 주기적인 가시화를 통하여 실천가는 담당 업무에 대한 자기 확신을 가질 수 있게 될 것이다.

둘째는 지역사회복지 실천과 관련된 사람들에게 성과를 알리기 위함이다. 지역사회복지와 관련된 인사들, 즉 자원제공자, 기관장, 의회, 지방자치단체 관계자, 이용자 및 그 가족, 주민 등 지역사회복지 실천과 관련된 이해당사자들에게 실천의 상황과 결과를 알리는 결과물로 가시화 자료를 활용할 수 있다. 장기간에 걸쳐 이루어지는 지역사회복지의 결과를 보다 이해하기 쉽게 가시화하는 작업은 매우 어렵지만, 반드시 필요한 것이다.

지역사회복지 실천의 가시화를 위한 방법으로는 서비스 제공 상황에 대한 횟수와 유형의 기록 및 이를 누적한 추이 분석, 일정 시기를 단위로 지역사회의 변화를 도표로 표현 등 일반적인 방법을 사용할 수 있다. 나아가 지역사회복지 연구방법으로는 이용자 만족도나 주민 복지욕구 파악을 위한 설문조사

방법, 지역사회 인사 및 조직 간의 관계를 파악할 수 있는 지역사회 네트워크 분석, 지역사회의 생활과제에 대한 전문가들의 초점집단면접 등을 이용할 수 있을 것이다.

3) 지역사회복지 연구방법

지역사회복지 실천에 있어서 다양한 연구방법들이 활용되고 있지만, 이 책에서는 다음과 같은 기본적인 연구방법들을 다루고자 한다.

① 설문을 이용한 지역사회 조사방법
② 지리정보체계(GIS) 분석
③ 사회 네트워크 분석
④ 초점집단면접(FGI)
⑤ 퍼실리테이션 기법

이러한 연구방법들은 지역사회복지 실천현장에서 연구목적에 따라 개별적으로 적용되거나 두 가지 이상이 혼합된 통합연구방법(mixed methods research)으로 사용되기도 한다. 통합연구방법은 지역사회 연구나 지역사회복지 실천연구가 가지는 광범위성, 다차원성 등을 고려하도록 하여 보다 실용적 접근을 가능하게 한다. 하지만 통합연구방법론에 대한 논의가 본격적으로 진행된 것이 비교적 최근의 일이어서 지역사회복지 관련 연구에서 이를 보다 발전시켜 나가야 할 것이다.

이 외에 system dynamics, action research(JST社會技術研究開發センター・秋山弘子, 2015), vignette 활용법(上野谷加代子・齊藤彌生, 2015) 등도 고려해 볼 수 있는 연구방법들이다. 이러한 연구방법들도 향후 지역사회복지 연구에서 그 적용 가능성을 높여나가야 할 것이다.

Chapter **02**

설문을 이용한 지역사회 조사방법

1. 개 요
2. 내 용
3. 적 용
4. 사 례

Chapter 2

설문을 이용한 지역사회 조사방법

1. 개 요

사회복지실천은 이용자 중심으로 패러다임이 전환되면서, top-down 방식이 아닌 bottom-up 방식이 계속적으로 요구되고 있다.

이는 사회복지현장뿐만 아니라 정책 및 전달체계에서도 나타나고 있다. 18대 대선에서는 국민 개개인별 욕구 및 생애주기별 '맞춤형 복지' 제공을 강조하였고, 현 정부는 국민참여형 국정운영 계획을 시도(광화문 1번가를 통해 접수된 국민 정책건의 중 국정과제에 포함)하였다. 이는 제공자 중심이 아닌, 국민이 무엇을 원하는지, 무엇이 필요한 것인지를 파악하여 이에 적합한 정책・제도 등을 마련하기 위함이다.

욕구조사는 주민(대상자)이 원하는 것을 체계적이고 과학적으로 조사・파악하는 것으로, 욕구를 파악하기 위한 다양한 방법 중 하나이다. 즉, 욕구조사는 욕구의 주체인 장애인・여성・아동청소년・노인・협의체 위원, 소외와 결핍을 경험하는 특정한 개인, 집단, 조직, 지역 등 특정 대상자들이 원하는 것이 무엇이며, 이들이 겪는 문제, 문제를 해결하기 위해 필요한 사항 등에 관해 조사함으로써, 필요한 서비스・프로그램・정책 등을 개발 및 보완하기 위한 기초자료로 활용할 수 있다.

다양한 욕구를 모두 충족시키기에는 가용할 수 있는 재화와 자원이 제한적이라는 한계가 있기에, 진정으로 원하는 것, 우선적으로 해야 하는 것이 무엇인지를 정확히 파악하는 것이 중요하다.

욕구조사는 현장에서 다양하게 활용되고 있다. 사회복지시설 평가지표, 기업・재단 및 사회복지공동모금회에서의 배분신청 시 평가요소에 욕구조사가 포함되어 있을 뿐만 아니라, '찾아가는 읍면동복지센터(구 읍면동 복지허브화)' 업무(보건복지부, 2017)에서도 지역주민 욕구조사를 통해 지역의제를 설정하고 지역 특화사업을 추진하도록 하고 있다. 또한 「사회보장급여의 이용・제공 및 수급권자 발굴에 관한 법률(약칭 : 사회보장급여법)」 제35조에 따르면 지방자치단체는 4년마다 법정계획으로 지역사회보장계획을 수립하도록 명시하고 있다. 지역사회보장계획 수립 시, 지역 내 사회보장 관련 실태, 지역주민의 사회보장에 관한 인식 등에 관해 조사하고, 그 결과를 계획에 반영하도록 하고 있다. 욕구조사는 지역사회보장계획을 수립할 때 다양한 의제발굴과 정책 개발 및 정책 수립의 기초자료로도 활용 가능하다.

지역사회복지는 우리 지역에 대한 객관적 이해를 전제로 한다. 욕구조사는 지역에 거주하며 생활하고 있는 주민들의 욕구와 불만, 주민이 생각하는 지역사회 문제 및 발전방안, 공동체 의식 및 이해, 사회복지대상자에게 필요한 서비스 유형 및 필요한 정책 내용, 교육 과정 만족도 및 교육 수요 욕구 등을 파악할 수 있는 조사방법 중 하나로, 그 중요성과 필요성은 더욱 강조되고 있다.

2. 내 용

1) 욕 구

욕구(needs)란 '무엇을 필요로 하는가'에 관한 것이다. 휴먼서비스(human service)적 관점에서 보면, 인간의 존엄을 유지하는 데 '필요하지만 충족되지 못하고 있는 어떤 것'이 욕구가 된다. 이것은 원함(want)의 개념과 구분된다. 어떤 사람이 '나는 못살기 때문에 이런 도움을 원한다'는 것과 그 사람에게 '어떤 도움이 필요한가'를 결정하는 것은 서로 분리될 수 있다(김영종, 2007).

욕구(needs)와 요구(바람, 원함, want)는 서로 다른 의미를 지니고 있다. 욕구는 어떤 사람이 필요로 하는 것에 대해 타인의 판단과정을 거쳐 확인된 것이라면, 요구는 필요한 것을 가지지 못할 때 생기는 개인의 인지 또는 정서 상태를 말한다.

욕구를 확인하는 과정은 단순히 대상자에게 질문하는 것으로만 얻어지는 것이 아니다. 즉, 누군가에게 어떤 도움(무엇이)이 필요한지를 결정하는 과정은 사회적 · 다면적 과정을 포함하고 있다. J. Dewey는 '욕구에 대한 정확한 이해는 문제해결점의 출발이다'라고 정의하면서 욕구에 대한 올바른 이해와 파악을 강조하고 한다.

Kahn은 욕구는 문제를 가진 사람들의 문제 그 자체의 특성보다 문제를 둘러싸고 있는 사회 환경에 의한 사회적 정의라고 한다. 따라서 욕구를 하나의 개념으로 정의하기란 어려운 일이며, 사용되는 맥락에 따라 각기 달리 정의되는 것이 바람직할 수 있다(윤지영, 2011).

J. Bradshaw는 욕구의 다양한 의미를 네 가지 유형으로 나누어 정의한다.

- **규범적 욕구**(normative need) : 전문가의 판단에 의해 규정된 욕구 관습이나 권위, 일반적 여론의 일치로 확립된 표준을 의미하는 이 욕구는 기존의 자료나 유사한 지역사회 조사를 통해 비교하여 차이를 전문가들의 판단에 의해 제안된 욕구이다.

3. 적 용

1) 조사과정

조사과정에는 공통적으로 적용되는 일련의 단계가 있다. 1단계는 조사 주제 선정, 즉 무엇을 조사할 것인가?에 대해 결정하는 것이다. 예를 들어, 지역주민의 욕구를 조사한다고 할 때, 무엇에 관한 욕구를 조사할 것인지 결정해야 한다. 2단계는 관련 문헌 수집 및 검토이다. 다른 기관에서 발간한 보고서, 중앙정부・지방정부, 관련 단체, 통계청 등에서 제공하는 자료 등을 검색하고 살펴볼 필요가 있다. 3단계는 조사계획을 구체화하는 것이다. 즉, 누구를 대상으로, 언제(세부조사 일정), 어디서, 무엇을(어떤 주제, 핵심 조사 내용 등), 어떻게(양적조사-설문지 활용, 질적조사-인터뷰 등) 조사할 것인지, 조사결과 분석 방법, 결과 활용 등에 대한 전반적 내용을 포함하는 것이다. 4단계는 조사도구를 만드는 것이다. 조사도구를 만들 때 여러 슈퍼바이저・동료・관련 전문가의 자문을 바탕으로 구성하는 것이 바람직하다. 5단계는 만든 조사도구를 가지고 실제 자료조사 및 수집하는 단계이고, 6단계는 수집된 자료・내용 입력과 분석이고, 7단계는 분석한 내용을 표・그래프 등으로 제시하고, 다른 조사 결과와 비교하여 조사결과에 대한 의미를 해석하는 단계이고, 8단계는 보고서 작성 순이다. 구체적인 내용을 살펴보면 다음과 같다.

(1) 조사주제 선정

조사주제는 추상적인 문제의식에서 시작하여 보다 구체화함으로써 조사가 가능한 수준으로 좁혀나가는 작업이 필요하다.

예시

지역주민의 욕구를 조사하고 싶다는 생각이 들 때…?

① 조사대상자를 구체화하기 – 지역주민은 누구인가?

- 아동 · 청소년, 성인, 노인, 장애인, 고학력/ 저학력, 고소득/ 서소득 등 다양한 계층과 특성을 가진 사람들 모두를 대상으로 할 것인지, 혹은 이들 중 누군가를 대상으로 할 것인지 명확히 해야 한다. 여기서의 대상은 실제 자료를 수집하는 표본이 아닌 모집단을 의미한다.
- 조사대상을 결정할 때는 조사된 자료(결과)를 어떻게 활용할 것인지, 조사방법의 효과성(지역아동센터 서비스 이용에 대한 만족도 및 욕구를 파악하고 싶을 때, 직접 아동에게 질문할 수도 있지만, 부모에게 질문하여 파악할 수도 있음) 등을 고려해서 조사대상자를 결정해야 한다.

② 욕구를 구체화하기 – 욕구의 범위/ 영역은 어디까지인가?

- 중앙 및 지방자치단체 전체의 복지서비스에 대한 욕구인지, 우리 기관에 대해 가지고 있는 욕구인지 등
- 조사대상자에게만 해당되는 욕구인지, 조사대상자를 포함한 가족/ 단체/ 기관에 관련된 욕구인지 등 욕구의 범위/ 영역을 명확화할 필요가 있다.

③ 조사주제 정교화를 위한 점검

- 조사주제가 비용과 시간을 투입하면서까지 할 만큼 '중요한 것'인지 점검
- 주사주제에 대한 답을 '조사를 통해 얻을 수 있는 것인지' 점검
- 조사결과가 '현실적으로 가치'가 있는지 점검
- 조사하지 않아도 다 알고 있는 '일반적인 내용'을 조사하고자 하는 것은 아닌지 점검

즉, 조사주제에 따라 조사대상과 내용이 달라질 수 있기에, 여러 요인을 종합적으로 고려하여 조사주제를 선정해야 한다.

(2) 관련 자료 수집 방법 및 검토

관련 자료를 검색하고 필요한 자료를 수집하는 데 조사기간의 상당히 많은 시간을 소요하는 것이 일반적이다. 다양한 자료들을 검색하여 찾고, 이 중에서 나의 관심 주제와 밀접하게 연관되어 있는 자료들을 걸러내기까지 시간이 소요된다.

특히 내가 설문조사를 진행하고자 하는 지역적 특성, 설문응답 대상 특성 등에 대한 기초적 자료를 함께 선행적으로 파악할 필요가 있다.

기존 자료 조사는 앞에서도 살펴본 바와 같이, 인구통계자료(인구구성, 연령층, 주택, 가구 현황 등), 정부・통계・보고서(취약계층, 보건・의료 등), 복지기관・단체의 기록 및 보고서 자료(지역사회 자원 현황, 클라이언트 현황, 서비스 이용 현황 등), 욕구에 대해 이전부터 현재까지 해결을 위한 어떤 노력들을 수행해 왔었는가에 대해 파악할 수 있다.

자료를 찾는 방법에는 여러 가지가 있으나, 이 중 몇 가지를 소개하면 다음과 같다.

① 가장 일반적으로는 국회도서관이나 각 대학 도서관을 통해 검색하는 방법이다. 인터넷을 통해 자료를 복사 신청하여 우편으로 받을 수도 있다.

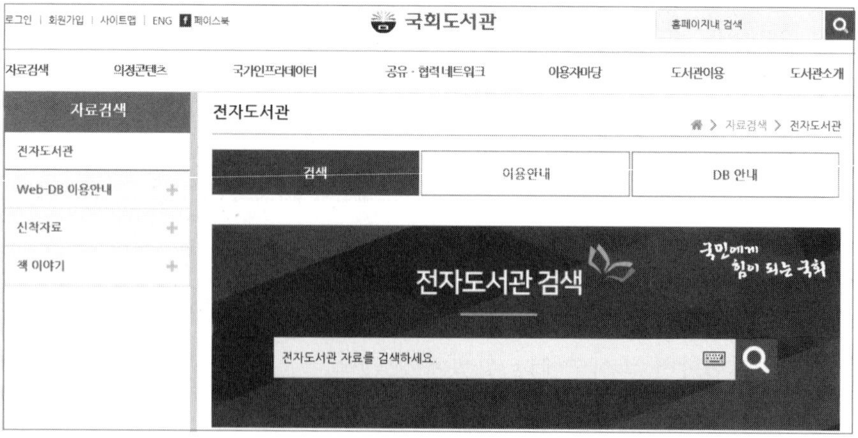

② 교육학술정보서비스를 이용하는 방법이다. RISS, DBPIA, KISS에서는 국내 학위논문, 국내외 학술지 논문 등을 검색하고 자료를 인쇄 또는 PDF 파일 형태로 다운로드 받을 수 있다. 자료에 따라 무료/ 유료로 나누어지며, 유료 서비스가 일부 다른 검색 사이트에서는 무료로 제공되는 경우도 있어, 충분히 검색 후 구입을 결정할 필요가 있다.

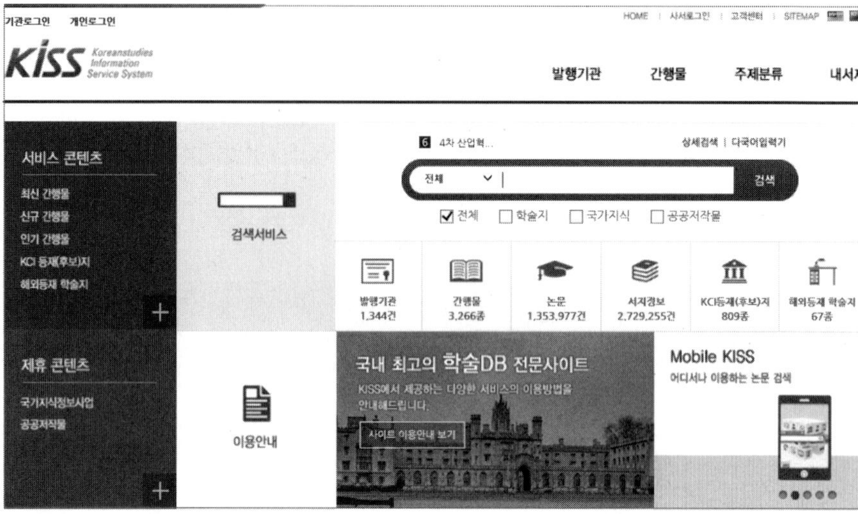

③ 프리즘(PRISM)은 중앙부처와 지방자치단체에서 연구용역으로 진행된 연구결과 보고서를 무료로 볼 수 있다.

④ 각 지방자치단체에서 출연한 복지재단에서 발간한 연구 자료들은 각 복지재단 홈페이지에 공개되어 있어, 무료로 연구내용을 볼 수 있다. 서울시복지재단, 경기복지재단, 경북행복재단, 대전복지재단, 부산복지개발원, 광주복지재단 등이 있다.

아래는 서울시복지재단의 '공유복지플랫폼'으로, 현장에서 사용하는 매뉴얼, 계획서, 연구자료, 보고서 등을 한 곳에 모아 홈페이지에서 공유하고 있다.

⑤ 구글(Google) 학술검색에서는 다양한 국내외 학술자료들을 무료로 이용 가능하다.

(3) 조사계획 수립

조사를 들어가기에 앞서서, 욕구조사 계획을 수립하는 것이 먼저 선행되어야 한다. 계획 수립 시 일반적으로 조사대상(모집단과 표본), 자료수집 방법, 조사기간, 소요경비, 조사 시 발생할 수 있는 윤리적 차원의 문제에 대한 검토 등이 이루어져야 한다.

① 조사대상 설정

설문을 통한 욕구조사를 하고자 할 때, 누구를 대상으로 조사할 것인지를 정해야 한다. 즉, 어떤 지역·기관에 속한 사람으로 할 것인지, 몇 명을 대상으로 할 것인지, 전체 인원을 대상으로 할 것인지, 어떤 속성(특성)을 가진 사람을 뽑아서 일부분만 조사대상으로 할 것인지, 뽑는 방법은 어떻게 할 것인지 등에 대해 함께 고려해야 한다.

㉠ 모집단과 표본

사회복지분야에서 자료를 수집·분석하여 결과를 도출할 때, 가장 좋은 자료는 알아보고자 하는 것에 관련된 대상자 전체를 대상으로 자료를 수집하는 것이다. 예를 들어, 한국인과 미국인의 몸무게 차이를 알아보고 싶을 때, 관련 있는 일부의 대상자를 조사한 자료보다는 전체 대상자를 중심으로 한 전수조사(조사 대상이 되는 자료 전체를 조사하는 것) 자료가 훨씬 더 신뢰할 수 있을 것이다.

그러나 전체를 대상으로 조사하기에는 시간과 조사비용이 많이 소요된다는 한계, 즉 한국인과 미국인 전체를 다 불러서 몸무게를 재서 조사결과를 제시하기에는 한계가 있다. 또한 가출 청소년, 학대, 에이즈 등과 같이 전체 집단의 규모와 특성이 분명하지 않을 경우에는 전체를 대상으로 조사하기에 한계가 있다.

이러한 한계가 있을 때 불가피하게 전체 대상자 중 일부만을 대상으로 조사를 수행하기도 하며, 이를 표본조사라고 부른다. 즉, 표본조사는 조사하고자 하는 자료로부터 일부 대상을 뽑아 그 특성을 조사하고 그 결과로부터 자료 전체의 성질(특성)을 추측하는 것이다.

이때 연구 대상으로 삼는 전체 집단을 모집단(population)이라고 하고, 자료 수집을 위해 실제 조사 대상이 되는 일부 사람들의 집단을 표본(sample)이라고 한다. 이에 모집단으로부터 표본을 추출하여 만드는 과정을 표본추출(표집, 샘플링, sampling)이라고 하며, 표본추출 과정은 매우 중요하다. 표본은 모집단을 잘 대표할 수 있어야 하고, 이러한 표본에서 얻은 정보를 이용해 모집단의 특성을 정확히 파악(유추)할 수 있기 때문이다.

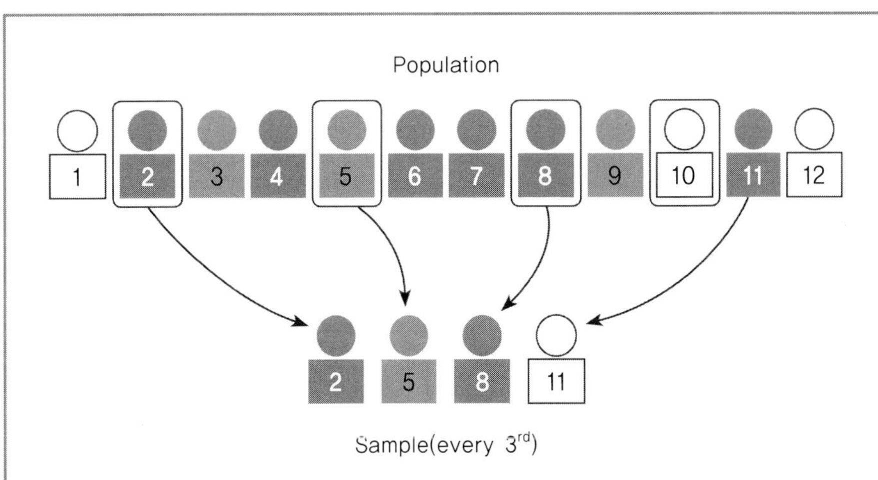

|그림 2-1| 모집단과 표본

출처 : https://www.tistory.com/19

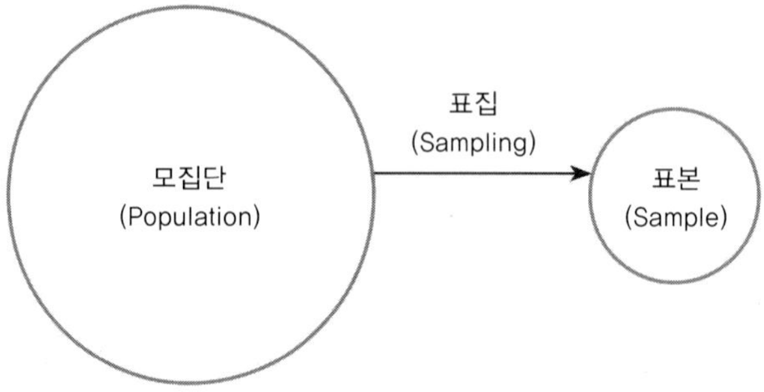

|그림 2-2| **표집**

모집단	조사대상이 되는 모든 대상자의 집합
표 본	모집단 중 조사대상으로 추출되는 일부
전수조사	모집단 전체, 즉 모든 대상자를 모두 조사하는 방법
표본조사	모집단 중 일부 대상자를 추출하여 조사하는 방법

그렇다면 모집단에서 몇 명을 설문지 응답인원으로 해야 할 것인지에 대해 궁금해지게 된다. 이를 정확히 계산하는 공식은 다음과 같다.

N : 모집단의 크기(대표하는 전체 모집단의 크기, 수)

Z : 신뢰수준(척도를 신뢰할 수 있는 수준으로 보통 95를 많이 사용)

e : 오차범위(조사대상의 응답결과가 모집단 기준에서 벗어날 가능성)

$$\text{Sample Size} = \frac{\dfrac{z^2 \times p(1-p)}{e^2}}{1+\left(\dfrac{z^2 \times p(1-p)}{e^2 N}\right)}$$

위의 공식을 사용해 계산한 권장 표본 크기는 다음과 같다. 일부 경우에는 표본 크기를 가장 근접한 5 또는 10까지 올림하여 제시하였다.

모집단 크기	오차범위별 표본 크기		
	±3%	±5%	±10%
500	345	220	80
1,000	525	285	90
3,000	810	350	100
5,000	910	370	100
10,000	1,000	385	100
100,000 이상	1,100	400	100

위의 표본 크기 공식에 대입하여 직접 계산하기에는 어려움이 있다. 다소 오래된 기준이긴 하지만, 모집단(N)별로 표본수(S)를 제시한 연구는 |그림 2-3|과 같으며, 제시된 표본수는 하한값으로 생각하면 된다.

TABLE 1 *Table for Determining Sample Size from a Given Population*					
N	*S*	*N*	*S*	*N*	*S*
10	10	220	140	1200	291
15	14	230	144	1300	297
20	19	240	148	1400	302
25	24	250	152	1500	306
30	28	260	155	1600	310
35	32	270	159	1700	313
40	36	280	162	1800	317
45	40	290	165	1900	320
50	44	300	169	2000	322
55	48	320	175	2200	327
60	52	340	181	2400	331
65	56	360	186	2600	335
70	59	380	191	2800	338
75	63	400	196	3000	341
80	66	420	201	3500	346
85	70	440	205	4000	351
90	73	460	210	4500	354
95	76	480	214	5000	357
100	80	500	217	6000	361
110	86	550	226	7000	364
120	92	600	234	8000	367
130	97	650	242	9000	368
140	103	700	248	10000	370
150	108	750	254	15000	375
160	113	800	260	20000	377
170	118	850	265	30000	379
180	123	900	269	40000	380
190	127	950	274	50000	381
200	132	1000	278	75000	382
210	136	1100	285	1000000	384

Note. N is population size

S is sample size

|그림 2-3| 표본수 기준

출처 : Krejcie, Robert V., & Morgan, Daryle W.(1970). Determining sample size for research activities. Educational and Psychological Measurement, 30, 607-610.

그 밖에, surveymonkey에서 제공하는 표본크기계산기(sample size calculator)를 사용하는 것도 하나의 방법이 될 수 있다.

인터넷 창에 홈페이지 주소(https://www.surveymonkey.com/mp/sample-size-calculator)를 입력하면, 다음과 같은 화면이 나온다.

예를 들어, ○○시의 장애인 인구수가 약 1만 6천 명이 있고, 신뢰도 95%, 오차확률 5%로 가정하고 설문을 진행한다고 할 때, 아래와 같이 376명의 설문 응답수가 필요하다는 결과를 얻을 수 있다. 이는 실제 설문 분석할 때의 인원수를 의미하는 것이다. 따라서 설문지를 배포·수거한 후 설문지를 스크리닝 할 때 성실하게 응답되지 않은 설문지를 버려야(제외) 하므로, 이를 염두에 두고 실제 설문지 배포 수는 좀 더 크게 계획하여 배포할 필요가 있다.

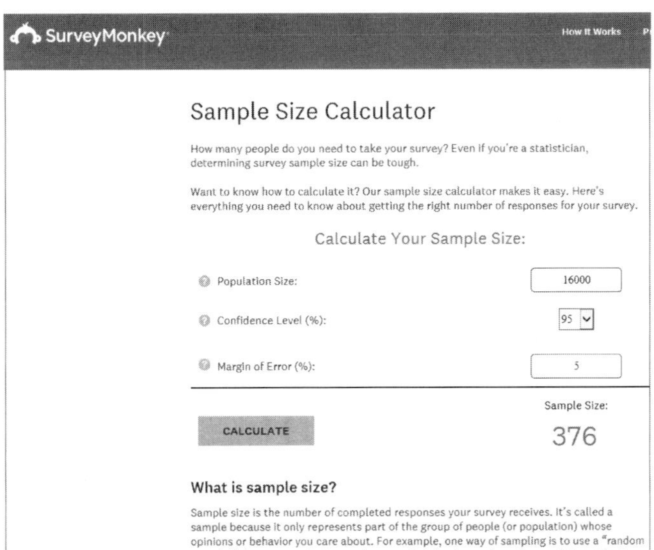

예를 들어, 설문응답자 중 실제 분석 대상자로 200명이 필요하고 설문조사 참여에 요청받은 인원 중 25%가 실제로 응답할 것이라고 예상되는 경우, 800명의 인원에게 설문조사 참여를 요청(설문지 배포)해야 한다.

예상 응답률을 토대로 설문조사 참여를 요청해야 할 인원수를 계산하려면 다음 방정식을 활용할 수도 있다.

$$\frac{\text{필요한 응답자 수}}{\text{예상 응답률(\%)}} \times 100$$

ⓛ 표본추출방법

표본추출에서 가장 중요한 것은 모집단 전체를 잘 대표할 수 있는 표본을 선정하는 것이다. 즉, 표본이 모집단의 특성을 그대로 가지고 있을 때 좋은 표본이라 할 수 있다. 조사자가 자료수집의 편리성 또는 조사자에게 유리한 결과를 얻기 위해 대표성 없는 표본을 추출함으로써, 조사결과가 모집단을 잘못 추론하는 경우가 발생되기도 한다. 표본추출방법으로 확률표집, 비확률표집으로 구분하여 살펴보면 다음과 같다.

■ 확률표집

모집단의 모든 구성요소가 표본으로 선정될 확률이 동일한 표본추출방법으로, 확률표집을 통해 선정된 표본은 모집단을 대표하고 있어, 표본으로부터 얻은 조사결과를 모집단으로 일반화할 수 있다(김영종, 2007).

〈표 2-1〉 **확률표집 방법**

구 분	내 용
단순 무작위 표본추출 (simple random sampling)	• 모집단에서 표본을 선정할 때 아무런 작위(의도적 행위)가 개입되지 않는 방법 • 난수표 이용, 제비뽑기, 로또 추첨방식 등
체계적 무작위 표본추출 (systematic random sampling)	• 전체 모집단 목록에서 매 K번째 요소를 표본으로 선정 • 모집단을 가나다순, 혹은 번호를 1번부터 순서대로 매긴 후, K번째(예 K=3일 경우 3, 6, 9, 12, 15, 18번째 순~)순으로 표본을 추출

층화무작위 표본추출 (stratified random sampling)	• 집단을 구분하는 일정한 층(기준)을 설정하고, 그 기준에 따라 집단을 분류하며, 분류된 집단의 비율만큼 표본을 선정
비례 층화표집	• 모집단의 각 층의 비율과 같도록 표본을 선정 예 모집단 1,000명의 학년별 구성이 1학년 10%, 2학년 20%, 3학년 70% 비율로 구성되어 있다면, 표본 500명을 선정할 때 1학년 10%, 2학년 20%, 3학년 70% 비율이 되도록 선정
비비례 층화표집	• 모집단이 가지고 있는 구성 비율을 따르지 않고 같은 수의 표본을 추출. 이는 모집단 구성비율을 그대로 표본 구성비율로 적용할 때, 어느 집단에 속하는 표본 인원수가 너무 적게 되는 상황이 발생할 수 있을 때 사용 예 모집단 1,000명의 학년별 구성이 1학년 2%, 2학년 28%, 3학년 40%, 4학년 30% 비율로 구성되어 있지만, 표본 500명을 선정할 때 1학년 125명, 2학년 125명, 3학년 125명, 4학년 125명이 되도록 선정하는 것 예 대학 학생 수의 90%가 여자이고, 10%가 남자인 경우, 성별에 의한 층화를 할 경우 남자 50%, 여자 50%가 되도록 표본을 추출
집락표집(군집표집) (cluster random sampling)	• 모집단의 구성요소들이 군집화되어 있는 경우, 군집을 표본추출 단위로 하여 무작위 표본추출하고, 그중 추출된 군집에서 표본을 추출하는 방법 예 경상도와 전라도의 대선 여론조사 시, 경상도의 각 시·군·구 중 무작위로 표본추출(창원시, 밀양시, 함양군, 양산시 등) → 표본추출된 각 시·군에서 각 읍면동을 무작위로 표본추출 → 읍면동민들 중 표본가구를 무작위로 추출 → 가구원을 표본으로 선정 → 조사

참고 : 황성동(2015). 알기 쉬운 사회복지조사방법론. 학지사.

■ 비확률표집

모집단의 모든 구성요소가 표본으로 선정될 확률이 동일하지 않은 표본추출방법이며, 비확률적 표본추출방법으로 표본을 선정하여 조사한 경우 선정된 표본이 모집단을 대표하지 못하여 표본으로부터 얻어진 결과를 모집단으로 일반화하는 데에 한계가 있다. 그러나 표집 절차가 복잡하지 않고, 비용이 적게 든다는 장점이 있다(김영종, 2007).

3. 조사내용 : 인구사회학적 특성, 복지관 인지도, 여가활용 실태, 여가 프로그램 만족도, 문화복지 활동 대안 및 제언
4. 조사방법 : 직접 기입을 통한 설문조사

V. 조사진행 일정

기 간 내 용	7월				8월				9월				10월			
	1주	2주	3주	4주	1주	2주	3주	4주	1주	2주	3주	4주	1주	2주	3주	4주
계획서 작성, 회의																
정보수집																
설문지 개발																
조사원 교육																
설문조사																
데이터입력																
통계분석																
보고서 작성																
평가회의																

VI. 예산계획

구 분	세부산출내역		금 액
욕구조사	총 계		
설문지	인쇄비		
조사비	조사원 식비		
현수막	현수막		
우편발송비	우편발송		
인쇄비	보고서		
예비비	예비비		

출처 : 윤지영 외(2011).

예시 조사연구설계[1)]

1. 조사대상

조사대상	내 용	표본수
합 계		4,030명
1. 일반시민	○○시에 거주하는 만 20세 이상 성인 남녀	1,030명
2. 노인	○○시에 거주하는 만 65세 이상 노인	500명
3. 아동 · 청소년	○○시에 거주하는 중/ 고등학생	200명
	○○시에 거주하는 초/ 중/ 고등학생 자녀가 있는 학부모	240명
	○○시 소재 초/ 중/ 고등학교 교사	160명
4. 보육	○○시에 거주하는 초등학생 3학년 이하 자녀를 둔 부모	400명
5. 여성	○○시에 거주하는 만 19~65세 미만 여성	400명
6. 기초수급자	○○시에 거주하는 국민기초수급자	400명
7. 장애인	○○시에 거주하는 장애인	500명
8. 비영리민간단체	○○시에서 활동하는 비영리민간단체	200곳

2. 표본추출방법

조사대상	내 용
1. 일반시민	2008년 12월 현재, ○○시 주민등록인구통계(통계청)를 기준으로 지역, 성, 연령별로 3단층화 무작위추출(Three-Staged Stratified Random Sampling)함
2. 노인	2008년 12월 현재, ○○시 주민등록인구통계(통계청)를 기준으로 지역, 연령별로 2단층화 무작위추출(Two-Staged Stratified Random Sampling) 및 성별 각 250명씩 할당추출(Quota Sampling)함

1) 본 자료는 '평택복지재단에서 수행한 제2기 평택시 사회복지종합계획 수립을 위한 평택시민 복지욕구조사(2010)' 내용 일부를 수정한 것임

3. 아동 · 청소년	2008년 12월 현재, ○○시 주민등록인구통계(통계청)를 기준으로 중/ 고등학생 각 100명씩 할당추출(Quota Sampling), 지역별 중/ 고등학생 비율로 층화 무작위추출(Stratified Random Sampling)함
	2008년 12월 현재, ○○시 주민등록인구통계(통계청)를 기준으로 초등학생 및 중/ 고등학생 각 120명씩 할당추출(Quota Sampling), 지역별 초등학생 및 중/ 고등학생 비율로 층화 무작위추출(Stratified Random Sampling)함
	2009년 12월 현재, ○○시 소재 초/ 중/ 고등학교(평택시 교육청)를 기준으로 초등학교 및 중/ 고등학교 교사 각 80명씩 할당추출(Quota Sampling), 지역별 초등학교 및 중/ 고등학교 비율로 층화 무작위추출(Stratified Random Sampling)함
4. 보육	2008년 12월 현재, ○○시 주민등록인구통계(통계청)를 기준으로 미취학 자녀 280명, 초등학교 3학년 이하 취학 자녀 120명씩 할당추출(Quota Sampling), 지역별 미취학 자녀 및 초등학교 3학년 이하 취학 자녀 비율로 층화 무작위추출(Stratified Random Sampling)함
5. 여성	2008년 12월 현재, ○○시 주민등록인구통계(통계청)를 기준으로 만 19세 이상에서 만 65세 미만 연령층을 기준으로 지역별로 층화 무작위추출(Stratified Random Sampling) 및 연령대별(만 20대 이하/ 30대/ 40대/ 50대 이상) 동일한 비율로 할당추출(Quota Sampling)함
6. 기초수급자	2009년 하반기 ○○시 기초수급자를 대상으로 지역별로 층화 무작위추출(Stratified Random Sampling)함
7. 장애인	2009년 하반기 ○○시에 등록된 장애인을 대상으로 지역/ 장애유형별(지체, 시각, 청각/ 언어, 뇌병변, 자폐, 지적, 정신장애, 기타)로 2단층화 무작위추출(Two-Staged Stratified Random Sampling)함
8. 비영리민간단체	○○시에서 활동하는 비영리민간단체 대상 전수조사로 확보된 411개 단체 중 200개 단체 조사

• 지역은 22개 읍/ 면/ 동 기준

- 전화번호부 및 해당 명부를 이용, 각 지역별로 일정한 표집간격(Sampling Interval)에 따라 체계적(Systematic Sampling)으로 응답자를 선정함

3. 조사방법

- 구조화된 설문지(Structured Questionnaire)를 이용한 전화면접조사(Telephone Interview)
- 설문지 Role-playing 등 교육을 거친 조사원을 통해 실사를 진행했으며, 응답자의 라이프 스타일(Life Style)을 감안, 오후 4시~10시 사이에 조사를 실시함
  - 비영리민간단체의 경우 업무시간을 감안, 오전 10시~오후 6시 사이에 조사를 실시함

4. 표본오차

조사대상	표본수	내 용
1. 일반시민	1,030명	95% 신뢰 수준에서 최대 ±3.04%p 이내
2. 노인	500명	95% 신뢰 수준에서 최대 ±4.37%p 이내
3. 아동 · 청소년	200명	95% 신뢰 수준에서 최대 ±6.90%p 이내
	240명	95% 신뢰 수준에서 최대 ±6.30%p 이내
	160명	95% 신뢰 수준에서 최대 ±7.72%p 이내
4. 보육	400명	95% 신뢰 수준에서 최대 ±4.88%p 이내
5. 여성	400명	95% 신뢰 수준에서 최대 ±4.88%p 이내
6. 기초수급자	400명	95% 신뢰 수준에서 최대 ±4.88%p 이내
7. 장애인	500명	95% 신뢰 수준에서 최대 ±4.37%p 이내
8. 비영리민간단체	200곳	전수조사로 표본오차를 산정하지 않음

5. 자료 처리 및 분석

확인/ 전화검증을 거친 최종 유효자료(4,030sample)에 대해 코딩(Coding), 수정(Editing)과정을 거쳐 SPSS를 이용하여 통계분석함

6. 조사연구일정

2009년 12월 2일(수)~2009년 12월 31일(목) (총 30일간)

연구 절차	내 용	일 정
조사연구설계	• 조사연구설계 및 협의 • 설문지 검토/ 수정	~12월 8일(7일)
실사 준비	• 설문지 확정/ 인쇄 • 실사 준비	~12월 11일(3일)
실사(Field Work)/ 자료검증/ 통계처리	• 조사원 교육 • 실사 및 보완조사 – 1월 9일(일)~24일(월) • 자료 확인/ 검증 • Coding, Editing, Programing	~12월 31일(20일)

7. 일반시민 - 표본할당표 예시

구 분	합 계			남			여		
	인구수	비율	표본수	인구수	비율	표본수	인구수	비율	표본수
합계	298,366	100.0%	1,030	150,475	50.4%	519	147,891	49.6%	511
20대	54,976	18.4%	188	28,740	9.6%	98	26,236	8.8%	90
30대	75,383	25.3%	257	38,982	13.1%	134	36,401	12.2%	123
40대	72,123	24.2%	249	38,238	12.8%	132	33,885	11.4%	117
50대	42,735	14.3%	147	21,792	7.3%	76	20,943	7.0%	71
60대 이상	53,149	17.8%	189	22,723	7.6%	79	30,426	10.2%	110

(4) 설문지 만들기

설문조사는 알고자 하는 내용들을 질문의 형태로 구성한 것으로서, '조사대상자가 직접 읽고 응답하는 경우', 필요에 따라 '조사원이 질문을 읽어주고 조사대상자가 이를 듣고 답을 해주면 조사원이 기입하는 경우'가 있다.

설문문항은 설문응답 시간과 응답의 성실성, 설문응답 소요시간(최대 15분 이내가 적당) 등을 고려하여, 설문지 페이지 수(표지 포함해서 10장 이내)와 질문 수를 정할 필요가 있다.

① 설문 내용 키워드 작성해 보기

우선, 설문지를 무조건 만들기보다는 '설문에서 묻고자 하는 키워드'를 표로 작성할 필요가 있다. 표 작성을 통해, 필요한 질문이 빠져 있는 경우를 확인할 수 있으며, 반대로 불필요한 질문이 포함되는 경우도 확인이 가능하다. 설문 내용 키워드를 적은 표를 구성할 때, 현장 실무자가 혼자 만드는 것이 아니라, 기존의 다양한 문헌 자료들을 참고하거나 주변 관련 전문가에게 자문을 구해 완성해 나갈수록 설문 내용 구조와 짜임이 탄탄해짐과 동시에, 질 좋은 조사결과를 얻을 수 있다.

〈표 2-3〉 **설문 내용 키워드 작성 예시**

<table>
<tr><th colspan="2">구 분</th><th>세부내용</th></tr>
<tr><td colspan="2">인구 · 사회학적 특성</td><td>성별, 연령, 종교, 학력, 거주지, 거주기간, 결혼상태, 경제수준, 월수입, 직업, 주거형태,</td></tr>
<tr><td colspan="2">지역사회 인식</td><td>지역사회 애착, 지역사회 참여 및 의견개진 정도, 지역사회 문제 인식 정도</td></tr>
<tr><td colspan="2">지역주민
문제 및 욕구</td><td>지역사회에서 가장 먼저 해결해야 할 문제, 지역문제 해결 활동 참여 욕구, 참여 가능 정도, 참여 가능한 요일 및 시간</td></tr>
<tr><td>대상별
욕구</td><td>영유아, 청소년,
장애인, 노인</td><td>각 대상별로 대상의 특성을 반영한 욕구내용, 문제의 심각성 정도, 필요한 사업 및 정책(서비스), 해결방안</td></tr>
<tr><td colspan="2">지역복지 및 협의체 제언</td><td>지역복지사업 욕구, 프로그램 참여 의향,
앞으로 협의체에서 추진했으면 하는 사업</td></tr>
</table>

서문 작성 예시

○○○ 설문조사

안녕하십니까?

○○기관은 길동2동(1, 2통)에 거주하는 지역주민들을 대상으로 복지 욕구 파악 및 마을공동체 형성을 위해 ○○조사를 실시하고자 합니다.

본 설문을 통해 귀하께서 밝혀주신 의견은 지역주민의 욕구를 파악함으로써 향후 마을 정책 개발 및 마을공동체 형성에 귀중한 자료로 활용될 것입니다.

본 설문의 결과는 욕구조사 분석을 위해 통계자료로만 사용되며 개인적인 의견과 정보는 통계법 제33조 및 제34조에 의거하여 비밀이 보장되며 절대 공개되지 않음을 약속드립니다.

귀중한 시간을 내어주셔서 감사드리며, 복지욕구 파악을 통한 보다 더 지역주민이 체감할 수 있는 정책 개발, 살기 좋은 마을공동체를 만드는 데 자료로 활용될 수 있도록 최선을 다하겠습니다.

본 설문에 성실히 응답해 주시기를 간곡히 부탁드립니다. 감사합니다.

2018년 10월

○○기관장 홍길동

- 조사기관 : ○○기관
- 기관주소 :
- 홈페이지 : http://www.
- 담 당 자 : 홍심청
- 연 락 처 : (　　)　　–

조사원		ID	

■ 인구학적 특성

인구학적 특성(성별, 직업 등) 문항에서 개인이 답하기 곤란한(민감한, 꺼릴 수 있는) 질문(예 소득수준, 급여액 등)이 있을 경우 맨 뒤로 배치하는 것이 좋으며, 그렇지 않다면 맨 앞에 배치할 수도 있다. 첫 장부터 답하기 꺼려지는 질문들이 많이 배치되면, 설문지 전체 문항에 대한 응답률이 낮아지기 때문에, 이를 고려하여 설문 문항 배치를 구성할 필요가 있다.

인구학적 특성 작성 예시

인구사회학적 특성에 관한 질문입니다.

<table>
<tr><td>성별</td><td>① 남 ② 여</td><td rowspan="2">교육 정도</td><td rowspan="2">① 무학 ② 초졸 ③ 중졸
④ 고졸 ⑤ 전문대/ 대학
⑥ 대학원 이상</td></tr>
<tr><td>연령</td><td>만 ________ 세</td></tr>
<tr><td>거주지</td><td colspan="3">① 길동1동 ② 길동2동 ③ 길동3동 ④ 길동4동</td></tr>
<tr><td>거주기간</td><td>________ 년 ________ 개월</td><td>가족
(본인포함)</td><td>________ 명</td></tr>
<tr><td>결혼상태</td><td colspan="3">결혼상태 : ① 미혼 ② 기혼 ③ 동거 ④ 별거 ⑤ 이혼 ⑥ 사별 ⑦ 기타( )</td></tr>
<tr><td>주택유형</td><td colspan="3">① 일반주택 ② 다세대주택 ③ 아파트 ④ 공공·영구임대아파트
⑤ 기타( )</td></tr>
<tr><td>주택
소유형태</td><td colspan="3">① 자가 ② 전세 ③ 월세(보증부 월세 포함) ④ 공공·영구임대
⑤ 기타( )</td></tr>
</table>

특히 기존의 다양한 문헌 자료를 참고할 때, 조사대상자와 유사한 특성을 가진 사람을 대상으로 조사한 설문지·조사하고자 하는 주제/ 내용과 유사한 연구 보고서 등 여러 가지 자료들을 살펴보는 것이 도움이 된다. 기존의 다양한 문헌을 참고하면, 응답 범주의 수준을 참고하여 결정할 수 있다.

어떤 변수나 현상, 의견을 측정할 때 한 문항만으로는 부족하므로, 적절하게 선택되고 배열된 일련의 다수 문항들로 구성될 때에 비로소 측정할 변수나 현상, 의견을 보다 정확하게 측정할 수 있다는 전제에서 출발하는 척도 구성의 원리이다. 하나의 척도를 구성하는 문항들은 그 척도를 구성하는 다른 문항들과 고도의 관련성을 가지고 있어야 한다는 것이 리커트 척도의 기본원리이다.

리커트 척도는 문항 자체보다 문항에 대한 응답자의 태도와 인식에 대한 반응의 정도를 알아보기 위해 시행한다. 문항에서 제시하는 상황에 대해 호의적인 의견을 가지고 있는 사람은 긍정적인 문항에는 긍정적으로, 부정적인 문항에는 부정적으로 일관된 응답을 할 것이라는 전제가 깔려 있다.

이를 바탕으로, 리커트는 문항에 대한 응답자의 긍정과 부정의 정도에 따른 척도를 5단계의 등간격으로 나누어 구성하며, 그와 연관되거나 인접한 문항을 복수로 구성하여 신뢰도를 높인다. 일반적인 리커트 척도는 문항들에 대한 찬성과 반대의 정도를 두 극단으로 나누고, 그 사이의 간격을 보통 2~7단계로 나눈다. 각 단계별 간격은 일정한 것으로 간주한다.

척도의 응답 개수가 늘어나면 척도의 신뢰도가 증가하게 된다. 통계적 신뢰도를 높이기 위해 보통 5점 척도를 많이 사용하며, "매우 그렇다, 그렇다, 보통이다, 그렇지 않다, 매우 그렇지 않다" 등으로 구성된다. 4점 척도의 경우는 중립적인 응답 범주를 뺀 "매우 그렇다, 그렇다, 그렇지 않다, 매우 그렇지 않다"로 구성된다.

리커트 척도의 변형된 모습으로 "매우 만족한다~매우 불만이다", "매우 효과적이다~전혀 효과가 없다", "완전히 찬성한다~완전히 반대한다", "확실하다~불확실하다" 등이 가능하며, 이런 다양한 척도들은 하나의 설문지 안에서 혼합되어 사용될 수 있다. 리커트 척도는 구성이 간단하여 제작이 편리하며, 다양한 상황과 조건에 적용할 수 있어 널리 사용된다.

리커트 척도 예시

☞ 귀하께서 아래의 어려움에 대해 느끼시는 정도(심각성)를 ∨표 해주세요.

	구 분	잘 모르겠다	전혀 심각하지 않다	대체로 심각하지 않다	보통이다	대체로 심각하다	매우 심각하다
1	사회적 차별로 인한 어려움	0	1	2	3	4	5
2	취업이나 경제적 활동의 어려움	0	1	2	3	4	5
3	저소득으로 인한 경제적 어려움	0	1	2	3	4	5
4	자녀양육의 어려움	0	1	2	3	4	5
5	장애로 인한 스트레스 및 가족들 간의 불화	0	1	2	3	4	5
6	교육을 받는 것에 대한 어려움	0	1	2	3	4	5
7	장애의 재활치료(의료서비스) 이용의 어려움	0	1	2	3	4	5
8	이성교제 및 결혼의 어려움	0	1	2	3	4	5
9	여가, 취미, 문화 활동의 어려움	0	1	2	3	4	5
10	이동 및 교통수단 이용의 어려움	0	1	2	3	4	5
11	기타(내용 :)	0	1	2	3	4	5

☞ 우리 마을은 대중교통을 이용하기 편리하다고 생각하십니까? (점수 표기)

0 1 2 3 4 5 6 7 8 9 10

매우 불편 보통 매우 편리

설문의 질문을 구성할 때는, '통계분석방법'을 함께 고려해야 한다. 즉, 질문이 어떤 측정 수준인지에 따라 적용할 수 있는 통계기법이 달라진다. 이때 조사자는 조사결과를 통해 '무엇을 알고자 하는지'를 명확히 해야 한다.

단순히 조사대상자의 실태를 기술하고자 하는 것인지(빈도분석, 기술통계), 아니면 집단 간의 평균 차이를 보고자 하는지(t-test, ANOVA 등), 변수와 변수 간의 인과관계·원인과 결과관계(회귀분석 등)를 보고자 하는지 등에 따라서 질문(변수)을 비연속변수(명목변수, 서열변수)로 질문할 것인지, 연속변수(등간변수, 비율변수)로 질문할 것인지가 결정된다.

〈표 2-4〉 **변수 종류 및 속성**

변수 종류		변수 속성	예 시
비연속 변수	명목변수	집단 구분	성별, 거주지
	서열변수	순서별 나열	학력(초, 중, 고, 대졸) 나이(20대 이하, 30대, 40대, 50대, 60대 이상)
연속 변수	등간변수	순서 및 동일한 간격, '절대0점' 없음	IQ, 온도
	비율변수	순서, 동일한 간격, '절대0점' 있음, 사칙연산 가능	몸무게(______kg), 나이(만______세)

같은 질문을 하더라도, 응답을 어떻게 하느냐에 따라 측정의 수준이 달라진다.

다음의 예시 1처럼 질문을 할 경우 비율변수로 연속변수가 되지만, 예시 2처럼 질문할 경우 일정한 순서는 있지만 일정한 간격을 가진다고 할 수 없기에 서열변수로 비연속변수가 된다. 예시 3은 월평균 급여에서 등급 간 간격이 동일하기에 등간척도로 볼 수 있다. 따라서 응답범주를 고려할 때는 반드시 변수의 수준과 통계분석방법에 대한 이해가 선행적으로 반드시 있어야 한다.

예시

예 1) 귀하의 월 평균 급여는 어떻게 되십니까? ______________만 원
(※ 수입이 없을 경우 0으로 기록해 주세요)

예 2) 귀하의 월 평균 급여는 어떻게 되십니까?
① 130만 원 미만 ② 130만 원 이상 ~ 200만 원 미만
③ 200만 원 이상 ~ 300만 원 미만 ④ 300만 원 이상

예 3) 귀하의 월 평균 급여는 어떻게 되십니까?
① 100만 원 이하 ② 101만 원 이상 ~ 200만 원 이하
③ 201만 원 이상 ~ 300만 원 이하 ④ 301만 원 이상

tip

1. 질문은 되도록 높은 수준의 변수(명목 〈 서열 〈 등간 〈 비율)로 측정하는 것이 좋다. 연속변수는 필요에 따라 범주를 다시 재범주화하여 비연속변수로 만들 수도 있고, 통계분석방법 적용도 자유롭게 적용이 가능하기 때문이다. 그러나 조사응답자의 응답능력과 조사목적을 고려하여 변수의 측정 수준을 정할 필요가 있다. 모든 문항을 연속변수로 만들 필요는 없다.

2. 시회과학에시는 리커드 척도에 의해 읻어진 값을 연속변수로 간수하고 사용하는 경우가 많으나, 엄격한 의미에서 리커트 척도 한 문항은 서열변수이기에 실제 연속변수가 아니다.
[예] 리커트 척도 예시
의료기관에서 제공하는 의료서비스에 대해 만족하십니까?
① 매우 만족 ② 만족 ③ 보통 ④ 불만족 ⑤ 매우 불만족

질문배치는 비슷한 키워드·주제와 관련된 질문들끼리 한 곳에 모아 배치한다. 이는 응답자가 설문에 대해 일관성 있게 생각하고 응답할 수 있도록 도와준다.

(5) 설문조사하기

모든 질문이 완성된 후에는, 설문지를 전체적으로 살펴보면서 이번 조사에서 꼭 질문하지 않아도 되는 질문이 있지는 않는지 한 번 더 점검하고, 필요에 따라 질문을 삭제한다. 이번 조사의 주제와 목적에 초점을 두고 설문지를 간결하게 만든다. 이때 전문가의 자문을 통해 수정·보완이 가능하다.

더불어, 본 설문조사를 바로 진행하기보다는, 구성한 설문 문항이 현장에 적용될 때(실제 설문조사 응답 시) 문제가 발생하는 것이 없는지 확인하기 위해 예비조사(사전조사, Pre-Test)를 해볼 필요가 있다.

예비조사는 조사 대상 몇 명을 대상으로 조사대상자가 구성한 설문문항의 의미대로 제대로 이해하고 응답하고 있는지, 보기문항에서 중요한 보기문항이 빠진 것은 아닌지 혹은 필요 없는 보기문항이 많이 들어가 있는 것은 아닌지, 설문 문항의 순서(배치)는 적절한지 등을 최종적으로 확인해 봄으로써, 설문 질문의 타당도를 높일 수 있다.

온라인으로 설문조사하는 방법도 있다. 구글 독스(docs.google.com), 네이버 오피스(office.naver.com), 서베이몽키(ko.surveymonkey.com) 등을 활용하면 온라인 설문지를 만들 수 있다. 비교적 손쉽게 만들 수 있고 결과도 바로 엑셀로 정리가 되는 장점이 있다. 그러나 대면조사보다는 신뢰도나 답변의 정확도가 조금 떨어질 수 있으며, 설문 문항 수도 서면보다는 제한이 있다는 한계가 있다.

그 밖에 우편조사, 전화조사, 면접조사 등을 통해 실제 설문을 조사할 수 있다.

온라인 설문지 만들기 예시

- 구글독스를 이용하려면, 구글 계정이 우선 필요함(구글가입)
- 설문지 만들기 주소 https://www.google.com/intl/ko_KR/forms/about

(6) 데이터 입력 및 분석

① 변수 입력

SPSS 프로그램을 실행하면, 다음의 화면(그림 2-4)이 열린다. 여기서 화면 아래쪽을 살펴보면 '데이터 보기'와 '변수 보기'가 있다. 이 중에 우선, '변수 보기'를 선택하면 변수를 입력할 수 있다. 변수를 다 입력한 후에는 '데이터 보기'를 선택하면 화면에서 직접 데이터를 입력할 수 있다.

이때 모든 데이터는 |그림 2-4|와 같이 기본적으로 숫자로 입력이 되어야 한다.

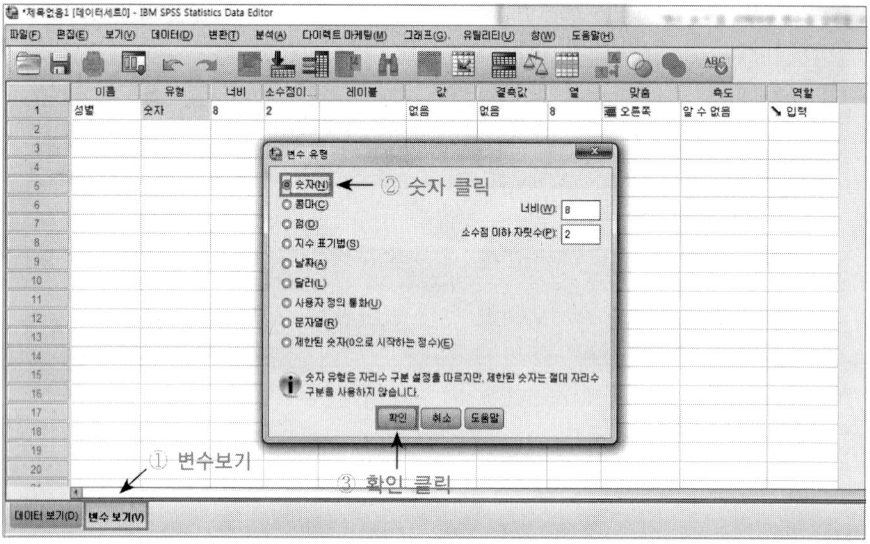

|그림 2-4| **변수 보기 화면**

데이터 자료가 숫자가 아닌 주관식 응답(예 기타, 서술식 답변)일 경우에는 |그림 2-5|와 같이, '유형'에서 '문자열'을 선택하고, 문자를 '5000' 정도로 바꿔주면 된다. 이는 연구자가 입력할 수 있는 문자 크기를 의미하기에, 대략 5000 정도로 바꿔주면, 긴 글의 문장(주관식 응답, 기타응답 내용)도 입력이 가능하다.

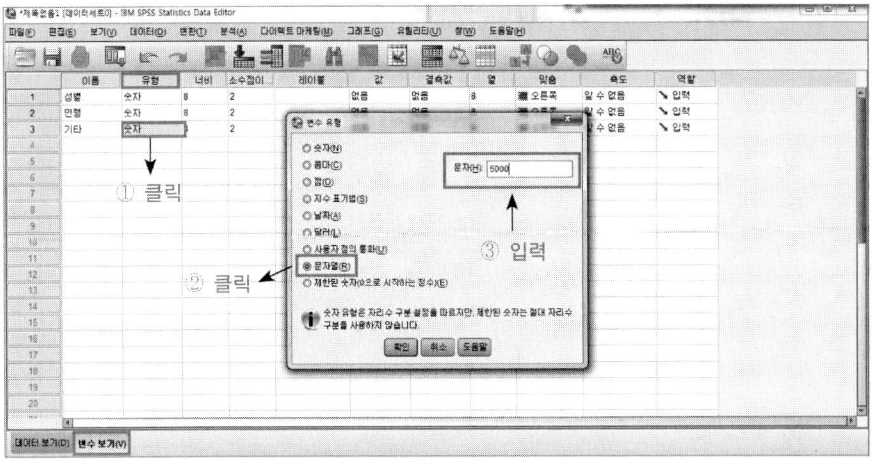

|그림 2-5| 주관식일 경우 화면

|그림 2-6|에서와 같이 '이름'에 변수명(예 성별, 연령 등)을 적되 띄어쓰기 없이 적는 것이 좋다. 변수명을 적은 후에는 분석을 위해 '속성값'을 입력해야 한다.

예를 들어, 설문지에서 아래와 같이 질문했다고 가정해보면,

☞ 귀하의 성별은? ① 남 ② 여
☞ 귀하의 연령은? ① 20대 미만 ② 30대 ③ 40대 ④ 50대 이상

설문의 내용을 SPSS에 입력할 때, 성별이라는 변수는 '남', '여'라는 속성을 가지는데, SPSS에서는 문자로 '남', '여'가 아닌 '1', '2'로 입력해야 한다. 이 값을 설정하면, 출력 시 입력된 변수 1, 2가 아닌 '남, 여'로 출력된다.

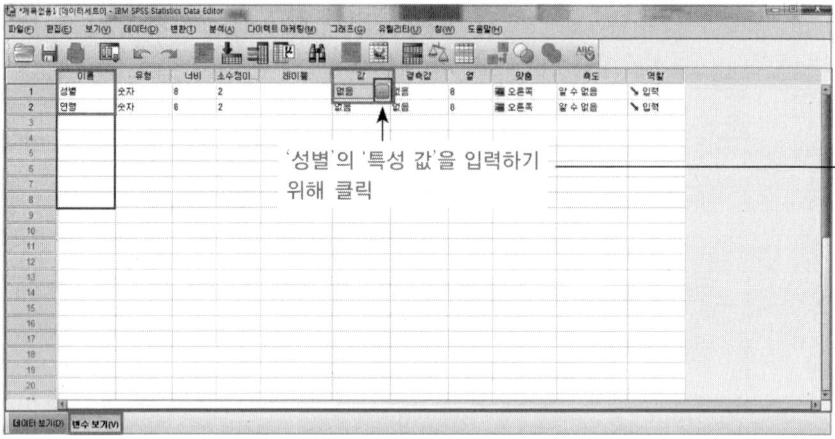

|그림 2-6| 속성값 입력

값에서 ⋯를 클릭하면 다음화면 (변수값 창)이 열림

변수값 창이 열리면, 설문지 보기 문항에 적힌 '1'이라는 숫자를 '값'에 입력, 레이블에는 '남(남자를 줄여서 씀)'을 입력한 후, 아래 '추가'를 선택하면 '1=남'이라고 입력이 된다(그림 2-7, 2-8 참조).

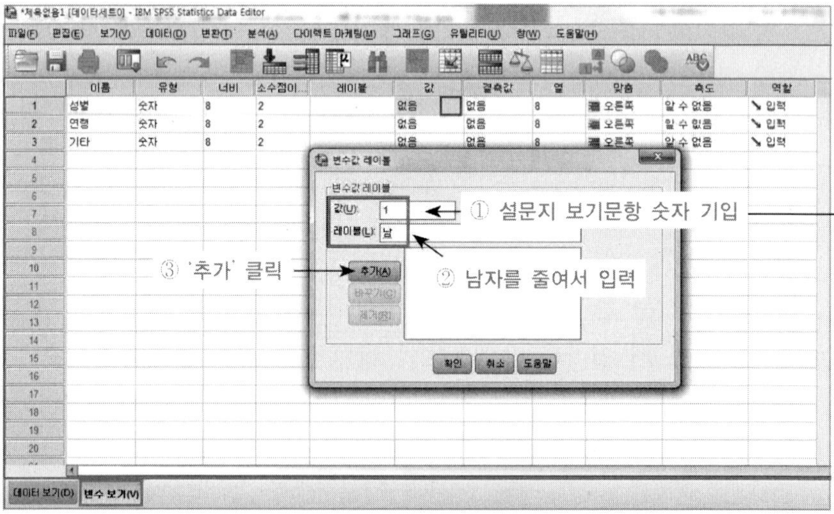

|그림 2-7| 변수값 입력

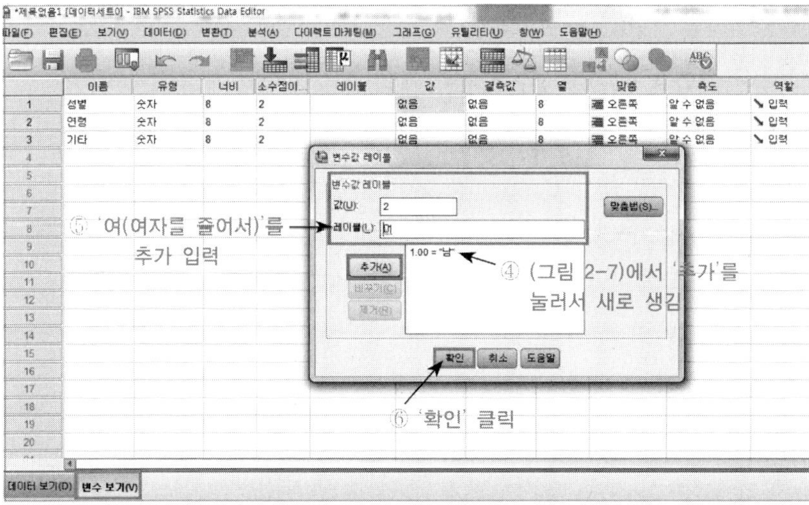

|그림 2-8| 변수값 입력

'변수명'과 '속성 값' 설정을 다 마친 후에는, |그림 2-9|처럼 왼쪽 하단의 '데이터 보기'를 선택한 후, 실제 데이터를 입력할 수 있다.

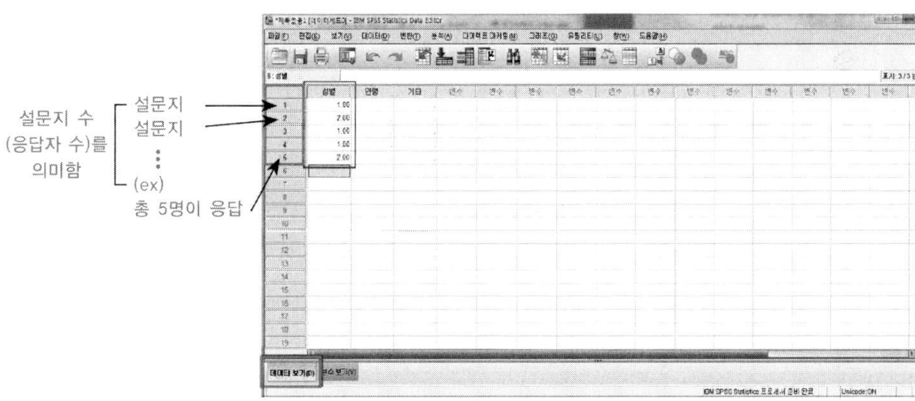

|그림 2-9| 데이터 입력

② 빈도분석

빈도분석이란 범주형 변수(명목수준이나 순위 수준 측정)을 분석하는 방법이다. 범주형 변수뿐만 아니라, 주관식(개방형) 문항도 분석자가 적절히 분류(예 연봉을 주관식으로 조사한 후 적절한 범주로 나눈 후 상·중·하로 분류)하여 범주형 변수로 분석할 수 있다.

설문지 분석에서 빈도분석을 사용하는 이유는 첫째, 코딩 오류를 발견하기 위함이다. 데이터를 입력(코딩)하고 나서, 빈도분석 결과 문항에 '보기문항'에 없는 값이 출력될 때에는 입력에 오류가 있음을 의미한다. 둘째, 본 문항을 분석하기 위함이다. 인구학적 특성(일반적 특성)뿐만 아니라 본 문항(리커트 척도 등)의 응답 분포, 세부 보기문항에 대한 응답 비율, 산포도, 중심경향 등에 관심을 갖고 분석한다.

|그림 2-9|에서처럼 총 5명이 응답하여 자료 입력한 것을 '빈도분석'[3]하면 다음과 같은 결과물(output)이 출력된다.

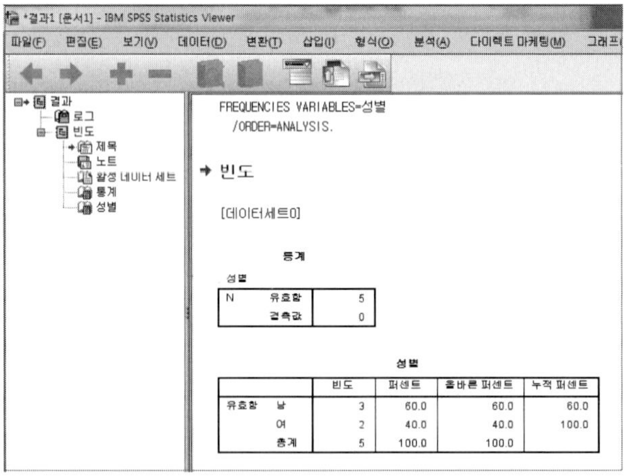

|그림 2-10| 빈도분석 결과물(1)

3) 범주형 변수(명목수준이나 순위 수준 측정)를 분석할 때 사용한다.

☞ 빈도표 구하기 : 메뉴 → ① 분석 → ② 기술통계량 → ③ 빈도 → ④ 범주형 변수를 하나 이상 선택(예 성별 변수) → ⑤ 변수 쪽으로 이동시키기 위해 중간의 화살표를 클릭 → ⑥ 확인 → ⑦ 결과 확인 → ⑧ 한글표에 표 작성(그림 2-11부터 2-14까지 참고)

|그림 2-11| 빈도분석

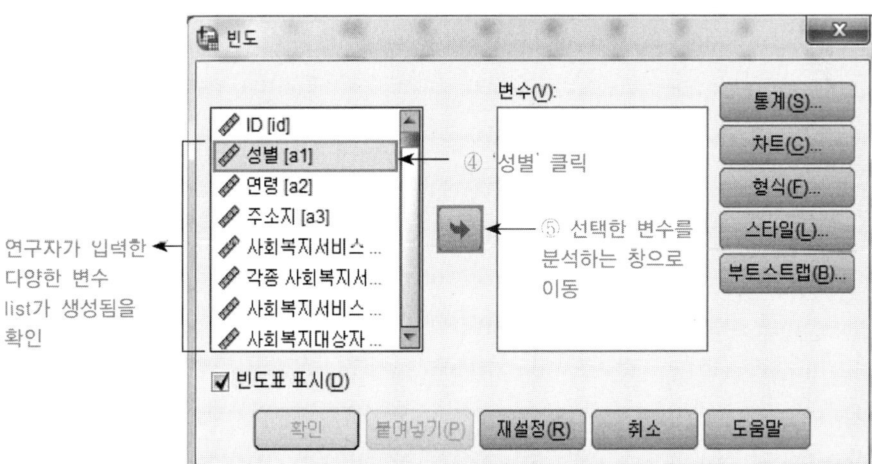

|그림 2-12| 빈도 분석할 변수확인

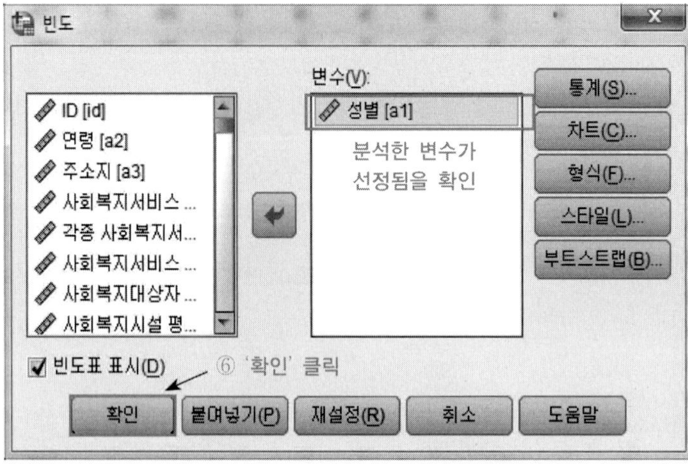

|그림 2-13| 분석할 변수 선택

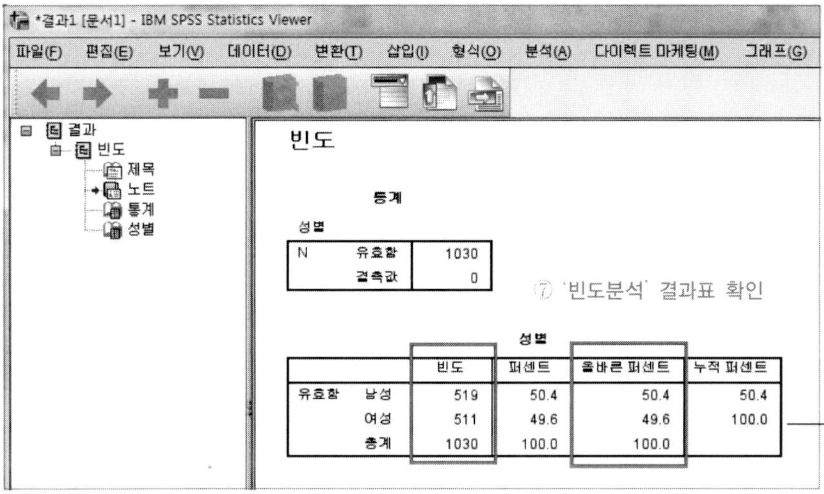

|그림 2-14| 빈도분석 결과물(2)

결과창에는 빈도, 퍼센트, 올바른 퍼센트, 누적퍼센트 값이 제시되는데, 이 중 빈도와 올바른 퍼센트를 다음의 표와 같이 제시하고, '조사대상자의 성별은 남성이 50.4%, 여성은 49.6%로 나타났다.'로 기술하면 된다.

보고서 '빈도분석결과' 제시 예시

항 목	구 분	빈도(명)	백분율(%)
성 별	남	519	50.4
	여	511	49.6
	계	1,030	100.0

그런데 다음과 같이 데이터에 결측값(응답한 값이 없는, missing value, 결측치)이 4개 있는 경우에는, 결측값의 빈도까지 포함해서 총계 1,030을 100%로 볼 것인지, 결측된 빈도수는 제외한, 1,026을 총 합계 100%로 볼 것인지에 따라서, 남성과 여성의 백분율이 달라지게 된다. 이에 결측값은 제외하고 응답한 빈도수를 100%로 본 '올바른 퍼센트' 값을 보고서 결과로 주로 사용한다.

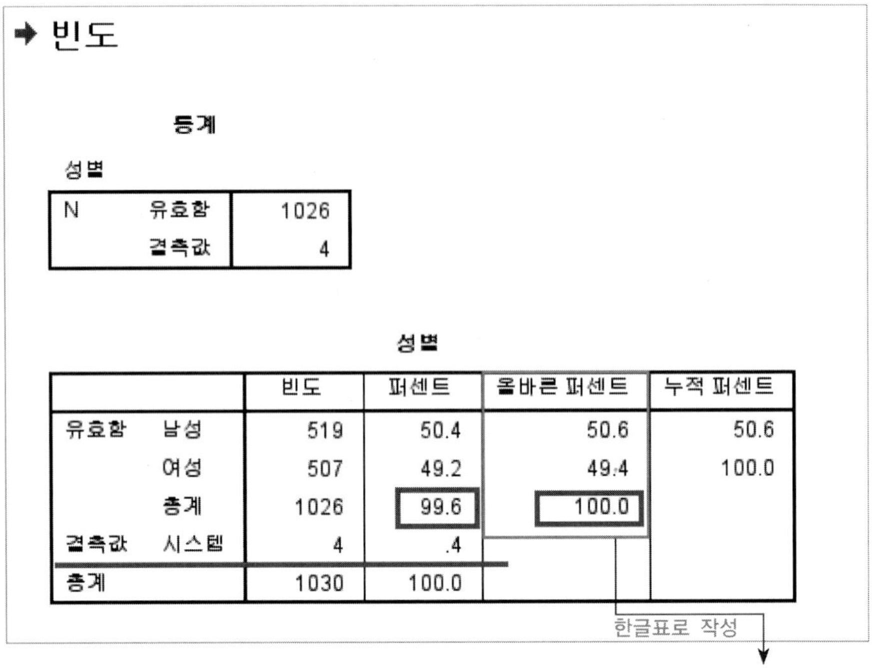

➡ 빈도

통계

성별

N	유효함	1026
	결측값	4

성별

		빈도	퍼센트	올바른 퍼센트	누적 퍼센트
유효함	남성	519	50.4	50.6	50.6
	여성	507	49.2	49.4	100.0
	총계	1026	99.6	100.0	
결측값	시스템	4	.4		
총계		1030	100.0		

|그림 2-15| 결측값 있을 때 빈도분석 결과창

항 목	구 분	빈도(명)	백분율(%)
성 별	남	519	50.6
	여	507	49.4
	계	1,026	100.0

③ 기술통계

수집한 데이터를 대표하는 값이 무엇인지 알아보거나, 데이터가 어떻게 퍼져 있는지를 알아보기 위해 분석하는 방법이다. 대표하는 값(집중화 경향 central tendency)으로는 평균, 중앙값, 최빈값 등이 있다. 또한 데이터가 어떻게 퍼져 있는지는 분산도(variation)를 통해 알 수 있으며, 대표적으로는 표준편차(Standard devation), 사분위(quartil)값 등이 있다.

기술통계에서 주로 많이 사용하는 '평균/ 표준편차' 분석 방법은 다음과 같다.

☞ 평균/ 표준편차 구하기 : 메뉴 → ① 분석 → ② 기술통계량 → ③ 기술통계 → ④ 연속 변수를 하나 이상 선택(예 연령 변수) → ⑤ 변수 쪽으로 이동시키기 위해 중간의 화살표를 클릭 → ⑥ 확인 → ⑦ 결과 확인 → ⑧ 한글표에 표 작성(그림 2-16부터 그림 2-20까지 참고)

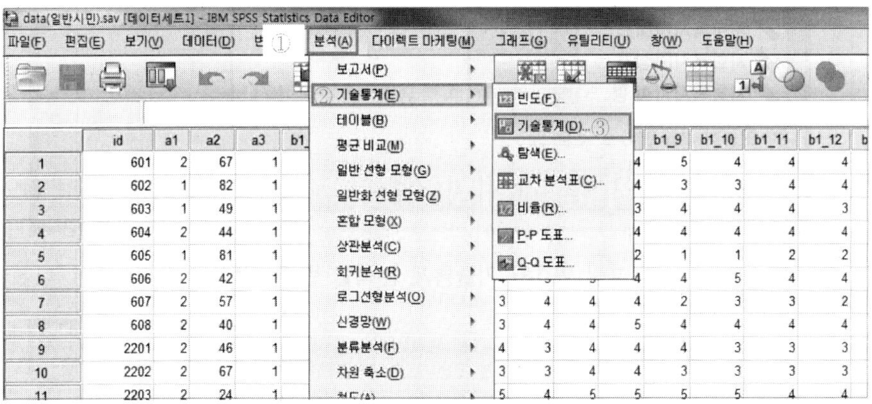

|그림 2-16| 기술통계 분석

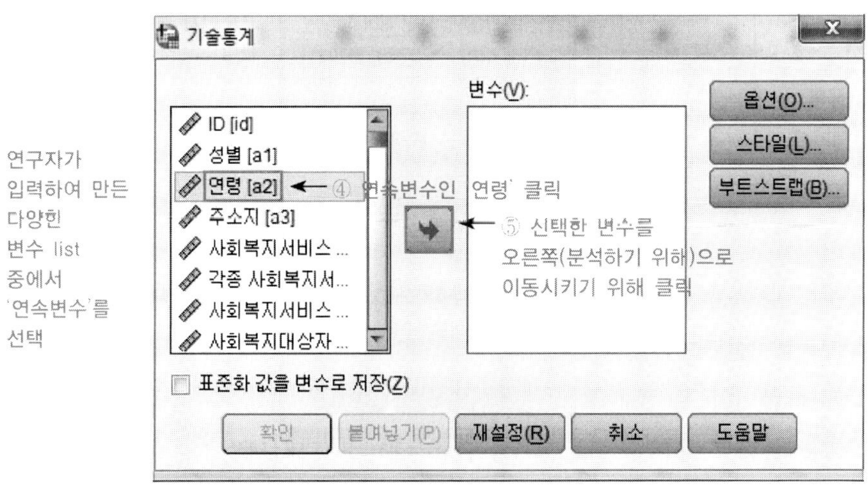

|그림 2-17| 분석할 변수확인

기술통계 분석의 잘못된 예

➡ 기술통계

기술통계

	N	최소값	최대값	평균	표준 편차
성별	1026	1	2	1.49	.500
유효한 N(목록별)	1026				

|그림 2-21|

④ 교차분석 (χ^2)

교차분석은 독립변수와 종속변수 모두 비연속적(명목, 서열) 변수일 때 사용한다. 두 개의 변수를 상호 교차시켜, 변수들 간의 관련성을 알아보기 위함이며, 두 개의 변수들 간의 빈도・백분율이 어떻게 분포되어 있는지를 확인하기 위해 분석한다.

교차분석하기 위해서는 첫째, 독립변수와 종속변수 모두 질적변수 또는 양적변수를 집단화한 범주변수이어야 한다. 둘째, 빈도가 5보다 작은 셀이 전체 셀의 20% 이하이어야 하며, 만약 빈도가 5 이하인 셀이 있을 경우에는 범주(집단)를 합쳐서 분석해야 한다. 셋째, 각 셀에 분류되는 빈도는 서로 독립적이어야 한다는 조건을 갖추어야 한다.

☞ 교차분석(카이제곱 검정) : 메뉴 → ① 분석 → ② 기술통계량 → ③ 교차분석 → ④ 독립변수를 "열"에 이동 → ⑤ 종속변수를 "행"에 이동 → ⑥ 오른쪽에 있는 "통계"를 클릭 → ⑦ 카이제곱 체크 → ⑧ 계속 → ⑨ 오른쪽에 있는 "셀"을 클릭 → ⑩ 관측빈도 클릭 → ⑪ 연구자의 의도(백분율을 구하고자 하는 방향)에 따라 행 · 열 · 전체를 선택 → ⑫ 계속 → ⑬ 결과 확인 → ⑭ 한글표에 표 작성(그림 2-22부터 그림 2-27까지 참고)

이때 주의할 사항은 |그림 2-26|과 같이 "셀"에서 "백분율"을 선택할 때, 행 · 열 · 총계 모두 선택할 수 있지만, 모두 선택할 경우, SPSS 결과 출력표가 너무 복잡해질 수 있다. 따라서 연구자가 '독립변수'에 해당하는 옵션을 중심으로 선택하는 것이 편리하다. 아래의 예시에서는 독립변수를 '열'에 배치하였기 때문에, '열' 퍼센트만 선택하여 결과값을 낸 것이다.

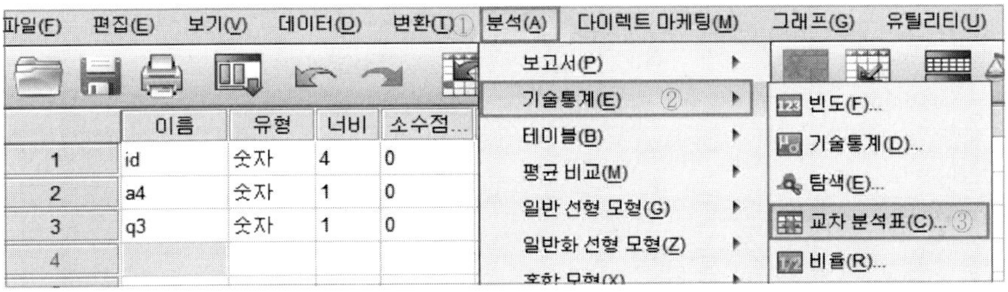

|그림 2-22| 교차분석

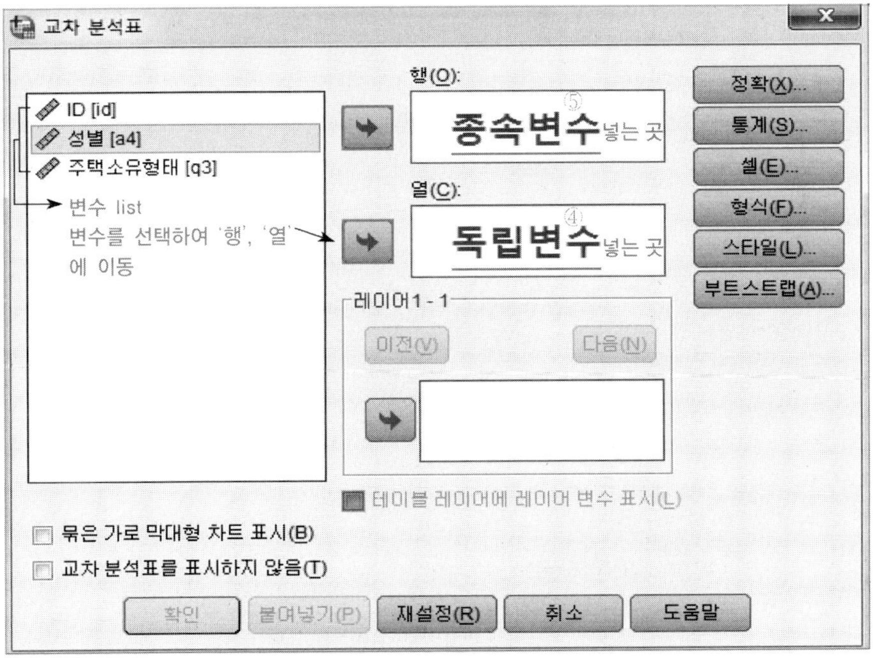

|그림 2-23| 교차분석할 변수 선택

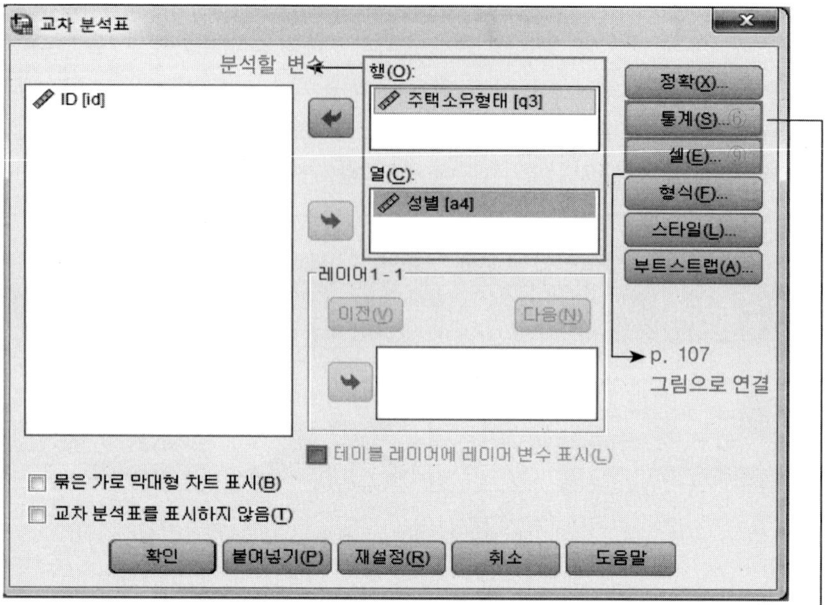

|그림 2-24| 교차분석할 변수

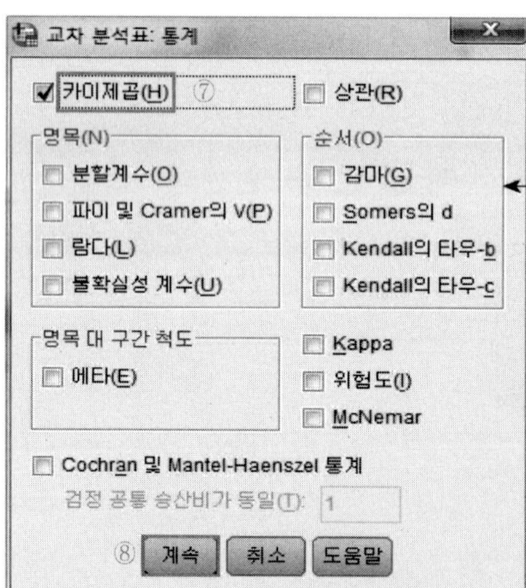

'통계' 클릭 시
'교차분석표' 화면 생성

|그림 2-25| 카이제곱

⑩

⑪ 연구자가 보고자 하는 의도에 따라 '행 · 열 · 통계' 백분율 선택

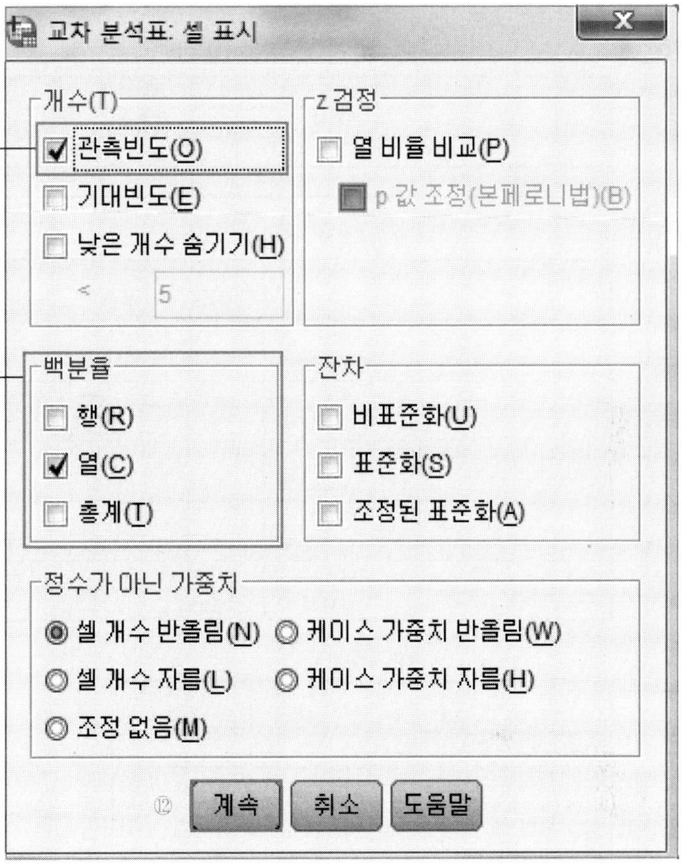

|그림 2-26| 교차분석에서 '셀'화면

➜ **교차 분석표** ⑬ '교차분석' 결과표 확인

케이스 처리 요약

	케이스					
	유효함		결측값		총계	
	N	퍼센트	N	퍼센트	N	퍼센트
주택소유형태 * 성별	488	97.6%	12	2.4%	500	100.0%

주택소유형태 * 성별 교차 분석표

			성별		총계
			남성	여성	
주택소유형태	자가	개수	190	173	363
		성별 내 %	75.7%	73.0%	74.4%
	전세	개수	34	24	58
		성별 내 %	13.5%	10.1%	11.9%
	사글세월세	개수	14	31	45
		성별 내 %	5.6%	13.1%	9.2%
	무상임대	개수	13	9	22
		성별 내 %	5.2%	3.8%	4.5%
총계		개수	251	237	488
		성별 내 %	100.0%	100.0%	100.0%

➜ '교차분석' 주요결과

카이제곱 검정

	값	df	점근 유의수준 (양면)
Pearson 카이제곱	9.276[a]	3	.026
우도비	9.443	3	.024
선형 대 선형 연결	.960	1	.327
유효 케이스 N	488		

a. 0 셀(0.0%)에 5 미만의 개수가 있어야 합니다. 예상되는 최소 개수는 10.68입니다.
df는 자유도를 의미함

|그림 2-27| 교차분석 결과물

➜ ⑭ 한글표 작성

〈표 2-5〉 **성별에 따른 주택소유형태**

구 분		남 성	여 성	계
주택소유형태	자가	190(75.7)	173(73.0)	363(74.4)
	전세	34(13.5)	24(10.1)	58(11.9)
	사글세, 월세	14(5.6)	31(13.1)	45(9.2)
	무상임대	13(5.2)	9(3.8)	22(4.5)
계		251(100.0)	237(100.0)	488(100.0)

➜ $\chi2=9.276$ df=3, $p(0.026)<0.05$

성별에 따른 주택소유형태에 대한 교차분석 결과(표 2-6)를 살펴보면, 남성의 경우 '자가'인 경우가 75.7%로 가장 높았고, 그 다음으로 전세(13.5%)인 것으로 나타났다. 여성의 경우도 남성과 마찬가지로 '자가'인 경우가 73.05로 가장 높았으며, 그 다음으로 사글세·월세(13.1%) 순으로 나타났다. 카이스퀘어 값은 9.276, 자유도는 3, p값은 .0.026로 나타나 유의수준 5% 내에서 유의한 것으로 나타났다(표 2-6).

(7) 보고서 작성

보고서에 포함될 내용은 보고서 작성의 목적, 보고서를 요구하는 기관에서 요구하는 내용, 읽는 독자가 누구인지 등에 따라 달라질 수 있다.

일반적으로 널리 활용되는 조사결과 보고서는 조사개요, 문헌검토, 조사결과 분석, 요약 및 제언의 순으로 구성된다. 연구논문은 서론, 본론, 결론이 명확하게 구분되고 이론적 배경과 연구방법이 강조되는 반면, 조사보고서는 조사의 전 과정과 결과, 그리고 이를 토대로 한 제안이 강조되는 특성이 있다(권구영·김영란, 2010).

- 제목
- 목차
- 요약
- 본문
  - ① 조사목적(조사배경, 문제제기, 조사 및 연구 의의 등)
  - ② 문헌검토(선행연구 검토, 이론적 논의, 지역 및 인구 현황, 지역적 특성 등)
  - ③ 조사방법 및 자료(조사기간, 조사대상, 조사내용, 자료수집 방법, 조사모집단 및 표본에 대한 설명, 샘플링·표본추출 방법, 조사원 교육 방법, 설문지 답례품, 분석대상자 수 등)
  - ④ 자료분석(빈도분석, 기술통계 등)
  - ⑤ 결론(조사결과 요약, 제언)
- 부록

  : 조사도구(설문지, FGI 질문지 등)

  : 참고문헌

① 보고서 표지에는 |그림 2-28|과 같이 제목, 작성일자, 작성자, 기관 로고 또는 기관 이미지 등을 기입한다.

> 2019년 ○○지역 복지욕구 실태조사
>
> 2019. 12
>
> (로고)홍길동기관

|그림 2-28| **보고서 표지 예시**

② 목차는 보고서 구조를 항목별로 나타내는 것으로 장과 절 등을 해당 쪽번호와 함께 나타낸다. 도표, 그림들은 표목차와 그림목차로 따로 정리하여 제시한다.

다음은 목차 예시이며, 보고서 특성에 따라서 '2장 현황 및 정책'은 보고서에 포함하지 않는 경우도 있다. 조사개요에서 자료수집 방법으로는 모집단, 표본, 샘플링 등에 대해 구체적으로 기술할 필요가 있으며, 조사과정상의 한계 등에 대해서도 기술하기도 한다.

조사결과 요약 및 시사점에서는 욕구조사 결과를 간략하게 요약하고, 조사결과가 나타내는 중요한 의미와 시사점, 연구에서 앞으로의 방향성 제시에 중요한 의미(근거)가 될 수 있는 것을 중심으로 기술한다.

보고서 목차 예시

|목 차|

4. 사 례

아래의 설문지는 지역사회 주민, 협의체 위원 등을 대상으로 본인이 살고 있는 동네에 대한 생각, 지역의 여러 가지 문제점, 우리지역에서 지원이 필요한 대상자, 복지공동체 등을 알아보기 위해 활용할 수 있다.

설문지 활용 시, '동네에 나타나고 있는 문제의 심각성 문항'에서는 각 지역 특성에 맞게 보기문항을 추가하여 사용하기를 권장한다.

지역	____________시 · 군____________읍면동	ID	

제4기 지역사회보장계획 수립을 위한 협의체 위원 설문지

안녕하십니까?

본 조사는 제4기 지역사회보장계획(2019~2012년)을 수립하기 위해, 협의체 위원의 의견을 수렴하기 위한 것입니다. 본 설문지를 통해 수집된 자료는 사회보장계획 수립 관련 기초자료로만 활용될 것입니다.

본 조사 내용은 통계법 제33조 및 제34조에 의거하여 비밀이 보장되며, 연구 목적 이외의 그 어떤 용도로도 사용하지 않을 것을 약속드립니다. 아울러, 설문 도중 불편하시거나 어려운 점이 있으시면 참여를 철회하셔도 괜찮다는 점을 알려드립니다.

이에 여러 가지로 바쁘시겠지만 설문에 협조해 주시기를 부탁드립니다.

끝으로, 본 조사와 관련하여 궁금한 점이 있으시면 아래 연락처로 연락주시기 바랍니다.

책임연구원 : 홍길동(소속)

문의처 :

이메일 : swdonghwa@hanmail.net

지도원 확인	☐ 완료 ☐ 미완(사유 :	조사원 성명	(인)	지도원 성명	(인)

A. 일반특성

1. 성별	① 남자 ② 여자
2. 연령	만( )세
3. 혼인여부	① 미혼 ② 기혼 ③ 기타( )
4. 종교	① 기독교 ② 천주교 ③ 불교 ④ 종교 없음 ⑤ 기타( )
5. 학력	① 중학교 이하 ② 고등학교 ③ 전문대(대학) ④ 대학교 이상
6. 관할지역	( ) 읍면동
7. 현 거주지 거주기간	( )년 ( )개월
8. 협의체 위원 활동기간	( )년 ( )개월
9. 직업	① 없음 ② 있음(구체적으로 적어주세요 :)
10. 월 평균 소득	① 100만 원 미만 ② 100만 원 이상 ~ 200만 원 미만 ③ 200만 원 이상 ~ 300만 원 미만 ④ 300만 원 이상 ~ 400만 원 미만 ⑤ 400만 원 이상

B. 지역사회

1. 귀하는 우리 동네에 내해 어느 정도 만족하십니까?
   ① 매우 불만족 ② 불만족 ③ 보통 ④ 만족 ⑤ 매우 만족

2. 귀하께서 거주하고 계신 지역은 다른 지역과 비교해 볼 때, 살기에 어떤 곳이라고 생각하십니까?

열악하다	←							→	좋다
1	2	3	4	5	6	7	8	9	10

3. 귀하께서 자신의 행동에 대해 어떻게 평가하고 계신지 다음의 각 항목에 표시해 주십시오.

구 분		① 매우 그렇지 않다	② 그렇지 않다	③ 보통 이다	④ 그렇다	⑤ 매우 그렇다
(1)	나는 이웃 사람들과 사이좋게 지낸다	①	②	③	④	⑤
(2)	나는 어려운 일이 생기면 이웃 사람들과 의논한다	①	②	③	④	⑤
(3)	나는 이웃 사람들과 서로 도우며 생활한다	①	②	③	④	⑤
(4)	나는 이웃 사람들과 힘을 합치면 동네를 발전시킬 수 있다고 생각한다	①	②	③	④	⑤
(5)	나는 내가 살고 있는 동네에 피해를 주는 행동은 하지 않는다	①	②	③	④	⑤
(6)	나는 동네 사람들이 싫어하는 행동은 조심한다	①	②	③	④	⑤
(7)	나는 동네 사람들의 모임활동에는 꼭 참석한다	①	②	③	④	⑤
(8)	나는 동네를 위해 할 수 있는 일을 스스로 찾아서 한다	①	②	③	④	⑤
(9)	나는 동네에서 열리는 회의에서 나의 의견을 자유롭게 말한다	①	②	③	④	⑤
(10)	나는 이웃 사람들이 잘되면 내가 잘된 것처럼 기쁘다	①	②	③	④	⑤
(11)	나는 이웃 사람들과 협동하여 일을 한다	①	②	③	④	⑤
(12)	나는 이웃 사람들이 어려운 일을 당하면 내 일처럼 돕는다	①	②	③	④	⑤
(13)	나는 동네의 물건을 내 것처럼 소중히 다룬다	①	②	③	④	⑤
(14)	나는 동네에서 맡은 역할은 책임 있게 완수한다	①	②	③	④	⑤
(15)	나는 동네의 일에 스스로 참여하여 협동한다	①	②	③	④	⑤

4. 우리 동네가 다른 지역보다 살기 좋은 점은 무엇입니까?

① 편리한 교통시설(대중교통, 터미널 등)

② 다양한 상점 및 저렴한 물가

③ 근접한 문화시설(영화관, 공연장, 공원 등)

④ 인진힌 골목길

⑤ 교육환경(교육양극화 및 격차가 적음)

⑥ 쓰레기 분리수거·환경정화 활동에 의한 깨끗한 거리

⑦ 공동체 의식 등 이웃 간의 원활한 소통

⑧ 주택/ 주거환경

⑨ 아동, 청소년 폭력예방, 낮은 우범률

⑩ 기타(   )

5. 지금 살고 있는 동네를 떠나서 다른 곳에서 살고 싶습니까?

① 전혀 그렇지 않다 (☞ 6번으로 이동)

② 그렇지 않다 (☞ 6번으로 이동)

③ 그렇다 (☞ 5-1번으로 이동)

④ 매우 그렇다 (☞ 5-1번으로 이동)

5-1. 다른 곳으로 이사하고 싶은 이유는 무엇입니까?

① 수택 및 주거문제

② 교통문제

③ 지역환경문제

④ 보건 및 의료문제

⑤ 자녀 교육문제

⑥ 지역의 복지정책 및 제도 문제

⑦ 복지서비스의 부족

⑧ 지역주민의 공동체 의식 문제
⑨ 기타(　　　　　　　　　　　　　　　)

6. 귀하께서는 우리 동네에서 정책적으로 좀 더 지원이 필요한 대상자는 누구라고 생각하십니까?

(01) 빈곤자	(09) 조손가구(노인+손녀)
(02) 실직자	(10) 청소년
(03) 장애인	(11) 여성
(04) 노인	(12) 다문화 가족
(05) 독거노인/ 노인단독가구	(13) 외국인 근로자
(06) 보육 및 육아	(14) 미혼부・모가구
(07) 아동	(15) 한부모가구
(08) 청장년 1인가구	(16) 기타 (구체적으로 :　　　　　)

7. 아래의 내용은 나타날 수 있는 문제들을 나열한 것입니다.
현재 살고 있는 동네는 어떤 문제가 어느 정도 심각하다고 생각하십니까?

내 용	전혀 그렇지 않다	그렇지 않다	보통	그렇다	매우 그렇다
1) 육아문제(육아 보육, 통학거리 등)	①	②	③	④	⑤
2) 장애인복지 문제(자립, 이동, 취업 지원 부족 등)	①	②	③	④	⑤
3) 노인복지 문제(독거, 치매, 와상노인의 사회적 지원 부족 등)	①	②	③	④	⑤
4) 정신건강 문제(정신질환, 우울증, 자살시도 등)	①	②	③	④	⑤

내 용	전혀 그렇지 않다	그렇지 않다	보통	그렇다	매우 그렇다
5) 경제적 문제(저소득, 실직, 공과금 체납, 일정치 않은 소득 등)	①	②	③	④	⑤
6) 의료서비스 문제(의료시설 부족 등)	①	②	③	④	⑤
7) 방임 및 학대 문제(자녀 양육 소홀 등)	①	②	③	④	⑤
8) 주거 환경 열악(주거 위생상태 불량, 수집·저장 강박, 쓰레기 쌓아 모으는 등)	①	②	③	④	⑤
9) 원룸 주변 문제(악취, 음식물 쓰레기 처리 등)	①	②	③	④	⑤
10) 범죄문제(절도, 폭행 사건 등)	①	②	③	④	⑤
11) 건강문제(간경화, 탈장, 고혈압, 당뇨, 정기검진 미실시 등)	①	②	③	④	⑤
12) 음주, 알콜성 질환자의 문제 행동	①	②	③	④	⑤
13) 사람과의 관계 교류 단절(은둔형 외톨이, 이웃과 교류 없음 등)	①	②	③	④	⑤
14) 여가 및 문화시설 부족 문제	①	②	③	④	⑤
15) 요보호여성에 대한 지원 부족 문제	①	②	③	④	⑤
16) 다문화가정 및 자녀에 대한 지원 부족 문제	①	②	③	④	⑤
17) 지역주민 간 공동체 의식 부족	①	②	③	④	⑤
18) 복지시설 부족	①	②	③	④	⑤
19) 대중교통 이용에 관한 문제	①	②	③	④	⑤
20) 이웃과의 관계에 관한 문제	①	②	③	④	⑤
21) 차별의 문제	①	②	③	④	⑤
22) 빈부격차 문제	①	②	③	④	⑤
23) 기타 문제( )	①	②	③	④	⑤

8. 귀하께서는 현재 자원봉사활동을 하고 계십니까?

① 그렇다 ⇩

월평균 자원봉사 참여시간은?
( ) 시간

평소 자원봉사를 누구와 함께 하셨습니까?
① 혼자 ② 가족 ③ 친구
④ 이웃 ⑤ 부녀회 ⑥ 동아리
⑦ 회사 ⑧ 종교단체
⑨ 기타 ( )

② 아니다 ⇩

자원봉사에 참여하고 계시지 않는 이유는 무엇입니까?
① 마땅한 자원봉사처를 찾기 어려워서
② 시간이 없어서
③ 적성에 맞는 자원봉사활동을 선택하지 못해서
④ 같이 할 사람이 없어서
⑤ 자원봉사처를 찾아가기 불편해서
⑥ 왠지 어려울 것 같아서
⑦ 내가 자원봉사서비스가 필요한 대상이라서
⑧ 기타 ( )

앞으로 자원봉사활동에 참여할 의향이 있으십니까?
① 있다 ② 없다

9. 귀하께서는 평소 현금이나 물품을 포함, 복지관련 기부·후원을 하신 적이 있습니까?

① 있다 ⇩

있다면, 기부·후원을 연간 어느 정도 하시는지 현금과 물품으로 나누어 말씀해 주십시오.
현금 : 연간 ( ) 만 원
물품 : 연간 ( ) 만 원
* 물품은 현금으로 환산할 경우

② 없다 ⇩

기부·후원을 하고 계시지 않는 이유는 무엇입니까?
① 마땅한 후원대상자를 찾기 어려워서
② 후원기관을 믿기 어려워서
③ 어떤 절차로 기부/ 후원해야 하는지 잘 몰라서
④ 기부/ 후원의 의미를 잘 몰라서
⑤ 기부/ 후원하는 절차가 까다로워 귀찮아서
⑥ 내 형편도 어려워서
⑦ 특별히 어려운 점은 없지만 망설여져서
⑧ 기타( )

앞으로 기부·후원을 하실 의향이 있으십니까?
① 있다 ② 없다

10. 귀하께서는 평소 사회단체 활동이나 모임에 참여하고 계십니까?

① 있다 ⇩ ② 없다 ⇩

<table>
<tr>
<td>
• 있다면, 정기적으로 만나는 사회단체나 모임은 몇 개입니까?
______________________개

• 귀하께서 평소에 활동하시는 사회단체나 모임은 무엇입니까? (중복응답 가능)
① 친목조직(계모임, 스포츠 동아리, 취미활동 모임, 종교모임 등)
② 사회봉사조직(자원봉사회, 새마을 부녀회, 자율방범대 등)
③ 이익증진조직(노인회, 여성단체, 학부모회, 상가번영회, 직업 관련 조직 등)
④ 행정(정치) 협조조직(주민자치위원회, 정당 및 정치인 후원회 등)
⑤ 기타( )
</td>
<td>
• 앞으로 사회단체·모임 활동에 참여하실 의향이 있으십니까?
① 예
② 아니요
</td>
</tr>
</table>

11. 위의 조사항목 외 우리 동네 복지 발전을 위해 의견이 있는 경우 말씀해 주세요.

※ 설문에 적극 협조하여 주셔서 감사합니다.

Chapter 3

지리정보체계(GIS) 분석

1. 개 요

사회복지영역에서 GIS(Geographic Information System, 지리정보체계)를 활용한 실천 및 연구에 대한 관심이 증가하고 있다. 실제로 지역사회 내의 복지에 대한 욕구 파악, 서비스 공급계획 혹은 접근성을 포함한 공간분석에 관한 다양한 연구가 수행되어 왔다(길현종 · 김수영 · 신나래 · 이영수, 2015; 김정현 · 김가희 · 김보영, 2015; 김이배 · 안재성, 2014a, 2014b; 박세경 · 이정은 · 신수민 · 양난주, 2013; 이정화 · 박공주, 2004 등). 이러한 GIS 분석에 대한 관심에 비하여, 사회복지영역에서 지리정보체계를 활용하기 위한 기초지식과 개념을 소개하는 노력은 상대적으로 부족하였다. 따라서 본 장은 지리정보체계를 활용하는 데 필요한 기초지식과 개념을 소개하고자 한다. 본 장은 ① 지리정보체계에 관한 기초적인 개념과 지식을 제공하고, ② 사회복지영역에서 지리정보체계를 활용한 사례를 소개하고 있다.

1) 정 의

정보체계(information system)란 의사결정에 필요한 정보를 생성하기 위한 제반 과정을 의미한다. 정보를 수집・관측・측정하고 전산장치에 입력하여 저장・관리하며, 저장된 정보를 분석하고, 이를 의사결정에 반영할 수 있는 일련의 과정이 시스템으로 정의된다. 이와 같은 맥락으로, 지리정보체계(GIS)란 인간생활에 필요한 지리정보를 전자자료로 변환하여 효율적으로 활용하기 위한 정보시스템이다(Chang, 2008; O'Sullivan & Unwin, 2010). GIS는 지리적 위치를 가지고 있는 대상에 대한 공간자료(spatial data)와 속성자료(attribute data)를 통합하여 관리함으로써 지도, 도표 및 그림들과 같은 여러 형태의 정보를 제공한다. 광의적 개념에서 GIS는 인간의 의사결정능력 지원에 필요한 지리정보의 관측과 수집에서부터 관리와 분석, 출력에 이르기까지 일련의 조작을 위한 정보시스템을 의미한다(Chang, 2008). GIS는 인간의 현실생활과 밀접한 관계가 있는 모든 자료를 취급하므로 사회과학분야에서 광범위하게 활용이 가능하다. GIS의 활용분야는 토지, 자원, 도시, 환경, 교통, 농업, 해양 및 국방에 이르기까지 다양한 산업 전반에 급속도로 적용되고 발전하고 하고 있다(www.nsdi.go.kr). 다양한 산업과 학문분야에서 GIS를 활용하고 있으며, 용어 또한 지리정보과학(Geographic Information Science), 지리정보학(Geographic Information Study), 지리정보서비스(Geographic Information Service)로 세분화되고 있다(www.gis.seoul.go.kr).

2) 역 사

전산을 이용한 GIS의 출현은 1960년대에 시작되었다. 영국의 지리학자 Roger Tomlinson 박사에 의해서 최초로 GIS라는 용어가 사용되었는데, 1960년대 Roger Tomlinson 박사의 주도하에 추진된 캐나다의 CGIS(Canadian GIS)가 대표적으로 전자토지대장을 관리하기 위해서 개발되었다. 1965년 미국은 인구조사를 위한 도로망을 전산화하기 위해서 DIME(Dual Independent Map Encoding)을 개발하였고, 1990년에는 이를 TIGER(Topologically Integrated Geographic Encoding and Referencing)로 발전시켰다. 영국은 세계 최초로 수치지도인 ECU(Experimental Cartography Unit)을 개발하였다. 초기의 GIS는 주로 격자방식 위주의 자료처리를 위한 시스템으로 활용되었다. 당시 GIS의 구축 및 활용은 정부기관에 주도되있으며, 비용적 측면에서 고가의 컴퓨터 설비로 인하여 GIS 보급의 한계가 있었다.

1970년대 컴퓨터 기술과 그래픽 처리기술의 발달은 GIS 활용에 큰 변화를 가져왔다. GIS를 전문적으로 다루는 회사들이 설립되었고, 활용분야 역시 격자방식 위주의 자원관리와 환경관리에서 벡터방식 위주의 토지나 공공시설의 관리로 확대되었다. 여러 공공 및 민간기관에서 시범적인 개발계획을 수행하면서, 다양한 영역에서 GIS 활용에 대한 필요성이 확대되어 갔다.

1980년대는 GIS의 도약기라고 할 수 있다. 선진국뿐만 아니라, 개발도상국에서도 GIS 도입과 구축이 활발히 진행되면서 GIS를 적용한 산업은 급성장하게 되었다. 또한 전산영역의 비약적인 기술발달은 위성정보의 구축을 가능하게 하였으며, GIS 관련 전산기술도 동시에 발전하였다. GIS 프로그램의 모듈화를 통해서, GIS 관련 상품 및 서비스가 다양해지고, 전반적인 컴퓨터 하드웨어 가격 하락에 따른 워크스테이션의 도입으로 GIS 보급이 확대되었다.

1990년대에는 컴퓨터 하드웨어의 급성장으로 인하여 개인컴퓨터에 의한 GIS 보급이 가능하게 되었다. 멀티미디어 기술의 발달과 다양한 형태의 정보가 제공되어 GIS의 효용성이 크게 향상되었으며, 정보산업분야의 GIS 활용 또한 증가되었다. 분산형 데이터베이스의 발달로 경제적인 공간 데이터베이스의 구축과 운영이 용이하게 되었으며, 보다 범조직체 내의 구성이나 외부 기관과의 연계를 통한 광범위한 운용체계로 발전하였다. 범세계적인 GIS 자료의 공동생산과 사용을 위한 노력과 함께 GIS 자료의 호환성을 극대화하기 위한 표준화 작업도 진행되었다.

2000년대에는 GIS가 다양한 분야와 결합되어 그 활용도가 증가하고 있다.

'참여와 공유, 개발'을 모토로 하는 웹2.0과 함께 표준 포맷 및 응용 프로그램 인터페이스가 공개되면서 웹브라우저로 사용자가 쉽고 편리하게 위치정보를 활용할 수 있는 새로운 GIS 패러다임이 등장하였다. 위성사진과 지도를 합쳐서 보여주는 지도서비스, 지구상 어느 곳이든 이동하여 위성이미지, 지도, 지형 3차원 건물을 볼 수 있는 서비스까지 오늘날 사용자의 편의에 따라 검색하고 2차원, 3차원의 공간정보 웹서비스를 제공받을 수 있게 되었다.

3) 기 능

일반적으로 GIS는 네 가지 기능을 제공하고 있다(www.gis.seoul.go.kr). 첫째, 자료의 지도화·시각화 기능이다. 지리적 정보가 포함된 대상물을 지도로 제작하여 사용할 수 있다. 그 대상물은 산과 강 같은 자연적인 대상뿐만 아니라 국가나 도시, 건물과 같은 인공물까지 지도로 시각화할 수 있다. 사회복지영역에서는 대상자의 주소, 공공·민간서비스 기관의 위치, 지역별 욕구를 지도로 시각화할 수 있다.

둘째, 의사결정과 문제해결을 위해서 지리데이터를 관리하는 기능이다. 지리데이터는 목적에 따라 관련이 있는 자료를 수집하여 함께 관리한다. 예를 들면, 사회복지시설의 서비스 관리에 필요한 자료라면 그 목적에 맞게 사회복지시설의 지리적 위치정보(예 주소, 행정구역 등)와 속성정보(예 기관의 유형, 서비스 대상자, 인력 등)를 함께 관리할 수 있다. GIS 시스템 구축사업을 수행할 때, 이러한 지리정보를 포함한 데이터의 관리는 매우 중요하며, 예산과 시간의 대부분이 지리데이터를 구축하고 관리하는 데 투입된다.

셋째, 지리데이터의 편집기능으로, 현실세계의 변화에 따라 지리데이터를 변경하는 기능이다. 지리데이터의 대상물은 위치정보를 가지고 있으며, 이러한 대상물은 시간과 여건에 따라 변화한다. 예를 들면, 지역사회의 인구변화, 지역사회 사회복지시설의 신설·이동·폐쇄 등으로 사회복지대상자뿐만 아니라 사회복지자원의 위치정보가 변화하게 된다. 따라서 사회복지대상자 및 자원의 변화에 따른 지리정보를 편집할 수 있다.

끝으로, 공간분석(spatial analysis) 기능이다. 지리정보의 형태와 정보들 간의 관계를 분석하여 문제를 해결하거나 의사결정에 활용하는 기능으로, GIS의 궁극적인 활용기능이다. 예를 들면, 보육시설의 위치선정에 공간분석의 기능을 적용할 수 있다. 보육시설의 입지에 영향을 미치는 요인들은 매우 다양한데, 표적지역 내 대상 아동인구수, 부모의 취업률, 접근성, 기존 시설의 수 및 위치 등 지리적 관점에서 분석할 수 있다. 이러한 입지요인들을 고려하기 위해서 공간분석을 실시하여 새로운 보육시설의 위치와 규모 등에 대한 의사결정을 수행할 수 있다.

4) 사회복지영역에서 적용 사례

최근 사회복지영역에서 GIS 분석을 활용한 연구사례가 증가해 왔다. 정책적 측면에서는 지방분권문제가 제기되기 시작한 2000년대 초반부터 지역 간 복지 및 사회서비스의 불균형에 대한 문제를 파악하기 위해서 GIS 분석기법을 활용한 연구가 본격적으로 수행되어 왔다(김병록, 2008). 자료적 측면에서는 사회복지통합관리망(행복e음), 사회복지시설정보시스템, 사회복지전자바우처시스템 등과 같이 다양한 사회복지 관련 행정자료가 전산으로 기록·구축되어 왔다. 특히 이러한 전산자료는 위치정보(예: 주소 혹은 지역)를 포함하고 있어, 사회복지영역에서 GIS 분석을 적용하는 데 큰 기여를 하였다. 행정자료를 사용한 다음의 3개의 보고서는 사회복지 수요와 공급에 대한 GIS 분석을 활용한 사례이다.

김이배와 안재성(2014b)은 GIS를 활용하여 경상북도 시군별 사회복지 수요와 공급을 분석하였다. 경상북도 23개 시군의 협조를 받아서 사회복지통합관리망(행복e음)의 자료를 수집하여 사회복지 수요와 공급에 대해서 GIS 분석을 실시하였다. 2013년 12월 기준, 기초생활수급자(92,257명), 장애인(167,478명), 노인(347,966명)의 주소를 지오코딩(Geocoding)하여 수요의 지리적 정보를 획득하고, 기초생활수급 관련 시설(예 사회복지과, 지역자활센터), 장애인 관련 시설(예 장애인복지관, 장애인 주간보호시설, 근로사업장, 정신건강증진센터, 알코올상담 센터 등), 노인 관련 시설(예 노인여가복지시설, 노인일자리사업 수행기관, 재가노인시설) 등 이용시설의 주소를 지오코딩(Geocoding)하여 공급의 지리적 정보를 획득하였다. 지역의 사회복지 수요와 공급의 지리적 정보를 비교하여 접근성(accessibility)과 네트워크 서비스(network service) 영역의 분석을 실시하였다. 경북 23개 시군별 분석과 4개 권역별 분석을 실시하여, 시군별/권역별 사회복지 수요 및 공급의 차이, 서비스 접근성, 서비스 네트워크 분석을 실시하였다(길현종 · 김수영 · 신나래 · 이영수, 2015). GIS 분석에 기반하여 시군별 및 권역별 사회복지 서비스 공급 및 접근성에 대한 정체적 제언을 제시하였다. 또한 본 보고서의 부록은 GIS 분석에 많이 사용되는 소프트웨어인 Arc*GIS*의 사용법을 간략하게 제시하고 있다.

길현종 등(2015)은 지역사회의 고용과 복지서비스기관 분포를 중심으로 사회서비스 수요-공급을 다면적으로 분석하였다. 대표적인 공공 고용서비스 기관인 고용센터와 지역사회의 사회복지시설의 사회서비스 공급역량을 지역 내 잠재적 혹은 직접적 수요와 비교하였다. 구체적으로 2014년 말 기준, 전국의 고용센터 위치(공급)와 보건복지부의 일반수급자의 지역별 분포(수요)를 비교분석하였다. 사회복지시설정보시스템의 시설정보자료와 사회서비스 전자바우처 수행기관의 기관목록(공급), 지역단위의 사회복지서비스 수요자(예 : 노인, 장애인, 기초수급자, 아동 등) 분포에 대한 지도 · 시각화 분석을 실시하였다. 또한 고용 및 복지서비스 수요와 공급의 공간자기상관분석을 실시하고, 더 나아가 공간회귀분석을 통하여 사회복지서비스 공급의 분포에 미치는 영향을 파악하였다. 이 연구는 지역별 사회복지서비스의 공급과 수요의 차이를 확인하였고, 지역의 사회복지서비스 공급에 영향을 주는 결정요인들을 공간회귀분석을 통해서 확인하였다. 이를 기반으로 지역의 사회복지서비스 접근성 향상을 위한 정책적 제언을 제시하였다.

김정현 등(2015)은 지역별 사회서비스의 접근성과 불균형을 파악하고자, 2013년 12월 기준 보건복지부와 행정부의 자료를 분석하였다. 지역의 사회복지시설(노인생활시설, 노인이용시설, 아동이용시설, 장애인생활시설, 장애인이용시설, 사회복지관)을 사회복지 공급량으로 측정하고, 지역의 노인, 아동, 장애인, 기초생활보장수급가구와 지역주민을 사회복지 수요량으로 측정하여, 이를 비교분석하였다. 구체적으로 전국대상 인구 대비 복지시설 비율을 기준으로 해당 지역 내 대상인구별 복지시설 비율을 비교하여, 지역별 사회복지시설 입지계수(Location Quotient)를 계측하였다. 이러한 지역별 사회복지시설 입지계수를 GIS 분석기법을 활용하여 지역간 사회복지시설 격차에 대해서 공간분석(공간자기상관성)을 실시하였다. 연구 결과 지역별, 대상인구별, 기능별 사회복지시설의 차이를 관찰하였다. 특히 장애인 이용시설을 제외한 나머지 사회복지시설들의 지역별 격차가 존재하는 것으로 나타났다. 연구결과를 바탕으로, 이 연구는 지역 간 사회서비스 불균형 문제를 제시하기 위해서 사회복지서비스 전달주체(중앙정부, 지방정부, 민간자원)들의 역할과 기능, 그리고 사회복지 관련 자료 구축에 대한 정책적 제언을 제공하였다.

위에서 소개된 3개의 최근 보고서 이외에도 경기도 시군의 사회복지기관 실태조사를 활용한 연구(성은미 · 백승호 · 조춘범, 2009), 전반적인 사회서비스의 수요와 공급현황을 분석한 연구(박세경 외, 2013)에서도 GIS 분석기법을 활용하여 지역의 사회복지 수요 및 공급의 격차 및 접근성 문제를 분석하였다.

5) 기타 활용분야

사회복지분야뿐만 아니라, GIS는 다양한 영역에서 적용 및 활용되고 있다(www.nsdi.go.kr). 다음 〈표 3-1〉과 같이 GIS는 토지, 도시, 시설물관리, 교통, 환경, 국방, 재해 등 다양한 영역에서 활용되고 있다.

〈표 3-1〉 GIS의 활용분야

영 역	활 용
토지정보 시스템 (LIS : Land Information System)	• 토지공간의 효율적인 이용과 관리 • 토지자원의 데이터를 체계적으로 전산화(수집, 저장, 분석, 가공) • 토지정책에 대한 의사결정 지원과 효율적인 행정 업무 • 토지의 이용 현황, 소유자, 거래, 지가, 개발, 이용제한 등에 관한 정보를 통합
도시정보 시스템 (UIS : Urban Information System)	• 도시지역의 위치정보와 속성정보를 데이터베이스화하여 통합 및 관리 • 도시의 계획과 관리, 운영 등의 업무에 활용 • 도시안전체계 및 각종 재난에 대한 효율적 대응방안 수립 • 행정업무의 전산화를 통하여 행정업무 향상 • 대민 서비스 개선과 신뢰성을 제고
도면 자동화 및 시설물 관리시스템 (AMFMS : Automated Mapping and Facility Management System)	• 도형 해석을 위한 소프트웨어를 이용하여 지형정보를 생성, 수정 및 합성하여 시설물 관리를 효과적으로 수행하는 데 지원 • 건축, 전기, 설비, 통신 등 도면 자동화를 통해 구축된 수치지도를 바탕으로 각종 시설물을 시스템상에 구축하여 시설물을 지도상의 위치정보를 연관시켜 관리
교통정보 시스템 (TIS : Transportation Information System)	• 교통개선계획, 도로유지보수, 교통시설물관리 등 종합적인 도로관리 및 운영을 지원 • 지능형 교통시스템 등의 교통정보 제공분야에 적용
환경정보 시스템 (EIS : Environment Information System)	• 동식물정보, 수질정보, 지질정보, 대기정보, 폐기물정보 등의 정보를 구축하여 각종 환경영향평가와 유해시설 입지선정 및 대형건설사업에 따른 환경변화 예측에 활용 • 하천 수계별 수질오염 분석, 오염물 확산 평가, 매립장 입지 선정 및 영향 평가, 유해 폐기물 위치 평가, 생활환경, 생태계, 경관의 변화 예측 등의 체계적인 환경정보 관리

국방정보 시스템 (NDIS : National Defence Information System)	• 적과 아군에 대한 지형 정보 및 전술, 전략 등을 데이터베이스화하여 효과적인 군사계획 수립 및 군사활동을 지원
해양정보 시스템 (MIS : Marinc Information System)	• 해저 영상, 해저 지질, 수심, 해상 정보 등을 포함한 시스템 • 해류 흐름의 변동, 수온 분포 변화 조사, 어로 자원 이동 상황 및 어장 현황 예측을 다루는 시스템
자원정보 시스템 (RIS : Resources Information System)	• 농업자원, 산림자원, 수자원 정보 등과 관련된 시스템 • 위성 영상과 지리정보시스템을 활용하여 농작물 작황 조사, 병충 피해 조사 및 수확량 예측, 토질과 지표 특성을 고려한 산림자원 경영 및 관리 대책의 수립을 수행
재해정보 시스템 (DIS : Disaster Information System)	• 재해 및 재난, 긴급구조 등 위험요소에 대한 사전 예방, 대비와 상황 발생 시 신속한 대응과 복구체계 확립을 위한 정보 지원
측량정보 시스템 (SIS : Surveying Information System)	• 측량기에 의한 수치지형도 작성 및 수치표고모형 데이터 기반을 구축하는 측량 및 조사 정보시스템 • GPS 위성측량에 의한 3차원 위치를 결정하는 측지정보 시스템 및 항공사진을 이용한 지형도를 생성하는 포괄적인 시스템 • 위성 영상의 분석처리에 의한 자원탐사, 환경 변화를 검출하는 원격탐사 정보 시스템을 지원
지하정보 시스템 (UGIS : Under Ground Information System)	• 지하시설에 대한 관리를 목적으로 도시 건축물, 교통 시설, 도시 공급처리시설 등과 같은 기본도를 가지고 보이지 않는 공간을 가시화하여 시설물의 3차원 위치 정보와 속성정보를 분석하는 시스템

출처 : 국가공간정보포털(www.nsdi.go.kr).

2. 내 용

1) 지도의 구성

GIS를 활용하기 위해서는 지도에 대한 기초적인 이해가 필요하다. 지도란 시공간에 존재하고 있는 여러 가지 상황을 일정한 규칙(예 축적, 도식 등)에 따라 평면(2차원) 혹은 공간(3차원)에 표현한 것이다. 즉, 지도란 측량 결과에 따라 공간상의 위치와 지형 및 지명 등 여러 공간정보를 일정한 축척에 따라 기호나 문자 등으로 표시한 것이다. 정보처리시스템을 이용하여 분석, 편집 및 입력·출력할 수 있도록 제작된 수치지형도(數値地形圖)가 있으며, 수치지형도를 이용하여 특정한 주제에 관한 시설물도 혹은 토지 이용현황도를 표현한 수치주제도(數値主題圖)가 있다.

기존의 종이지도도 시각적인 지리정보를 제공하고 있지만, 정적인 형태로 작성되어 상대적으로 수정이나 변경하는 데 있어서 제한점이 있다. 예를 들면, 특정 지역을 확대 혹은 축소해서 관찰하거나, 혹은 지도상에 기록되지 않은 추가적인 정보를 추가 혹은 획득할 수 없다. 하지만 전산장치를 이용한 GIS 지도는 동적으로 운영되고 있다. 따라서 단순히 기록되어 있는 내용만을 확인하는 것이 아니라, 사용자가 원하는 형태로 지도를 변형하여 작성할 수 있으며, 사용자가 획득한 지리정보를 입력하여 이에 대한 결과를 작성하고 분석할 수 있다.

GIS 지도는 현실세계의 대상물을 표현한 피처(feature)의 집합체이다. 피처(feature)란 지구와 관련된 위치와 관련된 실세계의 현상을 표현한 도형이다. 대상물의 유형에 따라서, 피처는 점(point), 선(line), 폴리곤(면, polygon)으로 표현될 수 있다. 예를 들면, 사회복지기관의 위치는 점은 좌표(위도와 경도)로 표시될 수 있다. 또한 점들을 연결하여 선(line)의 형태로 지도에 표현할 수 있다. 예를 들면 도로, 철도, 지역경계, 사회복지기관의 연결망 등은 지도에서 선으로 표현된다. 이러한 선들이 연결되어 하나의 도형을 이루게 되는데 이를 폴리곤(polygon)이라고 한다. 행정구역(예 시도, 시군구, 읍면동 등), 토지이용유형(예 상업지구, 농업지구 등)이 폴리곤으로 표현될 수 있다.

지도에서 대상의 위치와 방향은 일반적으로 좌표로써 표시된다. 좌표계(coordinate system)의 기준이 되는 고유한 한 점을 원점(origin)이라고 하며, 이를 기준으로 길이 혹은 방향을 표시하는 것이 좌표(coordinate)이다. 좌표계의 종류는 경위도 좌표계와 평면직각 좌표계가 있다. 지구타원체의 표면상 절대적 위치를 나타내는 경위도 좌표계는 단순한 구조를 가지고 있지만, 지구타원체를 평면 형태로 표시한 평면직각 좌표계는 복잡한 체계로 이루어져 있다.

경위도 좌표계란 기본측량과 공공측량에 있어 지구타원체의 표면상 절대적 위치를 표시하는데 일반적으로 사용되는 방법이다. 기준타원체 혹은 준거타원체에 대한 지점위치를 경도(Longitude)와 위도(Latitude)라고 한다. 지구상에서 본초 자오선(영국 그리니치 천문대를 지나는 자오선)을 기준으로 동쪽 또는 서쪽으로 부터의 위치를 나타내는 경도는 동경 180도(180°E)로부터 서경 180도(180°W)의 범위를 가지고 있다. 위도는 지구상에서 적도를 기준으로 북쪽 또는 남쪽으로 부터의 위치를 나타내며, 북극점을 나타내는 북위 90도(90°N)와 남극점을 나타내는 남위 90도(90°S)의 범위를 가진다. 참고로, 서울의 경위도 좌표는 동경 126도, 북위 37도이다. 평균해수면으로 부터 높이로 표시한 것은 측지좌표라고도 한다. 일반적으로는 경위도 좌표계는 지리좌표라고 칭하며, 절대적 위치를 표시되어 단순한 형태이다.

평면직각 좌표계는 3차원의 지구타원체에 위치한 지점을 2차원 형태의 평면에 표현하는 것으로 경위도 자표계보다 복잡한 형태이다. 대표적으로 횡축 메르카토르 도법(TM : Transverse Mercator) 좌표계와 UTM(UTM : Universal Transverse Mercator)이 있다. 횡축 메르카토르 도법(TM)는 1569년 네덜란드의 지리학자 Geradus Mercator가 고안한 방법으로 측량범위가 넓지 않은 지역을 측량할 때 주로 사용된다. 90도 눕혀진 원통(cylinder)에 지구타원체를 임의의 자오선과 접하도록 투영한 후, 임의의 좌표원점에서 지나는 경선(X축)과 위선(Y축)을 설정한 후, 좌표원점에서의 거리를 X와 Y로 표시한다. 일반적으로 상하의 길이가 긴 나라들(예 한국, 칠레 등)을 지도에 표현할 때 왜곡이 적은 좌표계이다.

임의의 좌표원점에 따라 위치를 표시하는 TM 도법을 사용할 경우, 좌표원점에 따라 대상의 좌표계가 일정하지 않다. 따라서 지구상의 모든 점들의 위치를 통일된 평면직각 좌표에 표현하고자, 1947년 미 육군성이 군사적 목적으로 UTM 좌표계를 개발하였다. TM 도법을 사용하여 지구타원체를 경도 6°간격으로 60개의 세로띠로 나눈 뒤, 동쪽으로 1번부터 60번까지 번호를 부여한다. 각각의 세로띠를 위도 8°간격으로 20개의 가로 띠로 나누어, 최남단으로부터 최북단까지 C에서 X까지 알파벳 기호를 부여한다(단, I와 O제외). 즉, 세로띠(1에서 60까지)와 가로띠(C에서 X까지)를 사용하여, 지구타원체를 총 총 60×20개의 격자로 구역(zone)을 분할한다. 참고로, 우리나라의 UTM 격자 구역은 51, 52구역, T, S에 해당한다. 분할된 각 세로구역의 측지기준점으로부터 북과 동으로 떨어진 거리(meter 단위)를 종・횡 좌표로 위치를 표시한 것이 UTM 좌표계이다.

2) 자료의 구성 : 공간데이터와 속성데이터의 통합

GIS를 사용하기 위해서는 공간데이터와 속성데이터를 구축하고 연결하여 지리데이터로 구축할 필요가 있다. 지리데이터는 자연적으로 생성된 정보(예 하천, 토양, 바람 등)와 인위적으로 생성된 정보(예 도로정보, 건물정보, 시설물 등)의 두 가지 유형으로 구성된다. 이러한 지리데이터는 공간데이터와 속성데이터로 구성된다. 공간데이터는 대상물의 위치나 고도를 나타내는 정보로서, 앞서 언급하였듯이 점(point), 선(line), 폴리곤(면, polygon)으로 구성된다. 예를 들면, 주소에 대한 좌표를 포함한 사회복지시설의 위치정보는 점(point)이 공간데이터가 된다. 또한 지역의 경계로 나누어진 행정동은 면의 형태인 폴리곤(polygon)이

공간데이터가 된다. 예를 들면, 대구광역시 북구의 행정동별 경계를 나타내는 공간데이터(polygon)는 |그림 3-1|과 같이 표현될 수 있다.

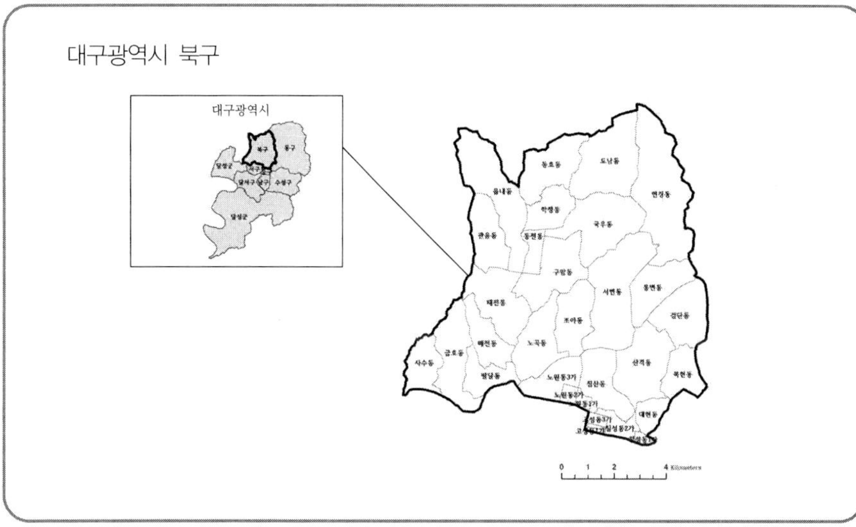

|그림 3-1| 대구광역시 북구의 행정동

속성데이터(attribute data)는 대상물(혹은 공간데이터)의 특성 및 정보를 포함하게 된다. 앞서 제시한 예에서, 사회복지시설의 속성정보로는 설립연도, 서비스 이용자 수, 서비스 종류, 직원 수 등이 속성데이터가 된다. 또한 폴리곤(ploygon) 형태로 저장된 행정동의 속성정보는 인구수, 노인인구수, 빈곤율, 취업률 등이 속성데이터로 포함될 수 있다. 공간데이터와 속성데이터는 분리된 형태로 활용되는 것이 아니라, 관계형 형태로 결합되어 데이터가 구축이 된다. 단순한 형태에서 복잡하고 다양한 관계형 데이터로 구축할 수 있다. 우선 명목변수의 형태로 지리데이터의 범주를 심볼화할 수 있으며, 연속변수의 형태로 정량을 심볼화하거나, 점진색상으로 표현할 수 있다. 또한 레이블(Label)을 추가하여, 지리데이터의 속성을 GIS 지도상에 시각화할 수 있다. 작성자는 심볼(Symbol)과 레이블(Label)이 이해하기 쉽게 표현되도록 하여야 한다.

예를 들면, 대구광역시(www.daegu.go.kr)에서 2015년 기준 대구광역시 북구의 노인복지시설의 시설명, 종류, 주소에 관한 속성데이터를 획득할 수 있다. 획득된 주소는 공간상에 표현되기 위해서, 지오코딩(Geocoding)을 실시하여 경·위도로 변환할 수 있다. 이러한 좌표는 점(point) 형태로 저장된다.

〈표 3-2〉 **대구광역시 북구 노인 관련 복지시설(2015년 기준)**

종 류	시설명	주 소	좌표(경위도)[1]	
			X	Y
노인요양공동생활가정	A요양복지센터	대구광역시 북구 팔거천동로 2○○	128.5xxxxx	35.9xxxxx
재가노인	B노인지원센터	대구광역시 북구 대동로 ○○길	128.6xxxxx	35.8xxxxx
노인복지관/ 노인교실	C노인복지관	대구광역시 북구 칠곡중앙대로 ○○길	128.5xxxxx	35.9xxxxx
재가노인	D노인센터	대구광역시 북구 학정로 ○○길 ○○	128.5xxxxx	35.9xxxxx
노인요양공동생활가정	E노인요양센터	대구광역시 북구 대현로 ○○	128.6xxxxx	35.8xxxxx
노인요양공동생활가정	F노인복지센터	대구광역시 북구 중앙대로 ○○	128.5xxxxx	35.8xxxxx
재가노인	G노인지원센터	대구광역시 북구 칠성로 ○○길○	128.5xxxxx	35.8xxxxx
노인요양시설	H요양원	대구광역시 북구 옥산로 ○○길 ○○	128.5xxxxx	35.8xxxxx
〈이하 생략〉				

출처 : 대구광역시(www.daegu.go.kr).

1) 주소의 경·위도 생성을 위한 지오코딩(Geocoding)은 다양한 방법으로 가능하다. 전자지도(www.juso.co.kr)를 획득한 후, 이를 GIS 프로그램(예 ArcGIS)에서 대상주소와 매칭시켜 지오코딩하는 방법과 web상에서 제공하는 다양한 도구(예 www.gisdeveloper.co.kr에서 제공하는 Geocoder-Xr, www.biz-gis.com에서 제공하는 X-Ray Map 등)를 사용하는 방법이 있다. 이 사례는 www.biz-gis.com에서 제공하는 X-Ray Map을 사용하여 주소들의 경·위도를 생성하였다.

〈표 3-2〉의 점(point) 형태로 저장된 대구광역시 북구 노인복지시설의 속성 데이터는, |그림 3-1|의 대구광역시 북구 행정동의 공간데이터와 결합하여, 다음의 |그림 3-2|와 같이 지도로 표현될 수 있다. 노인복지시설의 위치뿐만 아니라 속성(시설의 종류)에 따라 심볼화(symbolization)하여 지도에 표시되었다.

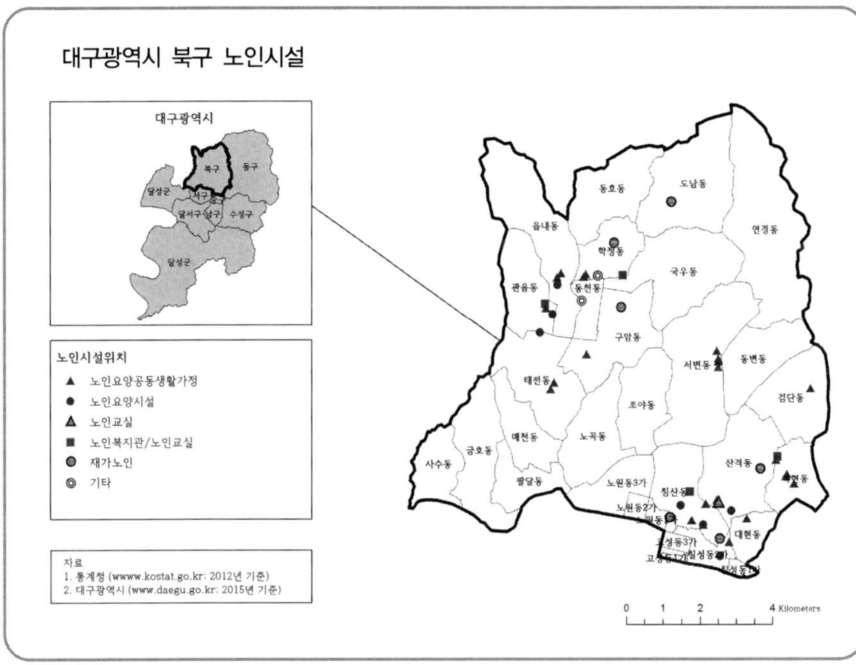

|그림 3-2| 대구광역시 북구 노인시설 현황

통계청(www.kostat.go.kr)에서 2012년 기준 대구광역시 북구의 행정동별 노인 인구수를 나타내는 속성데이터를 획득할 수 있다. 이러한 데이터는 면(polygon)의 형태로 저장되고, 지도에 표현될 수 있다.

〈표 3-3〉 **대구광역시 북구 행정동별 노인인구수(2012년 기준)**

행정동 식별코드	행정동	노인인구수
27230113	검단동	1,086
27230125	관음동	1,834
27230123	구암동	2,494
27230122	국우동	1,760
27230110	대현동	2,758
27230124	동천동	1,694
27230127	매천동	344
27230112	복현동	3,307
27230111	산격동	6,181
27230106	침산동	4,527
27230126	태전동	4,539
<이하 생략>		

출처 : 통계청(www.kostat.go.kr).

예를 들면, 다음의 |그림 3-3|은 대구광역시 북구의 행정동별 공간데이터(그림 3-1)과 속성데이터(표 3-2)를 관계형 형태로 결합하고, 이를 지도로 도식화한 것이다. 결과적으로 행정동별 노인인구수를 점진색상으로 표현하였다.

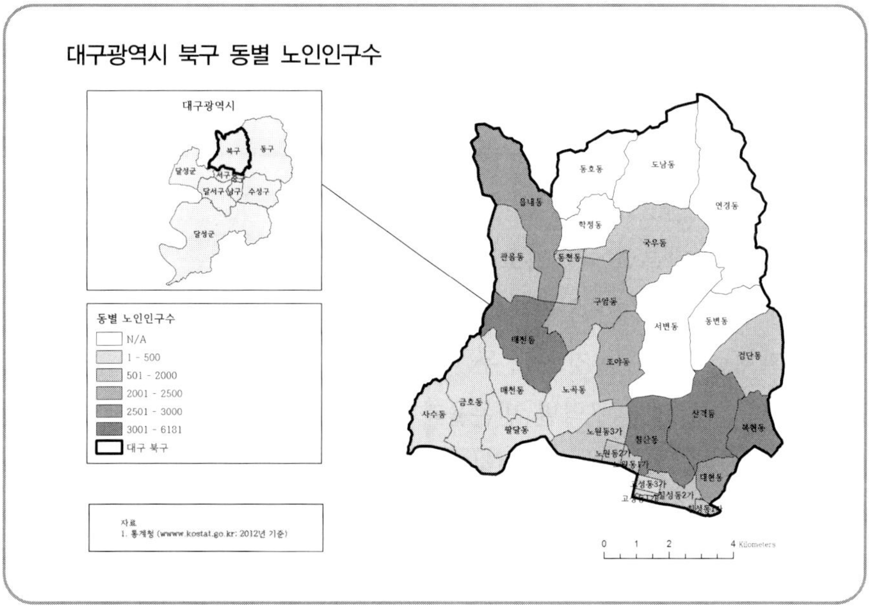

|그림 3-3| 대구광역시 북구 행정동별 노인인구수

3. 적 용

1) 공간분석의 개요

공간분석이란 공간자료를 분석 목적에 따라 각기 다른 형태로 가공하여, 이로부터 추가적인 의미를 추출할 수 있는 기술이다(Bailey, 1994). 이는 자료의 관리, 지도학적 모델링(geographic modeling), 네트워크 분석(network analysis) 등과 같은 GIS의 일반적인 분석 기능을 모두 포함하는 광의적 정의이다. 학문적 관점에서 공간분석은 자료에서 발견된 유형(pattern)과 관계의 확률론적 속성에 관한 통계적 공간분석을 의미한다(Anselin, 1992). 공간현상에 대한 데이터를 수집하여 공간문제를 제시하고, GIS를 기반으로 한 공간분석 방법론을 활용하여 정보를 가공하여 공간분석하고, 이에 근거하여 의사결정을 실시한다. 이 장에

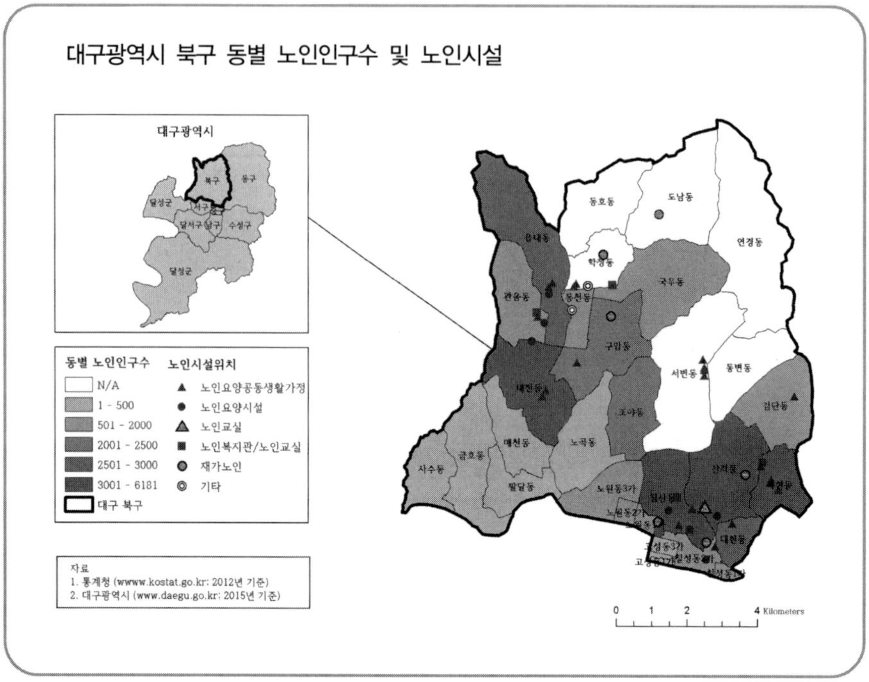

|그림 3-6| 중첩분석의 예시

또한 중첩분석의 한 방법으로 공간 형상의 둘레에 특정한 폭을 가진 구역을 구축하여, 버피를 생성하는 과정을 버퍼링(buffering)이라고 한다. 다음의 |그림 3-7|과 같이, 지리데이터의 세 가지 유형에 따라, 점, 선, 면의 버퍼링을 측정하여 분석할 수 있다.

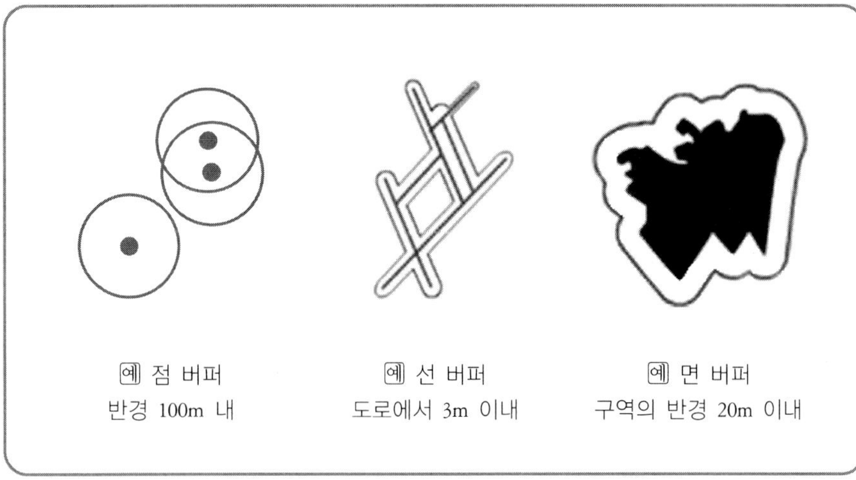

|그림 3-7| 버퍼링의 예

3) 근린분석

근린분석(proximity analysis)란 공간상의 특정 지점(대상)과 주변 대상 간 지점의 접근성을 파악하는 것이다(O'Sullivan & Unwin, 2010). 근린분석을 수행할 때에는 분석대상의 목표지점을 설정하고, 목표지점으로부터 근린지역을 명시해야 하며, 근린지역 내에서 수행되어야 할 기능을 설정해야 한다(O'Sullivan & Unwin, 2010). 예를 들면, 특정 지역(예 읍면동, 시군구)으로부터 5km 이내의 어린이집 수를 파악한다든지, 노인주간보호센터에서 차로 15분 이내에 서비스를 받을 수 있는 대상자를 확인할 수 있다. 따라서 어린이집으로부터 5km의 거리에 거주하는 대상아동들의 위치 혹은 노인주간보호센터에서 차량으로 15분 이내에 거주하는 대상노인의 위치를 파악하기 위한 근린분석을 실시할 경우, 분석대상, 목표지점, 그리고 그 기능을 명확하게 설정해야 한다. 근린분석을 실시할 때는 일반적으로 거리의 단위(예 km, m)를 사용하고, 이때 거리는 이동소요시간, 수단, 혹은 비용으로도 측정될 수 있다. 다음의 |그림 3-8|과 같이 다양한 형태로 특정 대상과 목표지점 간의 인접성을 측정할 수 있다.

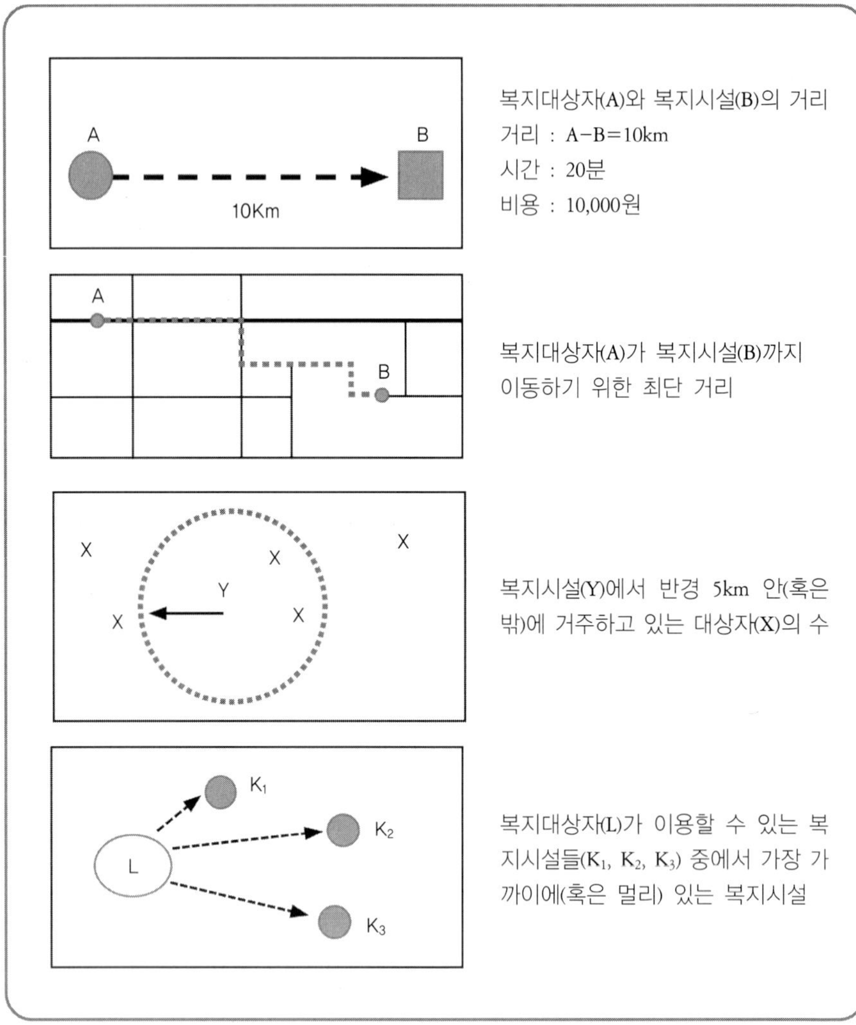

|그림 3-8| 근린분석의 예시

4) 공간자기상관(Spatial Autocorrelation)

Tobler(1970 : 236)의 지리의 제1법칙은 "모든 것은 다른 모든 것과 관련되어 있지만, 가까이 있는 것은 먼 것보다 더 밀접한 관련을 갖는다"[2]라고 설명하고 있다. 즉, 공간상의 대상들은 무작위형태로 분포하고 있지 않고, 서로 관계되어 있으며, 그 관계성은 거리나 인접성이 높을수록 더욱 강해진다고 가정하고 있다. 따라서 기존의 독립변수와 종속변수의 관계를 파악하는 통계분석(예 회귀분석)의 가정과는 달리 현실의 대상들의 분포는 지리적으로 무작위나 독립적인 현상은 아니다.

이러한 인문사회적 또는 자연적 현상들이 지리적 공간상에서 갖는 상호의존성 및 상호작용을 '공간자기상관(spatial autocorrelation)'이라 한다. 이 '공간자기상관'은 공간상에 분포하고 있는 대상(spatial entities)들이 위치의 인접성이 높아짐에 따라 이 실체들이 갖는 값의 유사성 또한 높아지는 현상이다(Anselin & Bera, 1998). GIS 분석을 통하여 지리적 위치에 다른 대상들의 유사성(similarity) 및 차이성(dissimilarity)을 측정할 수 있다. 즉, 이러한 공간 속의 대상들의 유사성과 차이성을 측정하여 그 정도를 나타낸 것을 공간자기상관이라고 정의한다(Anselin & Bera, 1998).

일반적인 통계분석에서 언급하고 있는 상관관계(correlation)는 두 변수 간의 관계에 대한 정보를 제공한다(예 경제수준과 우울의 상관관계). 이와 달리, 공간자기상관은 두 변수 간의 관계가 아닌, 하나의 변수를 가지는 여러 관측값(대상)들의 위치정보에 따른 관계에 대한 정보를 제공한다는 점에서 일반적 통계분석의 상관관계와는 차이점이 있다. 즉, 공간자기상관이란 "공간단위들의 지표상에 배열되는 방식에 기인하는 하나의 변수가 갖는 여러 값들의 관계"로 정의된다(Griffith, 1987).

이러한 공간자기상관성은 공간분포의 양식(spatial distributional patterns)를 가지게 된다(그림 3-9 참조). 이러한 양식은 분산적 공간분포(dispersed distributional pattern), 무작위적 공간분포(random distributional pattern), 군집적 공간분포(clustered distributional pattern)의 세 가지 유형이 있다. 부적(-) 공간자기상관(negative spatial autocorrelation)

2) Every thing is related everything else, but near things are more related than distant things.

은 분산적 공간분포로 지리적으로 인접한 대상들끼리 서로 상이한 값을 가지고 있다. 영(0) 공간자기상관(zero spatial autocorrelation)은 무작위 공간분포로 지리적 인접성에 따라 대상들 간의 값이 차이가 없다. 정적 공간자기상관(positive spatial autocorrelation)은 군집적 공간분포로 지리적으로 인접한 대상들끼리 유사한 값을 가지고 있다(Anselin & Bera, 1998; Griffith, 1987).

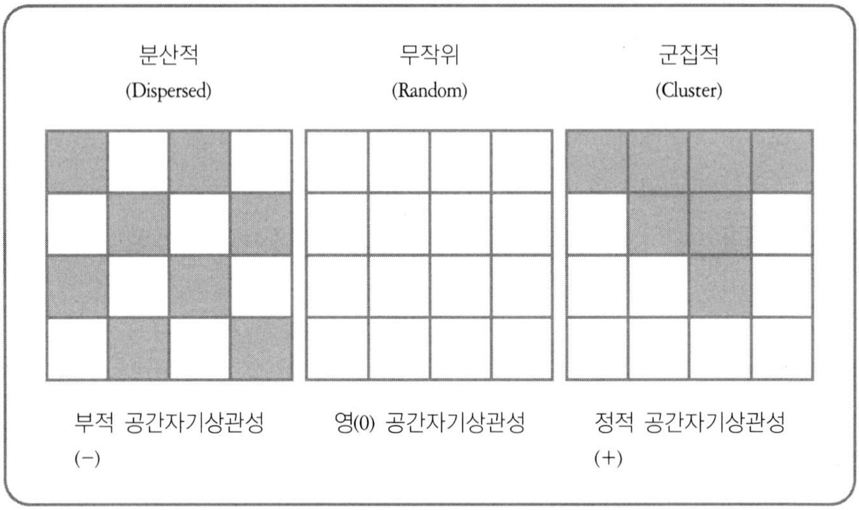

|그림 3-9| 공간자기상관성

이러한 공간자기상관성을 측정하는 유용한 척도로 Global Moran's *I*를 사용한다(Moran, 1950).[3] 공간자기상관을 분석하기 위해 인접해 있는 공간단위들이 갖는 값을 비교하여 산출한다. 만약 전체 연구지역에서 인접한 공간단위(대상)

3) 일반적으로 공간자기상관성은 글로벌(global)과 국지적(local)의 두 가지 방법으로 측정을 할 수 있다. 글로벌 공간자기상관성(global spatial autocorrelation)은 전체연구지역의 공간자기상관성을 측정하는 것으로, 대표적으로 Moran's *I*, Geary's *C*, General G-statistics이 사용된다. 하지만 연구지역이 상대적으로 넓을 경우, 지역 안에서도 공간자기상관이 다르게 나타날 수 있다. 이 경우 국지적 공간자기상관(local spatial autocorrelation)을 사용한다. 대표적으로 LISA(Local Indicators of Spatial Association), Hot-spot analysis, Moran's scatterplot 등을 사용한다.

들이 유사한 값을 가지는 경우, Moran's *I*의 값은 정적공간자기상관을 가지게 되고, 인접한 공간단위들이 상이한 값을 가지게 되면, 부적공간자기상관을 가지게 된다. Moran's *I*의 계수는 다음과 같이 측정된다.

$$I = \frac{n}{S_0} \frac{\sum_i \sum_j w_{ij}(x_i - \bar{x})(x_j - \bar{x})}{\sum_i (x_i - \bar{x})^2}$$

n : 관측대상 수

x_i : i에 위치한 대상의 값

x_j : i에 인접한 j의 값

$\bar{x}$: x의 평균값

w_{ij} : 위치에 따른 가중치 메트릭스(i와 j가 인접할 경우 1, 그렇지 않으면 0)

S_0 : w_{ij}의 총합

4. 사 례

1) 개 요

이 연구사례[4]는 아래의 미국 공공부조정책 변화가 지역에 미치는 영향을 파악하고자 한다. 연구사례의 배경은 다음과 같이 세 가지로 요약할 수 있다. 첫째, 공공부조 수급기간을 제한하는 미국 공공부조 정책의 변화(TANF : Temporary Assistance for Needy Family)로 인하여 수급자들의 취업 및 관련 활동이 강조되고 있다(Cancian et al., 2002). 둘째, 1960년대부터 시작된, 미국의 일자리 탈도심화 현상은 도심 공동화 현상를 가속화시켰으며(Wilson, 1987), 이로 인해 거주지와

4) 이 연구사례는 2013년 미국 Case Western Reserve 대학교의 연구윤리위원회(Institutional Review Board)의 승인 후 수행된 연구사례이다.

사업장의 거리는 경제활동의 중요한 요인이 되었다(Kain, 1968). 끝으로, 이러한 공공부조정책의 변화와 일자리 탈도심화 현상으로 인하여, 주로 도심 빈곤 지역에 거주하고 있는 공공부조 수급자들은 취업활동을 하는 데 큰 어려움과 불리함을 겪고 있다(Wilson, 1987). 이 연구대상의 대다수들은 미국에서 가장 빈곤한 도시 중 하나인 Ohio주 Cuyahoga County의 도심인 Cleveland시에 거주하고 있다(Webster & Bishaw, 2006). 이러한 배경을 가지고, 이 연구사례는 직장접근성(job access)과 지역 사회경제적 불리함(neighborhood disadvantage)이 공공부조수급을 종료한 여성가구주의 임금에 미치는 영향을 파악하였다.

이 연구사례는 공간데이터와 속성데이터를 결합하고, 지도로 나타내는 시각하나는 GIS 분석의 기초적인 기술을 활용하였다. 그 후, GIS 분석 기술인 중첩분석, 근린분석, 공간자기상관성을 사용하였다. 연구대상자의 임금정보와 지역정보(지역 사회경제적 불리함, 대중교통 이용률)의 관계를 파악하기 위해서 중첩분석을 실시하였고, 대상자의 주소지와 직장의 거리를 측정하여 대상자의 임금관계를 파악하기 위해서 근린분석을 실시하였다. 끝으로, 지리적 위치에 따른 대상자의 임금분포 형태를 분석하기 위해서 공간자기상관성을 측정하였다.

2) 공간데이터와 속성데이터 결합

이 연구사례는 개인자료와 지역자료를 통합하여 위계적 구조로 준비하였다. 개인수준의 자료는 지방정부(Cuyahoga County, Ohio, USA)에서 제공된 행정자료인 공공부조 자료와 분기별 임금자료를 사회보장번호(Social Security Number)를 이용하여 연결하였다(그림 3-10에서 A). 지역자료는 Census tract(2000년 미국 인구주택 총조사의 지역식별단위)으로 구성된 2000년 미국 인구주택 총조사자료를 준비하였다. 개인자료와 지역자료는 다음과 같이 결합되었다(그림 3-10에서 B).

공공부조자료에서 연구대상의 거주지 주소를, 분기별 임금자료에서 연구대상의 사업자 주소를 수집한 후 경위도 좌표를 획득하기 위해서 지오코딩(Geocoding)

을 하였다. 또한 중첩방법을 활용하여 경위도 좌표(point, 점)를 Census tract(2000년 미국 인구주택 총조사의 지역식별단위, polygon, 면)으로 변환하였다.

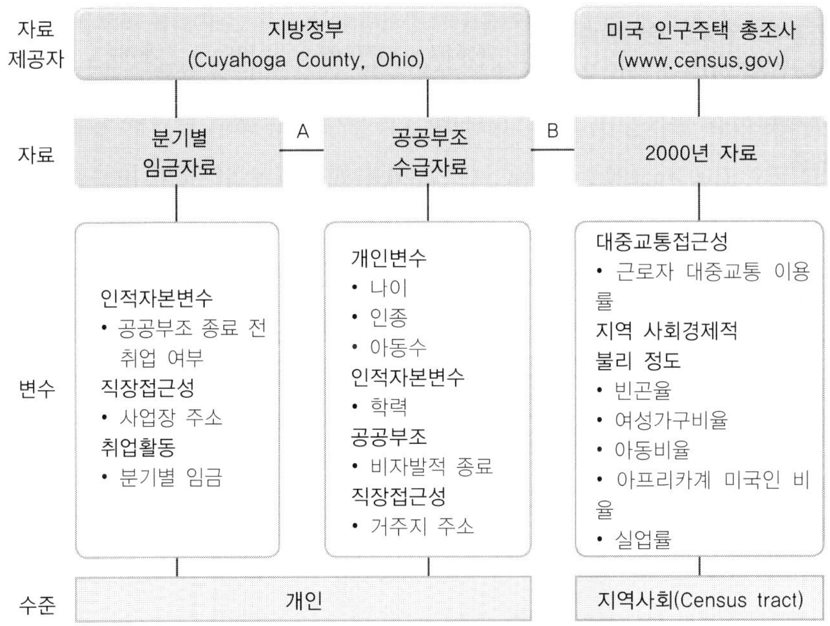

Note. A : 자료통합(개인, 사회보장번호), B : 자료통합(지역, Census tract)

|그림 3-10| 자료의 통합 : 공간데이터와 속성데이터의 결합

연구목적과 자료를 고려하여 연구대상과 단위를 선정하였다. 개인단위(individual-level)는 Ohio주 Cuyahoga County에 거주하며, 2000년과 2003년 사이에 공공부조 수급을 종료한 성인여성(만 18세 이상)을 대상으로 하였다. 공공부조 수급종료 후 1분기 내 Cuyahoga County와 근교지역(광역경제구역, Metropolitan statistical area)에 위치한 사업장에 취업을 하고, 장애가 없고, 최소 자녀 1명이 있는 여성을 대상으로 하였다(N=13,788명). 지역단위(neighborhood-level)는 연구대상이 공공부조수급을 종료한 시점에 거주한 지역단위(census tract)을 특정하였다(N=501 census tracts). 이 연구사례의 기초적인 정보는 다음의 〈표 3-4〉에 기술되어 있다.

거주지역 근로자 대중교통 이용률 또한 연구대상의 평균임금에 영향을 주었다. 구체적으로, 연구대상의 거주지역의 직장인 대중교통 이용률이 1% 높아질수록, 분기별 평균임금은 $6씩 증가하였다[$\beta$=6.661, t(442)=2.542, p<.05]. |그림 3-12|에서 볼 수 있듯이, 도시중심부와 외곽지역에 사이에 있는 지역이 직장인 대중교통 이용률이 높아질수록(바탕색이 진한 지역), 분기별 평균임금이 높게 나타났다(상대적으로 큰 원).

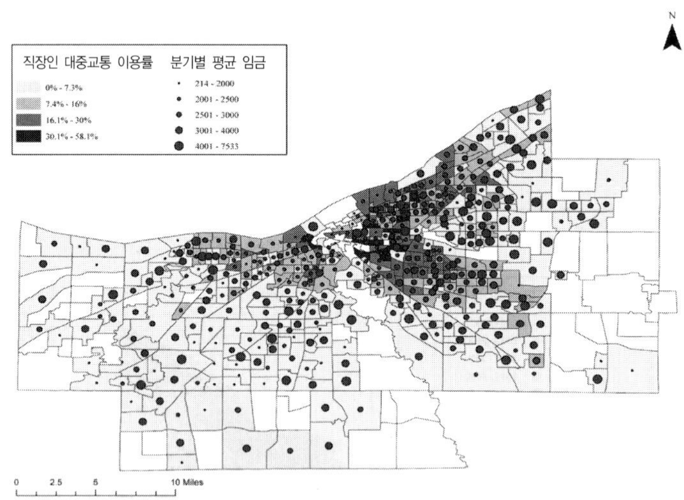

자료 : 1. 공공부조, Cuyahoga County, Ohio, USA
2. 분기별 임금자료, Cuyahoga County, Ohio, USA
3. 미국 2000년 인구 총주택 조사

|그림 3-12| 중첩분석 : 대중교통 이용률과 지역 간 (분기별) 평균임금

(1) 공간분석 : 근린분석

이 연구사례는 공공부조 수급종료 후 1분기 이내에 Cuyahoga County와 근교지역(광역경제구역, Metropolitan statistical area)에 위치한 사업장에 취업한 대상을 분석하였다(N=13,788명). 분석대상이 공공부조 수급종료 후 8분기(2년) 동안의

직업활동을 추적하였고, 특히 직장접근성과 임금과의 관계를 분석하였다. 직장접근성은 연구대상자의 거주지 주소와 사업장의 주소를 지오코딩(Geocoding)하여 두 좌표간의 직선거리(Euclidean distance)를 측정하였고, 이를 8분기 평균으로 측정하였다. 연구대상의 거주지역은 다음의 |그림 3-13|에서 지역별(census tract)로 도식화되었고[5], 연구대상들이 공공부조 수급 후 8분기(2년)간 취업한 사업장의 위치(좌표)는 |그림 3-14|에 도식화하였다. |그림 3-13|과 |그림 3-14|를 중첩하여, 연구대상의 거주지와 사업자의 거리를 측정하는 근린분석에 사용하였다. 연구대상의 직장거리는 평균 7.36 mile(표준편차=5.83), 분기별 평균임금은 $2,656.87(표준편차=1,772.09)이었다. 통제변수와 지역적 요인이 고려된 다층회귀분석 결과, 직장접근성은 분기별 평균임금에 유의미한 영향을 주었다. 공공부조 종료시점의 거주지와 사업장의 거리가 1 mile 증가할수록, 분기별 평균임금은 $9 감소하였다[$\beta$=-9.136, t(13335)=-3.668, p<.001].

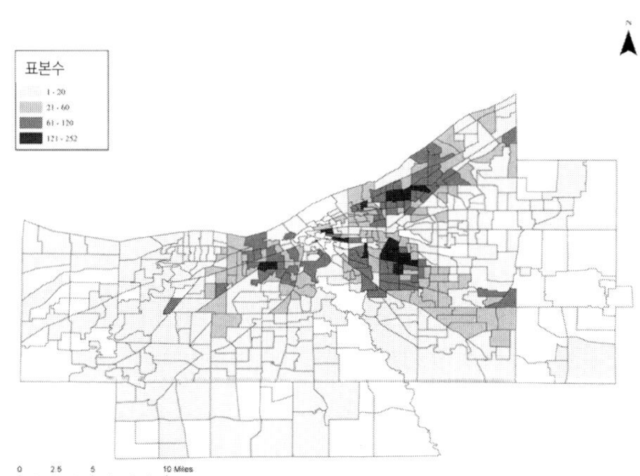

자료 : 1. 공공부조, Cuyahoga County, Ohio, USA

|그림 3-13| 지역별 연구대상 수

5) 실제 연구에서는 거주지의 주소에 대한 경·위도 좌표(점)를 사용하였다. 하지만 개인정보를 보호하기 위해서, 지역(census tract)별 인구수를 지도에 도식화하였다.

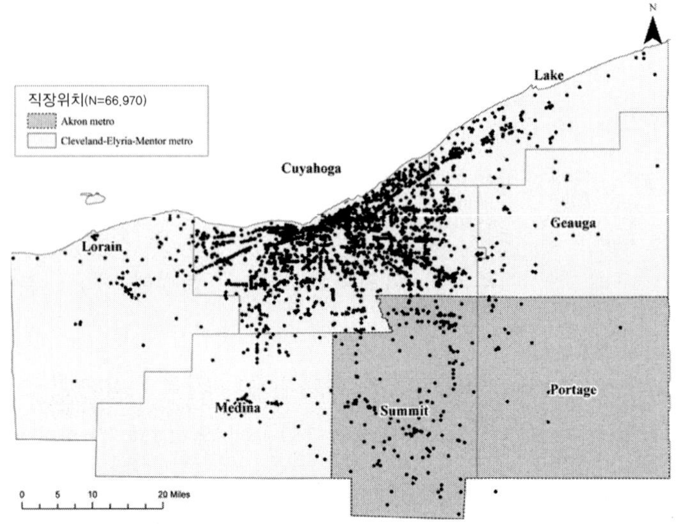

자료 : 1. 공공부조, Cuyahoga County, Ohio, USA
2. 분기별 임금자료, Cuyahoga County, Ohio, USA

|그림 3-14| 연구대상의 직장위치(좌표)

(2) 공간분석 : 공간자기상관성

공공부조수급 만료 후 2년간 분기별 연구대상자의 평균임금은 2,656.87달러(표준편차=1,772.09)였다. 연구대상의 위치에 따른 임금의 분포도를 확인하기 위해서 자기공간상관성을 측정하였다. 연구대상의 공공부조수급 만료시점 주소와 평균임금은 자기공간상관성이 관측되었으며(Moran's I=.001, z=141.7, p<.001), 구체적으로 공간정보(연구대상의 주소)와 속성정보(평균임금)의 정적인 자기공간상관성이 존재하는 것을 확인할 수 있었다. 이는 지도를 통해 시각적으로도 확인되었다(그림 3-15 참조). 구체적으로 지도의 중심부(도심)지역에는 낮은 평균임금이 집중되어 있고, 도심 중심부에서 외곽지역으로 퍼져나갈수록 높은 평균임금이 나타났으며, 군집형태로 나나났다. 이와 같이 위치에 따른 평균임

금의 공간자기상관성을 확인한 후, 통계모형에서는 이를 고려하여 분석을 실시하였다.[6]

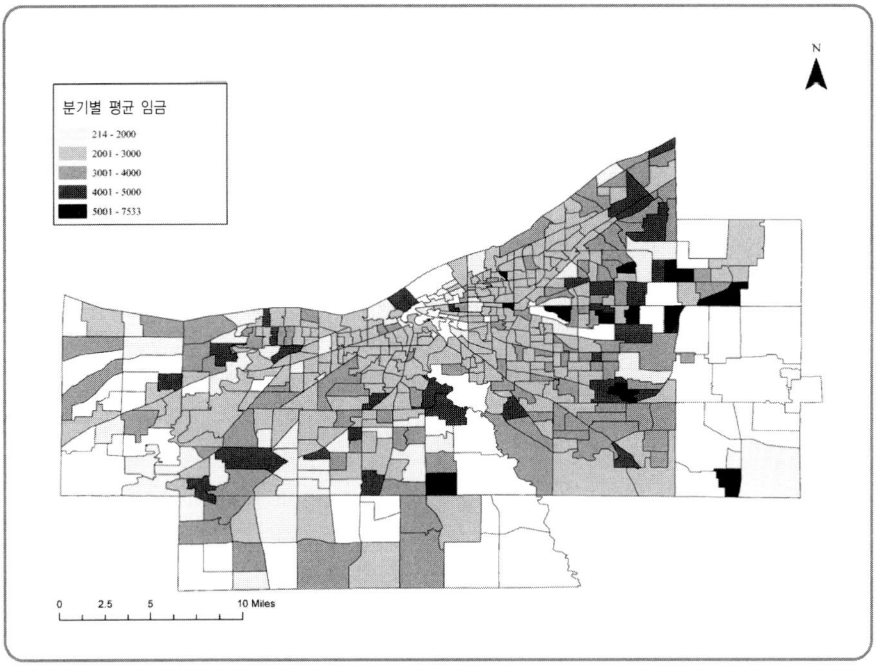

Note : Moran's $I=0.001$, $z=141.7$, $p<0.001$

자료 : 1. 공공부조, Cuyahoga County, Ohio, USA

2. 분기별 임금자료, Cuyahoga County, Ohio, USA

|그림 3-15| 대상자의 거주지와 분기별 평균임금의 공간자기상관성

---

6) 최종통계모형은 연구대상(개인)의 임금을 종속변수로, 개인수준의 독립변수는 인구사회학적 변수와 직장 접근성, 지역수준은 지역의 사회경제적 불리함 지수와 대중교통 이용률로 구성된 다층분석모형이다. 연구대상(개인)의 임금이 주소지(위치)에 따라 공간자기상관성이 확인되었다. 이는 회귀분석모델의 주요한 가정 중 하나인 오차항의 독립성 문제를 유발할 수 있다(Griffith, 1987). 따라서 공간가중치(spatial weight matrix)을 생성하여 회귀분석모델 투입하여, 공간자기상관성을 조정하였다(Pace & Barry, 1997). 이 연구사례의 자세한 분석 결과는 김석주(2015)를 참조하기 바란다.

Chapter 04

사회 네트워크 분석

1. 개 요
2. 내 용
3. 적 용
4. 사 례

Chapter **4**

사회 네트워크 분석
(Social Network Analysis)

1. 개 요

사회 네트워크는 1954년 John A. Bames(1918~2010)가 처음 사용한 용어로, 그는 이것이 부족 또는 가족과 같은 경계가 있는 집단이나 성, 민족 등과 같은 사회적 범주를 나타내는 개념들을 포함하며, 연결 관계의 패턴을 나타내는 용어라고 하였다. Philip Seed(1990)는 특별한 의미를 가진 도식(diagram)에서 제시된 점들(points)의 연결 패턴이나 시스템으로 규정하고 있다.

이것은 이후 사회를 구성하는 개인(또는 조직)이 친구 관계, 금전 교류 관계, 공동체 소속 관계 등과 같은 사회적 관계의 행동 패턴과 관계 속에서 형성되는 사회 구조까지 네트워크로 표현하는 개념으로 확장되었다. 사회 네트워크는 사회적 현상을 구성하는 행위자들을 노드(node)로 표현하고, 사회적 관계를 링크(link)로 표현하는 구조이며, 사회 네트워크 분석(SNA : Social Network Analysis)에 의해 파악되고 설명된다(이수상, 2016). 다르게 표현하면 사회 네트워크 분석은 이러한 행위와 구조의 상호역동성을 설명하는 이론이자 방법으로 개념 정의해 볼 수 있다(손동원, 2002 : 15).

1) 네트워크의 기본 속성 분석

(1) 네트워크 크기(size)

네트워크 크기는 전체 네트워크에 참여하는 행위자들의 총수를 의미하며, 네트워크의 규모라고도 한다. 네트워크의 참여자(node)의 총수를 더하여 크기를 계산하며 필요에 따라서는 링크(link)의 수를 포함하여 네트워크의 크기를 말하기도 한다. 네트워크가 커진다는 것은 그 네트워크에 참여하는 행위자의 수가 증가한다는 것을 의미하며, 이에 따라 조정해야 할 이해관계의 폭과 범위가 커져서 조정의 취약성 등의 문제가 나타날 뿐만 아니라 친밀한 관계 구축이 그만큼 어려워지고 정보의 소통도 원활하지 못할 가능성을 가진다(손동원, 2002 : 62).

(2) 네트워크 밀도(density)

네트워크 밀도란 그래프에서 행위자(node)들 간의 연결된 정도를 의미한다. 네트워크 내 전체 구성원이 서로 간 얼마나 많은 관계를 맺고 있는가를 표현하기 위한 개념이다. 구체적으로 네트워크에서 참여자(node) 간 라인(line)의 많고 적음으로 파악된다. 밀도는 한 네트워크가 얼마나 완벽하게 구축되어 있는가를 표현하는 개념이기도 한다. 밀도가 높은 네트워크의 특징은 다음과 같다(손동원, 2002 : 242).

첫째, 밀도가 높으면 정보수집과 배포의 통로가 많기 때문에 빠른 속도로 정보와 자원의 흐름이 진행된다. 둘째, 밀집도가 높은 네트워크는 하나의 '폐쇄(closed)'망으로 작동하며, 규범의 공유, 신뢰 구축, 상호 모방에 의한 행위 패턴의 동질화 등 공동체적 속성들이 비교적 쉽게 발달한다. 셋째, 밀집된 네트워크는 약속 위반에 대한 규제가 매우 효과적이다. 왜냐하면 밀도가 높은 네트워크에서 각 행위자의 평판이 잘 전달되기 때문이다.

한 네트워크의 밀도는 일반적으로 네트워크 점 간 존재하는 연결이 그 점들이 가질 수 있는 최대한의 연결에서 차지하는 비중으로 계산되며, 이를 공식으로 표시하면 다음과 같다.

$$밀도(density) = \frac{k}{g(g-1)/2}$$

k : 네트워크에 존재하는 라인의 수
g : 네트워크 내에 존재하는 노드의 개수

밀도의 값은 최소치 0부터 최대치 1까지의 값을 갖는다(安田雪, 2005 : 78). 밀도 0은 하나도 연결이 안 된 네트워크이며, 밀도 1은 모든 점들이 서로가 연결된 네트워크로 응집성, 결속도, 복잡성이 높다고 할 수 있다. 밀도가 0.5 이상일 시 네트워크의 응집력이 높다고 볼 수 있다.

(3) 노드 속성 분석

노드의 속성은 연결 정도, 연결 강도, 연결 거리, 직경, 경로 등을 통해 파악할 수 있으며, 이를 통해 노드의 속성을 확인할 수 있다(이수상, 2016 : 231-242).

■ **연결 정도(degree)**

연결 정도는 한 노드에 직접 연결되어 있는 노드들의 개수를 말하며, 특정 노드의 영향력 또는 활동력을 의미한다. 연결 정도가 높으면, 그 노드는 전체 네트워크에서 영향력이 높다고 할 수 있다.

■ **연결 강도(strength)**

연결 강도는 두 노드가 링크로 연결되는 강도(크기)를 말하며, 노드 간 연결의 중요도를 표현하게 된다. 여기서 관계의 강도는 두 노드 간에 형성되는 신뢰, 친밀도, 지속성, 접촉 빈도 등을 의미한다. 연결 강도의 값이 크면 강한 연결(strong ties), 작으면 약한 연결(weak ties)로 구분한다.

■ 연결 거리(distance)

연결 거리는 특정 노드 간에 연결된 거리, 즉 단계의 의미를 가지며, 이것으로 정보, 소문 등이 얼마나 신속하게 전달되는지를 판단하게 된다. 최단거리는 네트워크 내 노드들의 결속성을 분석하는 척도로도 활용될 수 있다. 이와 관련된 것으로 평균 연결 거리는 네트워크 내 모든 노드 쌍의 연결 거리 평균을 말한다.

■ 직경(diameter)

직경은 네트워크에서 가장 멀리 떨어져 있는 두 노드 간의 거리로 네트워크 지름이라 부르기도 한다. 이것은 네트워크 내의 두 노드를 연결하는 연결 거리 중에서 가장 큰 값을 의미한다.

■ 경로(path)

경로는 어떤 링크의 반복을 허용하지 않으면서 두 노드를 연결하는 거리를 의미한다. 이 경로를 통해 신호(소문, 정보 등)가 전달된다. 두 노드를 연결하는 경로들 중에서 가장 짧은 경로를 최단거리 경로하고 하며, 앞에서 언급된 연결 거리는 두 노드들을 최단으로 연결하는 단계의 크기(수)이며, 최단거리 경로는 연결 거리의 경로 자체를 의미한다.

이러한 주요 측정지표를 계산한 사례를 제시해 보면 〈표 4-1〉과 같다.

〈표 4-1〉 **주요 측정지표들의 계산 사례**[1)]

	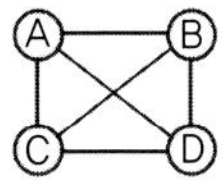	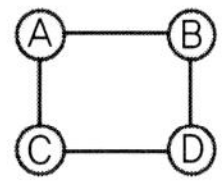	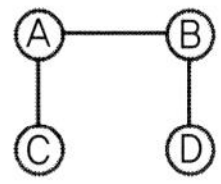	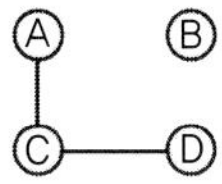	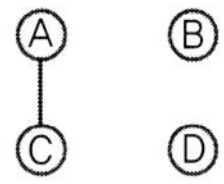	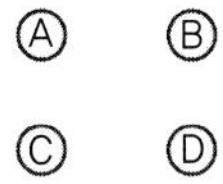
노드수	4	4	4	4	4	4
고립노드수	0	0	0	1	2	4
링크수	6	4	3	2	1	0
평균링크수	1.5	1	0.75	0.5	0.25	0
연결정도합	12	8	6	4	2	0
평균연결정도	3	2	1.5	1	0.5	0
평균연결거리	1	1.33	1.67	1.33	1	0
밀 도	1	0.67	0.5	0.33	0.17	0
직 경	1	2	3	2	1	0

출처 : 이수상(2016), p. 243.

2) 중심성 분석

중심성(centrality)은 사회 네트워크에서 개인이 가지는 권력과 영향력이라는 개념으로 개발되었으며 사회 네트워크 분석 지표 중에서 가장 많이 사용되는 지표이다. 이것은 한 행위자가 네트워크 중심에 위치하는 정도를 표현하는 지표로 간단히 정의할 수 있다(이수상, 2016 : 255). 한 네트워크에서 중심에 위치한다는 것은 다음을 의미한다(손동원, 2002 : 243-244).

첫째, 정보 획득과 자원 흐름에 빠른 시간에 필요한 양을 확보할 가능성이

1) 여기서는 측정지표들의 개념만을 제시하고 수학적 표현과 계산식은 최소화하였다. 노드 속성 분석의 기본적 개념과 실제적 사례를 확인하는 데 초점을 두었으니 계산식은 네트워크 분석 방법론에서 별도로 확인하기 바란다.

높다는 것을 의미한다. 즉, 정보와 자원에 대해 속도와 양의 측면에서 유리한 위치에 있다는 점을 말한다. 이런 점에서 네트워크 중심은 정보의 접촉과 자원 확보가 용이하다.

둘째, 중심은 다른 행위자들에 대한 영향력과 권한 그리고 협상력이 상대적으로 우월하게 된다. 필요 자원이 어디에 있는지에 대한 정보가 얻어지며, 그 자원과 접촉할 수 있는 통로가 많기 때문이다.

'중심'에도 부정적인 면이 존재한다. 중심에 위치하는 행위자는 다른 행위자로부터 일종의 모델로서 취급되는 경향이 있어 모방 대상이 된다. 이렇게 시선이 집중되고 모방이 많아지면 행위자 고유의 특징과 경쟁력을 유지하기 어렵게 된다. 또한 남들의 질시 대상이 되어 행위의 자유로움이 약해질 수 있다.

이 중심성을 측정하는 방법에는 여러 가지 방법이 존재하며, 각 방법마다 고유한 특징이 있다.

(1) 연결 중심성

연결 중심성은 다른 노드와 연결된 정도를 중심으로 보는 개념이다. 한 노드에 직접적으로 연결되어 있는 노드들의 합으로 얻어진다. 이것은 한 노드가 다른 노드들과 얼마만큼의 관계를 맺고 있는가를 통해서 그 노드가 중심에 위치하는 정도를 계량화하는 것이다. 중심도가 높을수록 생존율이 높거나 성과가 좋다. 낮은 행위자는 관계 구조 속에서 적은 수의 행위자와 관계하며 네트워크 주변부에 위치하는 것을 의미한다.

(2) 근접 중심성

근접 중심성은 두 행위자를 연결시켜 주는 최단 경로들의 합이 가장 적은 행위자를 의미한다. 근접 중심도는 개별조직이 상대조직에게 쉽게 접근할 수 있는 정도이며, 네트워크의 한 조직이 다른 조직에게 도달하는 데 필요한 경로거리의 총합으로 측정한다. 근접 중심성이 높다는 의미는 연결망 내부에서 다른 행위자들보다 가장 빠른 경로를 통해서 전체 연결망 내에 내재되어 있는 자원이나 정보에 접근할 수 있다는 것이다. 근접 중심성은 연결망의 한 결점에서 다른 결점에 도달하려면 필요한 최소단계의 총합을 말하며, 네트워크에서 중앙에 위치할수록 이 숫자가 작아지고, 다른 기관들과 가깝게 위치하게 된다 조직 간 경로거리의 합이 가장 작은 조직일수록 근접중심도가 높게 나타난다.

(3) 매개 중심성

매개 중심성은 기관 간 네트워크상에서 중간에 위치함으로써 중재자 역할을 어느 정도 하는가를 측정하는 개념이다. 즉, 행위자가 연결망 내의 다른 모든 행위자들을 연결하는 최단 경로에 많이 위치할수록 매개 중심성은 커지는 것이다. 이것은 조직이 연결망 내의 다른 조직들 사이에 위치하는 정도로 측정한다. 조직이 다른 조직들 간 최단경로 사이에 위치하면 매개 중심도가 높다고 할 수 있다.

(4) 위세 중심성

위세 중심성은 타 조직들로부터 연계의 대상으로 선택된 정도를 의미하며 연계된 상대조직의 중요성에 가중치를 주는 개념이다(김용학, 2004). 영향력이 큰 조직과의 연계는 영향력이 낮은 다른 여러 조직과의 연계보다 영향력을 증가시킨다고 보는 것으로, 관계를 맺고 있는 조직들의 영향력이 얼마나 큰지를 보는 것이다. 조직의 중심도로부터 발생하는 영향력과 자신과 연결된 타 조직의 영향력을 합한 값이다. 네트워크에서 영향력이 큰 중심조직과의 연계는 영향력이 낮은 다른 조직과의 더 많은 연계보다 자신의 영향력을 높이는 데 더 기여할 수 있다. 따라서 위세도가 높은 조직은 연계망 내에서 효율적인 관계망을 형성하고 있다고 볼 수 있다(김재환, 2005).

트워크 경계 설정 작업이라고 하며 인구통계학적 또는 생태학적 접근(예를 들어, 특정한 지역에 존재하는 개체, 특정한 기준을 만족하는 개체 등)을 통해 네트워크의 경계를 설정한다. 노드 데이터는 관계 데이터를 조사할 수 있는 수준의 규모가 되어야 한다. 노드의 규모가 너무 크면, 분석이 어려울 뿐만 아니라 분석 결과의 해석도 쉽지 않을 수 있다.

네트워크 샘플링을 위해서는 인구통계학적 방법, 눈덩이 굴리기 방법, 명목적 접근법, 실제적 접근법 등이 있다. 인구통계학적 방법은 모집단의 경계가 명확하게 정해져 있을 경우 모집단을 인구 통계학적 방법으로 결정하는 것이며, 눈덩이 굴리기 방법은 모집단의 경계가 명확하게 정해져 있지 않을 경우 사용하며 초기의 특정한 노드를 선택하고 이들에게 질문하여 관계가 있는 다른 개체들을 조사하는 방식을 반복하여 노드들을 증가시켜 나가는 것이다. 명목적 접근법은 분석자 자신이 자신의 이론적 시각에 근거하여 의도적으로 특정한 집단을 선택하는 것이며, 실제적 접근법은 네트워크 노드(행위자)들이 주관적으로 인지하는 대상을 선택하는 방법으로 현실세계에 존재하는 분석대상에 적합한 노드들을 선택하고자 하는 것이다.

(2) 관계 데이터의 조사

관계 데이터의 조사방법은 관계 탐색, 관계 추출, 관계 발생 관점에 따라 다양한 조사방법이 사용될 수 있으며, 구체적인 내용은 〈표 4-2〉와 같다.

〈표 4-2〉 **관계 데이터 조사방법의 유형**

구 분	방 법	내 용
관계 탐색	설문조사	설문을 통해 관계 데이터 조사
	면담조사	면담(interview)을 통해 관계 데이터 조사
	관찰조사	특정한 현장 또는 실험장에서 관계를 관찰

관계 추출	마이닝조사	각종 정보매체(기록매체)의 데이터에 관계형성 규칙을 적용한 추출 알고리즘으로 관계 자료 계산
관계 발생	실험조사 (시뮬레이션)	조성된 현장이나 실험 환경에서 발생되는 관계 데이터 조사

출처 : 이수상(2016), p. 151.

이 가운데 설문지 방법은 실제 관계 데이터 조사에서 가장 활용성이 높은 방법이다. 설문조사(survey)를 위해서는 무엇보다 측정의 정확성과 구성 타당성을 높이기 위한 노력이 필요하다.

① 관계 데이터 조사 시 고려사항

먼저 측정의 정확성을 높이기 위해서는 측정대상과의 관계를 유지한 시기의 명확화가 요구된다. 즉, '지난 1년간' 또는 '지난 분기 동안' 등의 정확한 시기를 제시해야 한다. 다음으로 측정단위와 분석단위의 차이에서 오는 오류를 최소화하기 위하여 각 조직을 대표할 수 있는 지위에 있는 사람에게 응답을 받는 것도 중요하다(박치성 · 원구환, 2009).

또한 설문구성의 타당성을 높이기 위해서는 무엇보다도 연구대상이 되는 관계에 대한 조작적 정의를 명확하게 해야 한다. 네트워크 분석은 관계(relations)라는 추상적인 개념을 설문조사를 통해 측정하므로 연구자는 측정하고자 하는 특정 관계를 얼마나 오류가 없이 특정하였는가를 나타내는 구성타당도를 높이려는 노력이 필요하다(Wasserman & Faust, 1994). 이에 따라 설문 구성의 타당성을 높이기 위하여 응답자에게 관계의 정확한 정의를 숙지시켜야 한다. 예시로 노인복지조직 간의 네트워크 특성을 파악하기 위해 제시된 관계의 조작적 정의(송현주, 2011)는 다음과 같다.

- 클라이언트 의뢰 : 클라이언트 의뢰란 전화나 팩스 또는 대면접촉 등으로 클라이언트의 의뢰를 위해 타 기관과 접촉하여 의뢰가 이루어진 경우 등

- 정보교환 : 정보교환은 프로그램 정보, 아이디어 정보, 자료 등을 제공하거나 제공받는 경우
- 자원교환 : 자원교환은 물적 · 인적 자원을 모두 포함한 타 기관들에게 혹은 타 기관으로부터 공간이나 도구, 물품, 자원봉사자, 직원 등을 교환하거나 받는 것
- 공동사업 : 공동사업은 타 기관과 함께 프로그램을 짜고 시행하는 것 등

관계 정도를 측정하는 척도는 이진 데이터나 가중 데이터로 구분되며, 이러한 데이터에 방향이 있을 경우 방향데이터가 된다. 관계 데이터는 여러 가지 연산을 수행하게 되므로 대체로 등간척도로 측정하게 된다(이수상, 2016 : 193).

② 관계 데이터의 측정 방법

이후 설문조사를 통한 관계 자료 측정의 범위를 정하는 일이 필요하다. 이것에는 크게 두 가지 방법이 있다. 즉, 전체 네트워크를 이용한 방법과 자아중심 네트워크를 이용한 측정 방법이 그것이다(Hanneman & Riddle, 2005).

전체 네트워크를 이용한 방법은 응답자에게 특정한 범위 또는 모집단의 모든 구성원을 제시하고, 응답자에게 관계가 있는 모든 상대방을 응답하게 하는 방법이다.

예 질문 : 지난 1년간 귀하께서 근무하시는 기관의 업무가 아래에 제시된 다른 기관과 관계가 있는 경우 모두 체크(∨)하여 주십시오.

기 관	업무관계 유무	기 관	비공식적 자문
A기관		A기관	
B기관		B기관	
C기관		C기관	
…		…	

이 방법은 연구 대상이 모두 포함되고, 모든 응답자들 간의 완벽한 상호관계를 측정할 수 있는 장점이 있는 반면에, 특정한 범위 또는 모집단의 수가 많을 경우 응답률이 떨어진다는 단점이 있다.

다음으로 자아 중심 네트워크를 이용한 방법은 응답자가 판단하기에 특정 관계가 있다고 여겨지는 상대방을 주관식(open-ended)으로 응답하게 하는 방법이다. 이 방식은 네트워크의 규모가 상당히 클 때 유용하다.

예 질문 : 지난 1년간 귀하께서 근무하시는 기관과 업무의 중복이 있었던 △△지역 내의 다른 기관들을 제시하여 주십시오(최대한 6개 기관 이내).

1) ____________ 2) ____________ 3) ____________

4) ____________ 5) ____________ 6) ____________

이러한 방법은 네트워크의 규모 등 상황에 따라 가장 적합한 방법을 사용하는 것이 좋다. 설문조사와 관련한 지금까지의 내용을 근거하여 작성된 구체적인 설문 예시는 다음과 같다.

다음은 귀하 및 소속 조직과 다른 조직과의 연계상황을 알아보기 위한 질문입니다.

※ 6개월 이내 연계를 한 경험이 있는 경우 반드시 귀하의 기관에 해당하는 항목(a, b, c, d)에 응답해 주시기 바랍니다.

a. 요보호주민 소개 : 지역사회 내 어려운 이웃(요보호주민)을 발굴하여 타 조직에 직접 의뢰하거나 요보호주민 관련 소식을 타 조직에 소개한 경우

b. 물적 자원 : 타 조직들에게 혹은 타 조직으로부터 기부금, 후원물품 등을 개발하여 소개 혹은 제공하거나 제공받는 경우

c. 인적 자원 : 타 조직들에게 혹은 타 기관으로부터 지역사회 내 요보호주민을 보호하기 위한 이웃이나 자원봉사자, 조직 내 직원 등을 파견하거나 받는 것

d. 지역사업 공유 : 지역사회 문제 또는 지역주민 문제 해결을 위하여 지역사업을 함께 구성하고 시행하는 것 등

구분	조직 및 기관(시설)명	a. 요보호주민 소개		b. 물적 자원 (기부금, 후원물품 등)		c. 인적 자원 (이웃, 자원봉사자 등)		d. 지역사업 공유	
		제공	받음	제공	받음	제공	받음	제공	받음
	예 ○○센터	√	√	√			√	√	
	□□센터		√	√		√		√	√
○○구 s2동 지역사회 보장협의체	1. s2동 위원장								
	2. 사회교육연구원 b위원장								
	3. s노인복지센터								
	4. s2동주민자치위원회								
	5. 자영업 c사무국장								
	6. s2저널나눔친구분과장								
	7. 새마을부녀회								
	8. 자영업(이웃사랑분과장)								

	9. m어린이집								
	10. 자영업(k위원)								
	11. s2센터(n위원)								
	12. 새마을부녀회(s위원)								
	13. s2통장(a위원)								
	14. d2통장(b위원)								
	15. 자영업(p위원)								
	16. 자영업(k위원)								
	17. 자영업(s위원)								
	18. 자영업(l위원)								
	19. s2통장(s위원)								
	20. 자영업(k2위원)								
	21. s2교당								
	22. s2통장(k위원)								
○○구 지역사회보장 협의체	23. 대표협의체(민간 위원장)								
	24. 실무협의체(위원장)								
	25. 협의체사무국(사무국장)								
○○구 공공조직	26. 복지시설지원단(단장)								
	27. 사회복지실(연계팀장)								
	28. 드림스타트								
	29. 보건소								
	30. 고용복지플러스센터								

출처 : 박태영 외(2017), p. 314.

3) 네트워크의 생성

(1) 데이터 코딩

사회 네트워크 분석을 가능게 하는 범용 소프트웨어로는 UCINET(종합적인 네트워크 분석 도구), NetMiner(한국기업 Cyram에서 개발된 분석도구 및 시각화 도구) 등을 사용할 수 있다. 특히 UCINET은 구글에서 무료로 다운(sites.google.com/ site/ucinetsoftware/downloads)받아 사용할 수 있어 활용도가 높다.

UCINET 프로그램에서 데이터 코딩은 상단 data−dataeditors−Matrixeditor로 들어가면 시트가 생성되며, 여기서 연계기관은 기호화하여 첫 번째 가로줄, 세로줄에 동일하게 입력하고 데이터는 가로축은 발신, 세로축은 수신을 기준으로 연계기관 유무를 입력한다. 데이터 입력은 가로축을 기준으로 연계하고 있는 기관인 경우에는 1, 연계하고 있지 않은 기관인 경우에는 0으로 표기하며 코딩하도록 한다. 다음의 그림에서 예로 들자면, E1 기관에서 가로축은 설문지에서 자신이 연계를 한다고 응답한 기관들을 1로, 연계하고 있지 않다고 응답한 기관들을 0으로 표기해 둔 것이라 볼 수 있다. 그리고 반대로 E1의 세로축은 E1이 외부기관으로부터 선택받은 것(수신)을 의미함을 알 수 있다. 즉, E1이 선택한 기관은 가로축, E1이 선택받은 것은 세로축에 1로 표시됨을 알 수 있다.

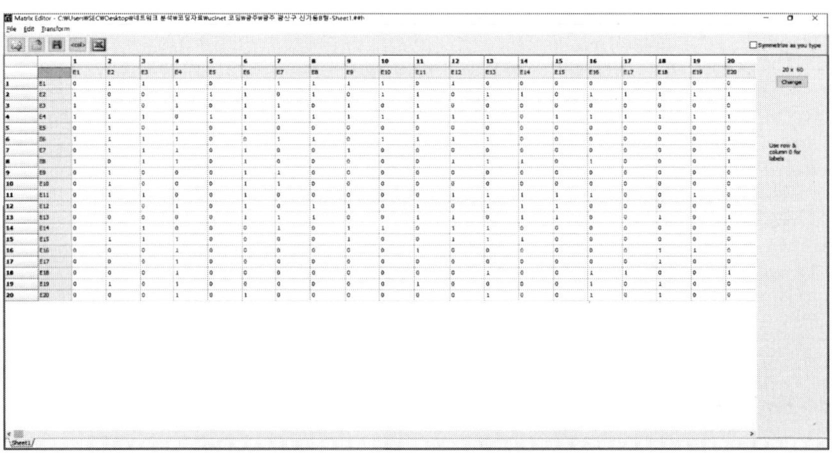

(2) 데이터 변환

데이터 코딩한 자료는 밀도, 중심도 분석을 위한 기본 데이터로 활용되며, UCINET 프로그램 상단의 Network 항목 내 밀도(Density), 중심도(Centrality) 등의 영역에서 분석하게 된다. 이때 코딩자료를 dataset에 등록하면 결과물이 산출된다.

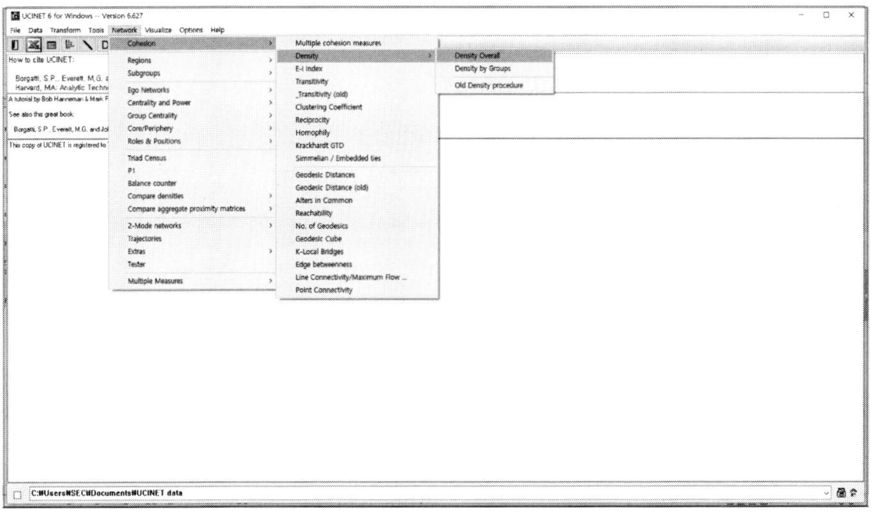

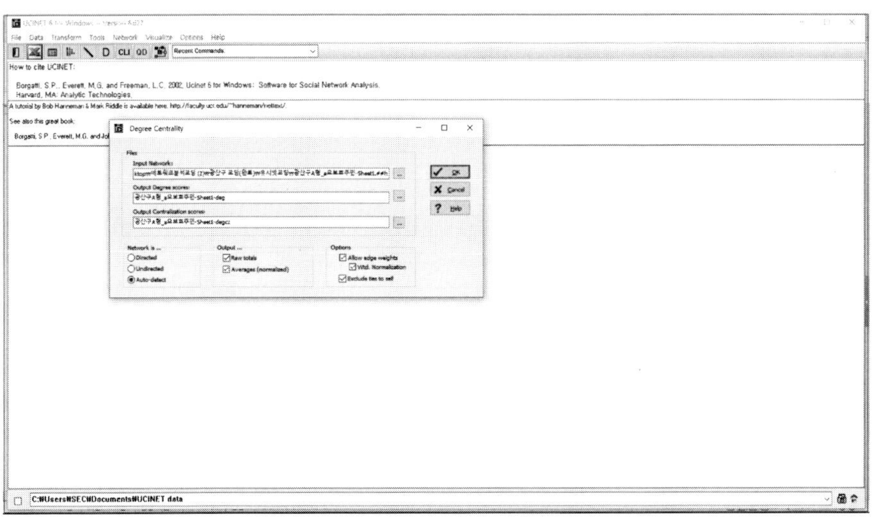

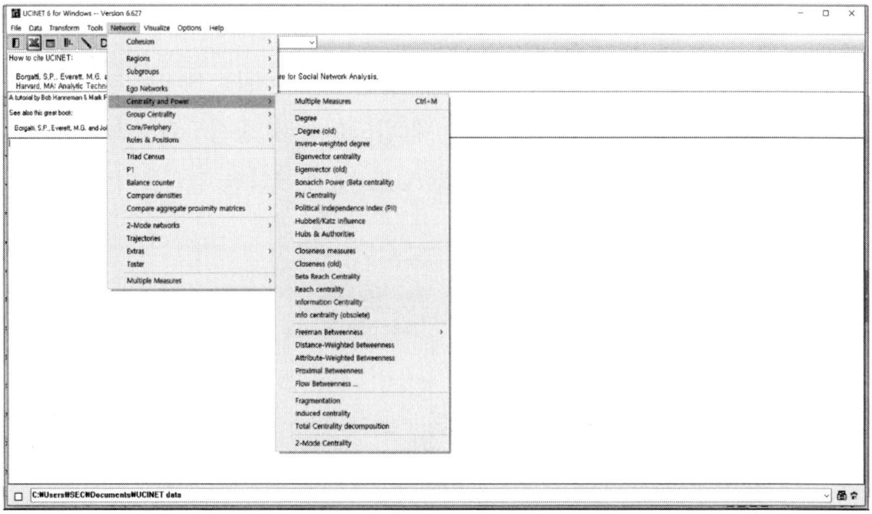

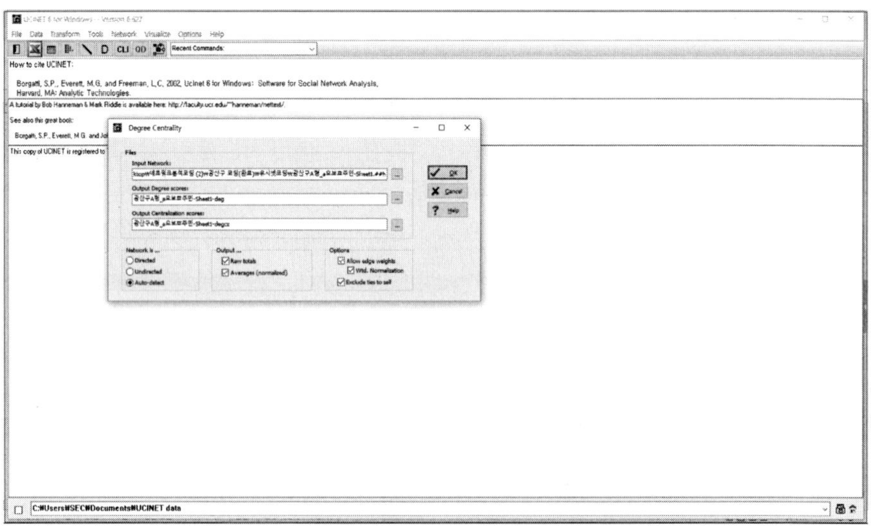

(3) 네트워크 시각화

네트워크의 시각화는 코딩한 조직 간의 연계방향을 그래프로 확인하는 작업이다. 사회 네트워크 분석에서 소시오그램(Sociogram)은 일방향 또는 양방향 관계에 있어 행위자는 점으로, 관계는 선으로 나타내는 방법이다(Wasserman & Faust, 1994).

소시오그램에서 사용하는 그래프는 노드 간의 관계에 따라 다음의 세 가지 형태로 표현된다(손동원, 2002 : 26).

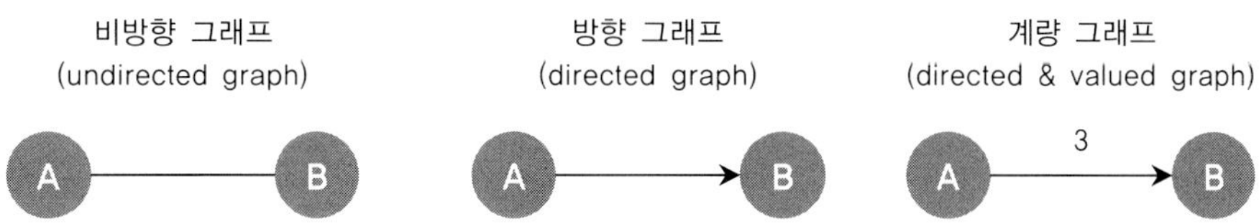

- **비방향 그래프** : 관계의 유무에 초점을 맞춘 그래프이다. 관계의 시작과 끝에 대한 방향은 없고 오직 관계의 존재 여부에 대한 정보를 담고 있는 그래프이다.
- **방향 그래프** : 관계의 유무뿐만 아니라 관계의 방향을 동시에 표현하는 그래프이다. 관계의 시작과 끝을 표현하기 때문에 비방향 그래프보다 더 구체적인 정보를 제공하며 관계의 방향은 화살표로 그려진다. 방향 그래프의 연결 정도는 관계의 방향에 따라 한 노드가 다른 노드로부터 화살표를 받는 관계인 수신(in degree, A ← B)과 반대로 화살표를 주는 발신(out degree, A → B)으로 나누어 제시되기도 한다.
- **계량 그래프** : 방향에 대한 정보뿐만 아니라 관계의 질에 대한 정보를 나타내는 그래프이다. 이것의 특징은 행위자들 간 관계의 유무, 방향, 질을 모두 담고 있다는 것이다.

이러한 노드 간의 관계가 표현된 그래프는 분석 초점에 따라 전체 네트워크, 하위 네트워크, 에고(ego) 네트워크 등으로 구분된다(이수상, 2016 : 61-62).

- **전체 네트워크**(complete network) : N명 전체 행위자로 구성된 것으로 완전 네트워크, 사회중심 네트워크, 전역 네트워크 등으로 부른다.

- **하위 네트워크**(sub network) : 전체 네트워크에서 구분해 낸 하위집단으로 구성되는 네트워크로 부분 네트워크, 특정한 컴포넌트, 파당, 클러스터 등이 해당된다. 여기서 컴포넌트(component)는 한 그래프 내에서 연결된 그래프를 말하며, 파당(cligue)은 가장 큰 완전 연결 그래프 형태의 서브 그래프로 3개 이상의 점을 포함한 것을 의미한다. 이러한 하위 네트워크는 하위집단 분석을 통해 확인해 볼 수 있다.
- **에고 네트워크**(ego network) : 한 개인의 '에고(ego)'를 중심에 위치시키고 그 개인과 다른 노드와의 연결을 표현한 네트워크이다. 에고 중심 네트워크, 개인 네트워크 등으로 부른다.

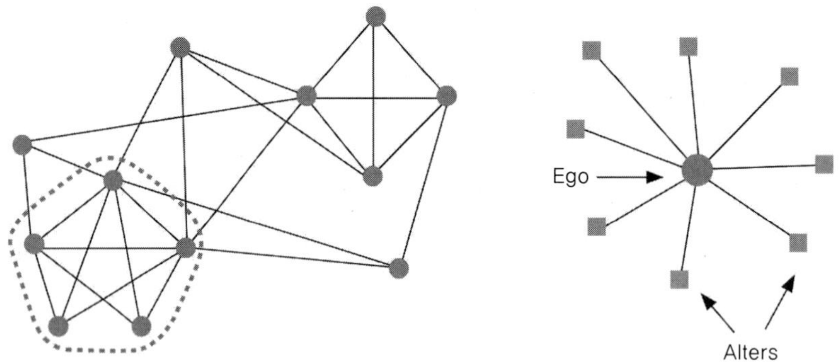

(a) 전체/ 하위 네트워크　　(b) 에고 네트워크

이러한 소시오그램은 네트워크의 구조를 한번에 보여주는 장점이 있기 때문에, 소규모의 밀도가 낮은 네트워크 분석에서 유용하다. 그러나 대부분의 경우 소시오그램은 복잡한 네트워크 관계를 단순히 있는 그대로 도식화하기 때문에, 네트워크에 내재되어 있는 구조적 패턴을 찾는 데는 한계가 있다(박치성, 2006).

네트워크 분석의 그래프는 UNINET의 Visualize 항목 내 Netdraw 영역에서 도출 가능하며, open data file에서 코딩자료를 등록하면 조직 상호 간 네트워크 현황을 그림으로 확인해 볼 수 있다.

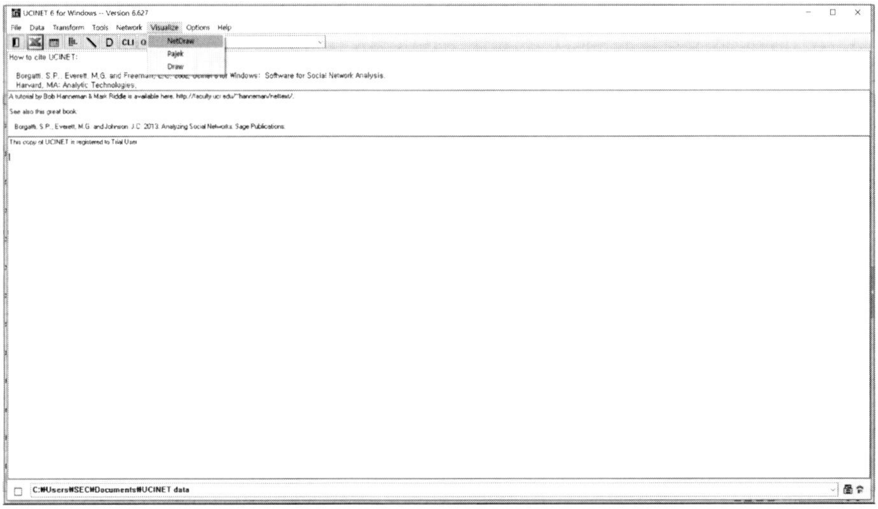

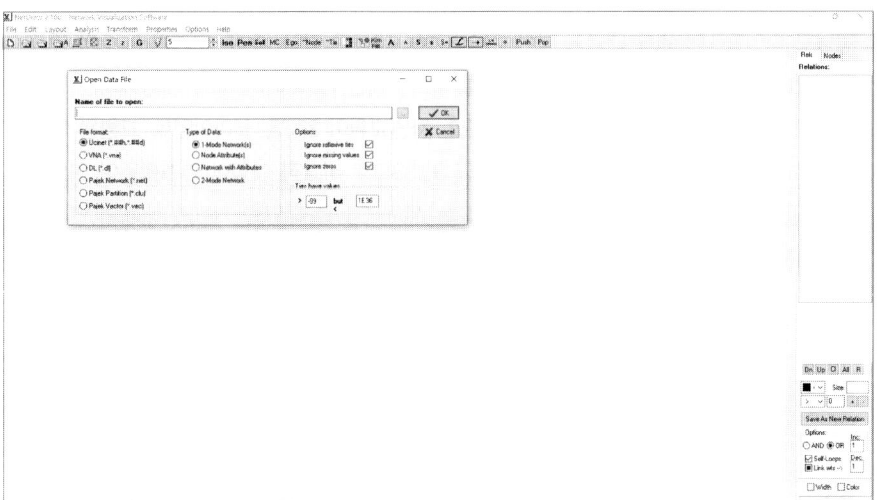

4) 네트워크 분석 결과

사회 네트워크 분석의 결과는 네트워크 기본 속성 분석, 전체 네트워크 수준에서의 분석, 하위집단 수준에서의 분석, 에고(ego) 네트워크 수준에서의 분석과 분석 수준에 따라 제시가 가능하다. 사회 네트워크 분석 결과는 다음의

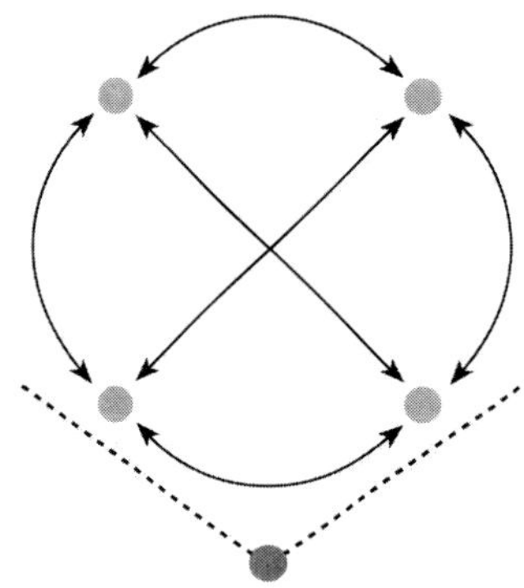

|그림 5-1| 초점집단의 구조

집단의 형태와 관련하여 초점집단의 크기는 소규모 사람들이 대면하여 대화할 수 있는 규모 정도에서 결정된다. 이 경우 최소 4명에서 최대 15명까지 가능하다고 보지만, 보통은 6~10명 정도의 크기가 적절하다고 본다. 그리고 초점집단의 회기 수와 각 회기 시간은 연구 목적에 성격에 따라 다양하게 조합될 수 있다. 한 집단이 1회 모임만으로 그치는 경우에서부터, 다수의 집단들이 각기 다수의 모임으로 운영되는 형태까지 다양하다. 대개의 경우 엄격한 자료 수집의 방법으로 인정되려면, 하나의 주제에 대해 둘 이상의 비동일 초점집단을 구성하여, 각각에 대해 복수의 회기로 실시하는 것을 권장한다(김영종, 2007).

각 집단회기에 소요되는 시간은 참여 구성원들의 회기 집중도를 고려하여 1.5~2시간가량이 적절하며, 가급적이면 이 시간 내에 적합한 주제와 내용을 선정한다. 필요에 따라서는 회기를 나누어 실시할 수도 있다. 회의 장소는 참가 구성원 전원이 심리적 안정감을 느낄 수 있도록 안락하고 조용한 곳으로 정한다.

이렇게 구조화된 초점집단에서 진행조정자는 각 회기 중에 개방형 질문을 던지고, 이를 통해 토론을 활발하게 하는 활동을 하게 된다. 필요에 따라 참여자들에게 도전적인 질문을 던져보기로 하고, 참여자들 간 의견 차이를 자극하기도 하고, 주제에 관한 다양한 범주의 의미들을 자각시켜 보기도 한다. 또한, 참여자들 간 논의가 초점에서 벗어나지 않도록 하면서 모든 사람이 의견을 내고 참여할 수 있는 기회도 적절히 보장해 주어야 한다. 이때 진행조정자가 참여자들의 논의에 지나치게 끼어들거나 판정하는 입장이 되지 않도록 주의해야 한다(김영종, 2013). 이러한 FGI의 일차적 수집 자료는 주어진 특정 주제에 대해 참가자들 간에 나누는 대화의 내용과 목소리 톤, 인상과 몸동작 등이 포함된다. 자료 수집은 질적 연구방법에서처럼 녹취나 연구자의 기록 등을 통해 이루어진다.

초점집단의 참여 구성원은 진행조정자와 참여자를 포함한다. 참여자는 조사 현안에 대해 중요한 이해 관심과 지식을 가지면서, 적절한 견해를 제시해 줄 수 있다고 판단되는 사람들을 참여자 후보군으로 설정한다. 이들 가운데서 집단 구성의 동질성과 이질성에 따른 필요성을 적절히 고려해서 선발한다. 참여자의 개인적 성향도 고려한다. 토의에 참여해서 자유롭게 의견을 내놓을 수 있는 사람들이 초점집단의 운영에 도움이 된다.

하나의 현안에 대해 복수의 초점집단을 운영할 수 있는 경우에는, 각기 다른 견해나 관점을 대표할 수 있는 참여자들끼리 집단을 구성하도록 한다. 예를 들어, 연령이나 소득, 성별, 교육수준, 혼인 상태, 출신지, 취업상태, 거주지 등의 구분 변수에 따라 집단 구성을 달리할 수 있다. 한 집단은 동질적 배경의 사람들로 구성되는 것이 좋지만, 지나치게 친한 사람들 일변도로 배치하는 것은 피하는 것이 좋다.

〈표 5-1〉 FGI의 구조와 양식

구조 요소	내 용
진행조정자	유연성과 초점을 가짐. 사전 면접 가이드를 준비하고, 이에 기초해서 회의 진행 2인 이상의 진행조정자도 가능하지만, 역할은 뚜렷하게 구분되어야 함
집단참여자	동질성과 이질성의 필요성을 적절히 고려하여 선발
회합 양식	소규모의 대면적 상호작용이 가능한 집담회
집단 크기	한 회기당 최소 4명~최대 15명
회기 수	연구 성격에 따라 달라짐
회기 시간	매 회기당 1.5~2시간가량이 적절
자료 양상	대화의 내용과 톤(tone), 침묵, 인상과 몸동작 등까지를 포함
자료수집 도구	녹취, 펜과 노트, 노트북 등
보고서 양식	거듭 언급되는 주제(들)에 대한 분석, 대표적 코멘트들을 포함

출처 : 김영종(2007), p. 533.

2) FGI의 과정

초점집단은 FGI 과정을 통해 실제화된다. FGI의 과정은 준비단계, 실행단계, 종결단계로 나누어 볼 수 있으며 |그림 5-2|와 같이 제시해 볼 수 있다(강병로, 2008 : 308).

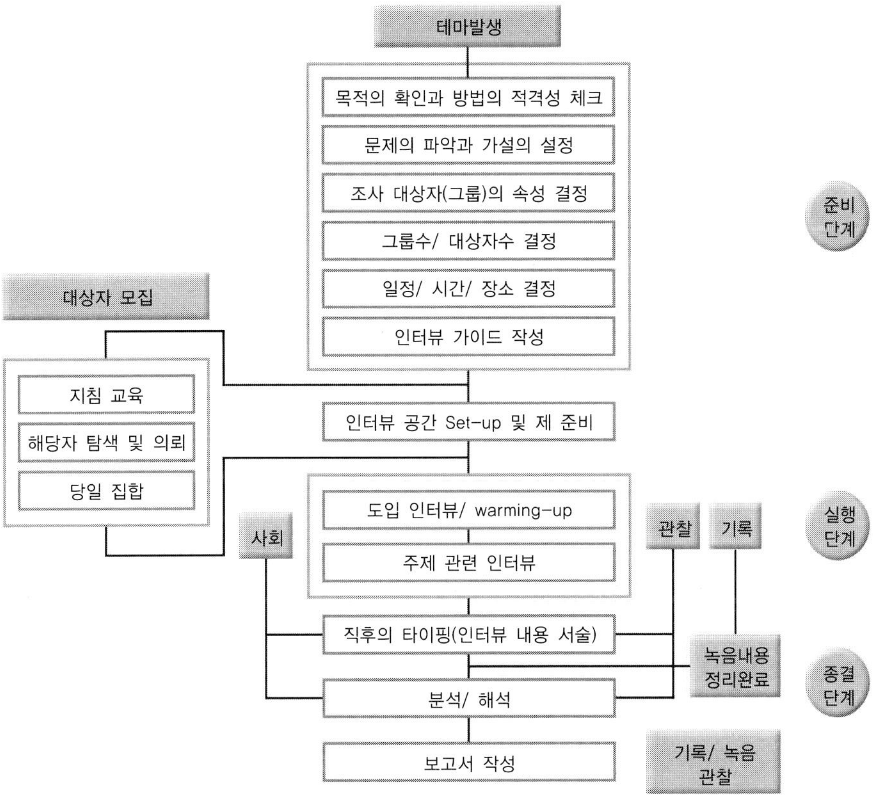

|그림 5-2| FGI의 과정

준비단계는 FGI 진행을 위한 사전 단계이다. 이 시기는 크게 목표를 명확하고 구체적인 실행계획을 수립하는 일련의 활동을 포함한다. 또한 FGI를 진행하는 데 있어 중요한 질문 가이드를 작성하고 초점집단을 구성하는 다양한 활동을 추진한다. 즉, 집단의 크기 결정, 참여자의 선정과 필요사항 통지, 회의 장소 결정 및 회의 환경 만들기 작업 등을 준비한다.

실행단계는 실제적인 FGI를 진행하는 시기로, 도입 인터뷰와 주제 관련 인터뷰를 본격적으로 진행하게 된다. 이 단계에서는 진행조정자의 자질과 역할이 중요하며, 이 과정에서 연구 주제에 적합한 다양한 질적 자료들을 수집하게 된다. 수집 자료는 실행단계에서 나타난 모든 언어적 내용과 특정 주제에 관한 맥락 정보, 즉 대화의 톤, 침묵, 몸동작, 인상 등이다.

종결단계는 실행단계에서 수집된 자료를 분석하고 해석, 그리고 결과의 보고를 포함한다. FGI를 통해 수집된 자료는 질적 자료의 형태를 띠고 있기 때문에 분석 및 해석 절차도 귀납적인 분석 과정을 가진다. 특히 다양한 자료를 범주화함으로써 주요 테마나 이슈 제기가 가능하게 된다. 이렇게 마련된 분석과 해석 결과는 보고서 형태를 통해 공유된다.

이와 관련한 구체적인 내용은 다음의 적용 영역에서 살펴보고자 한다.

3. 적 용

1) 목표 명확화와 실행계획 수립

FGI를 지역사회복지 연구 및 실천현장에 적용하기 위해 가장 먼저 해야 할 작업은 해결하기를 기대하는 현안이 무엇인지를 명확화하는 것이다. Morgan과 Krueger(1998)에 의하면, 초점집단은 학문적 연구뿐만 아니라 상품 마케팅, 평가 연구, 질 향상 등의 영역에서 문제 확인, 계획, 수행, 평가를 진행하기 위해 〈표 5-2〉와 같이 다양하게 활용될 수 있다.

〈표 5-2〉 **초점집단의 네 가지 기본적인 용도**

	학문적 연구	상품 마케팅	평가연구	질 향상
문제 확인	연구 문제 발견	새로운 상품 아이디어 발견	요구 사정	기회 확인하기
계 획	연구 설계	새로운 상품 개발	프로그램 개발	중재방법 계획
수 행	자료 수집	고객반응 모니터	과정 평가	중재방법 수행
평 가	자료 분석	상품 개량 또는 판매	결과 평가	평가 재설계

지역사회복지 연구 및 실천현장에서는 이러한 초점집단의 활용성을 고려하여 필요한 목적에 따라 다양하게 적용할 수 있다.

초점집단의 목표 설정 시에 가장 유념해야 할 점은 목표의 구체성이다. 모호한 목표를 설정하게 되면 연구의 초점은 흐려질 수 있고 유용한 자료를 수집하는 데 있어서도 방해를 받을 수 있기 때문에 목표는 반드시 구체적으로 수립해야 한다.

목표 설정 이후 초점집단의 구체적인 추진을 위해서는 실행 계획을 수립하는 일이 필요하다. 이 작업은 앞에서 언급된 FGI의 과정을 구체화할 실행계획을 수립하는 일이다. 이것은 일반계획, 모집 관련 계획, 진행 관련 계획, 분석 관련 계획 등을 포함할 수 있다(Morgan & Krueger, 1998). 관련 계획의 구체적인 내용은 〈표 5-3〉과 같다.

〈표 5-3〉 **FGI 계획을 위한 점검표**

계 획	점검 내용
일반계획	• FGI의 목적과 결과 정의 • 인력과 예산 등 투입자원의 확인 • FGI를 위한 스케줄 명료화 • 초점집단의 체계화 정도 결정 • 참여자의 인구사회학적 특성, 자격 등 결정 • 인터뷰 지침을 위한 질문(질문순서) 결정 • 초점집단의 규모 및 집단 수 결정 • 토론을 위한 장소, 날짜, 시간 등 결정
모집 관련 계획	• 초점집단의 적절한 구성 확인 • 모집 접촉을 위한 출처 결정 • 개별적인 참여자들을 위한 자격과 제외 기준 개발 • 모집 선별 기준과 접촉 대본의 개발 • 참석을 보장해 줄 후속 절차 결정
진행 관련 계획	• 진행자의 역할 정의 • 진행자를 훈련시키거나 숙련된 진행자 선정
분석 관련 계획	• 분석 과정 계획 • 최종 보고서의 요소 확인 • 산출될 자료 정의(현장 기록, 테이프, 필사본 등)

2) 질문 작성

FGI를 실제화하기 위해서는 현실에 당면한 사안에 초점을 둔, 목표에 맞고 토의를 자연스럽게 이끌어 갈 질문이 필요하다. 질문은 FGI의 시작에서 종결에 이르기까지 다양하게 활용될 수 있다.

〈표 5-4〉 FGI 질문의 범주

질문 유형	질문 목적
시 작	참석자들이 서로를 알고 연결된 느낌을 갖는다.
소 개	주제에 대한 토론을 시작한다.
전 환	자연스럽고 매끄럽게 핵심 질문으로 이동한다.
핵 심	연구의 중점적인 관심 영역에 대한 통찰을 얻는다.
종 결	연구자들이 어떤 것에 강조점을 두어야 할지를 결정하도록 돕고 토론에 대한 종결을 이끈다.

초점집단의 질문은 단지 '토의를 위한 가이드'이며, 활발한 토의를 자극하려는 의도를 가진다. 질문 개발 시, 질문은 개방형으로 간단하게 하며, '왜'라는 질문은 피하고 참여자들에게 되돌아보도록 요청하다. 또한, 질문은 일반적인 질문에서 특수한 질문으로, 긍정적인 질문에서 부정적인 질문으로, 실마리를 주지 않는 질문에서 실마리를 주는 질문으로, 참여자의 범주를 고려한 질문에서 다른 범주를 고려하는 질문 순으로 개발하여 준비한다.

다음은 FGI에 사용하기 위해 개발된 질문의 예시이다. 이것은 읍면동 지역사회보장협의체의 활성화 방안을 도출하기 위한 FGI에 사용된 것이다(박태영 외, 2017).

FGI에 사용하기 위한 개발 질문내용

※ 다음의 질문을 잘 읽고 응답하실 수 있는 부분에 대하여 자세히 답변해 주시기 바랍니다.

1. ㅇㅇ시와 동의 지역사회보장협의체와 관련한 질문입니다.

1) ㅇㅇ시와 동 지역사회보장협의체는 어떠한 과정을 거쳐서 지역사회복지 활성화를 위한 기반을 마련하였습니까?

2) ㅇㅇ시 지역사회보장협의체와 동 협의체 각각의 역할은 무엇이라고 생각하며, 관계는 어떻습니까?(어떠한 부분에서 연계 · 협력이 이루어지고 있는지, 현재 이와 관련한 어려움은 무엇이고, 그 어려움을 해결하기 위한 노력은 어떠한지)

2. 현재 ㅇㅇ시의 지역사회복지자원에 대해서 어떻게 생각하십니까?
(충분한 자원과 부족한 자원은 무엇이라고 생각하는지, 그 이유는 무엇인지)

3. 지역사회복지자원의 개발 · 관리 · 활용과 관련한 질문입니다.
〈참고〉

	자원 개발	자원 관리	자원 활용
현재 상태			
어려움(쟁점이 되는 이슈)			
어려움 해결을 위한 노력			

3-1. 자원의 개발과 관련한 질문입니다.
1) 현재 개발된 자원은 무엇이 있습니까?(전체 지역사회복지자원 개발 규모 및 형태, 자원 개발을 촉진하게 된 계기나 사건, 의미 있는 성과와 변화 등)

2) 현재 자원 개발과 관련한 어려움은 무엇입니까?

3) 자원 개발의 어려움을 해결하기 위해 어떠한 노력을 하고 있습니까?
[지역사회복지자원을 개발하기 위해 공공과 민간, 시 및 동 지역사회보장협의체의 역할, 지역사회복지자원 개발 시, 민간 사회복지기관이나 지역주민들의 반응이나 호응도, 부족한 지역사회복지자원을 확대하게 된 계기나 사건, 특별한 노력(사업) 등]

3-2. 자원의 관리와 관련한 질문입니다.
1) 현재 개발된 자원은 어떻게 관리하고 있습니까?
(지역사회복지자원의 관리 조직, 관리 전략, 관리 방법(교육, 위원회 운영, 인정보상 등), 지역사회복지자원을 관리하기 위한 공공과 민간, 시 및 동 지역사회보장협의체의 역할 등)

2) 자원 관리와 관련하여 어떠한 어려움이 있습니까?

3) 자원 관리의 어려움을 해결하기 위해 어떠한 노력을 하고 있습니까?

3-3. 자원의 활용과 관련한 질문입니다.
1) 현재 개발된 자원들은 어떻게 활용하고 있습니까?

2) 자원을 적절하게 배분 · 활용하는 것과 관련하여 어떠한 어려움이 있습니까?
(지역사회복지자원의 배분 규모 및 형태 등, 지역사회복지자원을 적절하고 효과적으로 배분하기 위한 공공과 민간, 시 및 동 지역시회보장협의체의 역할 등)

3) 자원 활용의 어려움을 해결하기 위해 어떠한 노력을 하고 있습니까?
(지역주민의 욕구와 지역의 복지자원이 불일치할 경우 ㅇㅇ시와 각 동에서는 어떤 노력을 하고 있는지)

※ 지역사회복지자원 연계, 관리 활성화를 위하여 하고 싶은 말씀이 있으면 자유롭게 말씀해 주십시오.

또한 지역사회보장계획 수립과정 분석을 위해 다음과 같이 질문내용을 구성할 수 있다.

구 분	질문내용
① 욕구조사 관련	• 욕구조사 시 애로사항은 없었는지? • 욕구조사 내 지역사회문제 및 사회복지 관련시설 문항에서 지역 특징을 반영하는 문항 구성이 되었는지?
② 사업개발 관련	• 사업개발 과정에서 공무원, 지역주민, 협의체의 참여가 원활하게 이루어졌는지? • 사업의 실행력(예산 반영 정도 등)이 있다고 생각하는지?
③ 계획수립 관련 협의체 활동	• 대표협의체–실무협의체–실무분과의 유기적 협력이 이루어졌는지?
④ 지역주민 의견 수렴 관련	• 계획 수립단계에서 의견수렴이 잘 이루어졌는지? • 어떤 방법으로 의견을 수렴하였는지?
⑤ 기타	• 광역단체(도) 계획 수립 시 건의하고 싶은 사항이 있는지? • 계획 수립 관련 시간의 충분성 등 기타 애로사항이 있는지? • 4년 후 계획 수립 시 특히 중점을 두어야 할 사항은 무엇인지?

출처 : 오윤정 · 남진열(2015), p. 155.

이렇게 개발된 질문은 집단회의 이전에 배부하여 참가자들이 자신의 생각을 미리 적어 오게 할 수 있다.

3) 초점집단의 구성과 회의장소 등 준비

초점집단의 구성은 참여자가 말할 수 있는 시간이 얼마인가를 계산하여 결정할 수 있다. 이것은 참가자의 수, 질문 수, 면접 시간에 따라 결정된다. 전형적인 초점집단의 규모는 6명에서 10명 규모이며, 필요에 따라 4명에서 15명 범위 내에서 면접이 이루어질 수도 있다.

초점집단의 규모는 참여자의 확인과 함께 이루어진다. 이때 참여자는 연구의 목적에 대해 적절한 관심과 지식을 갖춘 잠재적 참여대상자들을 일차적으로 확인한 이후, 집단역동성을 고려하여 구성원 간 동질성, 이질성의 필요를 고려하여 선정한다. 집단 참여자의 특성은 〈표 5-5〉 및 설명글과 같이 정리하여 마지막 결과의 보고 단계에서 제시될 필요가 있다. 다음의 예시는 지역조직가의 역할에 관한 FGI(박해긍 외, 2017)에 참여한 인터뷰 응답자의 특성을 정리한 것이다.

〈표 5-5〉 **인터뷰 응답자 특성**

구 분	소재지	조직화 유형	응답자 특성		
			성 별	직 위	경 력
A	서울시 강서구	종합사회복지관 주민조직화사업	남성	팀장	약 10년
B	서울시 동대문구	종합사회복지관 주민조직화사업	남성	사회복지사	약 4년
C	부산시 사상구	종합사회복지관 주민조직사업	남성	부장	약 15년
D	부산시 북구	종합사회복지관 주민조직화사업	남성 여성	과장 사회복지사	약 10년 약 6년
E	부산시 사하구	주민공동체 마을만들기	여성 남성	부회장 주민활동가	약 5년 약 5년
F	부산시 사상구	주민공동체 마을만들기	여성	회장	약 4년
G	부산시 사상구	주민공동체 마을만들기	여성	마을리더	약 6년

H	부산시 금정구	주민공동체 마을만들기	여성	도서관장	약 6년
I	서울시 마포구	주민공동체 마을만들기	여성	주민활동가	약 10년
J	서울시	시민단체 마을만들기	여성	센터장	약 20년

A종합사회복지관은 임대아파트 단지 주변에 위치해 있으며, 지역주민들 간의 왕래가 약하고 주민들의 상당수가 수급자이다. 2009년도에 기관의 미션을 '참여하는 공동체'로 정한 이후, 본격적으로 주민이 주체가 되는 각종 활동을 진행해 오고 있다. 특징으로 주민 만나기를 기반으로 하여 모든 사업이 주민의 욕구를 중심으로 진행되고 있으며, 이에 지역주민들이 사업에 대해 가지는 책임감이 높고 참여도와 지속성 측면에서도 적극성을 가지는 것으로 나타난다.

B종합사회복지관이 위치한 지역은 노인세대가 많은 지역으로 아파트와 주택이 혼재되어 있고 재개발로 인한 빈부격차가 크다는 특징을 지닌다. 이 때문에 조직가는 지역사회의 약자를 돕는 것을 주민조직화의 주요한 가치로 내세우며 주민조직화를 진행하고 있다. 일반적인 주민조직과 함께 종교를 바탕으로 한 주민조직을 실시하고 있다는 점이 특징적이다.

〈중략〉

E주민공동체는 점점 쇠퇴하는 마을을 되살리고자 지역 예술가들과 주민, 행정이 함께 마을미술 프로젝트 공모사업을 유치한 것을 시작으로 마을 만들기를 진행해 오고 있다. 2009년도에 공모사업으로 출발한 주민공동체 활동으로 낙후된 마을이 유명 관광지로 거듭나게 되었고, 현재까지 지역 내 일자리를 꾸준히 창출하며 지역경제를 활성화시키고 있다. 또한, 관광수입으로 마을 내 열악한 주거환경을 개선하는 등 되살린 마을을 유지하기 위한 다양한 마을활동을 진행해 오고 있다.

F주민공동체는 2011년도에 시단위로 추진된 공동체 시범사업으로 출발하여 마을건물이 먼저 지어진 후 마을활동을 시작하였다. 주민이 준비되지 않았던 상황에서 시작하게 되어 초기에는 어려움을 겪었으나, 시범사업 종료 이후 2013년도에 마을코디네이터가 연계되어 다른 방법을 강구하게 되었고, 지금은 지역주민의 의견을 수렴한 다양한 마을활동을 전개하고 있다. 시의 지원이 중단되면서 운영상의 어려움을 겪은 이후 현재는 주민들끼리 소규모 공방을 운영하여 일정 수준의 수익을 창출하고 있다.

〈후략〉

참여자의 선정 이후 집단회의 내용을 통지하고 확인시키는 일을 진행해야 하는데 구체적인 내용은 다음과 같다(김영종, 2013 : 335).

- 초점집단의 의도, 후원자, 실행 시기, 결과의 활용 등을 설명해 준다.
- 참여자의 초점집단 내 발언은 엄격히 비밀이 보장된다는 점을 알려준다.
- 참여 여부에 대해 문서 형태로 회신을 받아둔다.
- 회의에 임박해서 재통지를 하고, 약속 시간과 장소를 재확인시켜 준다.

또한, 회의장소는 외부로부터 주의분산이 없는 조용하고, 안락한 곳을 택한다. 참여자들은 안락한 의자에서 탁자에 둘러앉아 서로를 바라볼 수 있도록 한다. 토의를 산만하게 만들지 않을 정도의 가벼운 다과도 준비한다. 다과는 대화나 의사소통을 촉진시키는 데 도움을 줄 수 있다.

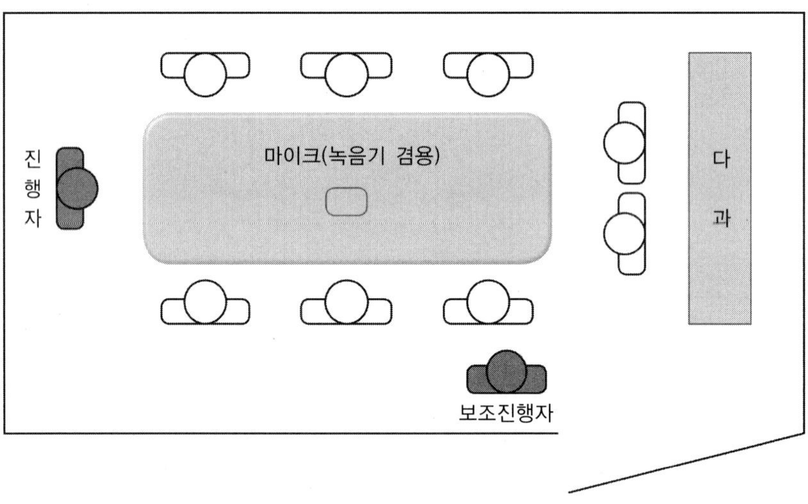

|그림 5-3| 회의좌석배치도 예시

출처 : Morgan & Krueger(1998), p. 161 일부 수정.

4) 집단회의 진행

초점집단은 환영사, 집단의 목적을 정의하는 주제에 관한 개요, 기본 규칙에 관한 설명, 개시 질문 등을 시작으로 본격화된다. 이때 진행자는 질적 연구가 가져야 할 윤리적 고려를 위해 초점집단 참여대상자들에게 초점집단의 목적, 내용, 방법 등을 포함하는 집단 운영 개요를 설명하고 구체적으로 안내하는 것이 중요하다. 여기에는 면접내용을 녹음하겠다는 것, 녹취된 내용은 연구 목적 이외에 다른 용도로 사용되지 않을 것, 그리고 비밀 보장과 익명 처리에 대해 참여동의서를 작성하는 일도 알려주고 확인할 필요가 있다. 참여동의서는 참여자가 원하지 않을 경우 언제든지 철회할 수 있다는 점도 알려주어야 한다. 그리고 참가자들에 대한 사례비 지급, 참여에 대한 보상도 안내하도록 한다.

초점집단의 진행을 본격화하기 위해서는 무엇보다 집단 진행을 위한 진행조정자의 자질과 역할이 중요하다. 이들은 집단회의의 준비에서 집단토의의 본론과 종결에 이르기까지 참여자가 아닌 진행자로서 집단적 상호작용에 참여하지 않고, 참여자들 간 토의를 조정하고 촉진하는 역할을 수행한다.

김영종(2013)은 진행조정자의 자질에 대해 해당 주제에 대해 풍부한 배경지식을 소유한 사람이어야 한다고 언급하고 있다. 이것이 전문적 주제에 대해 참여자들 간에 주고받는 대화와 토론의 과정을 적절히 리드해 가기 위해 필수적인 사항이기 때문이다. 또한 개인적 덕성과 대인적 기술이 우수해야 한다는 자질도 필요하며, 다른 사람의 이야기를 경청할 줄 알고, 단정적이지 않으며, 대인적 상황에 잘 적응할 수 있는 소양과 능력도 갖추어야 한다고 설명한다.

FGI 실행 과정에서 무엇보다 중요한 것은 진행조정자가 참여자들이 자기 의견을 자유롭게 표출할 수 있도록 느슨하고도 비공식적인 분위기를 창출하는 등의 의사소통 기술을 발휘하게 되는 것이다. 이를 위한 구체적인 역할을 다음과 같이 제시해 볼 수 있다(Morgan & Krueger, 1998 : 358).

- 참여자들과의 신뢰감을 조성한다.
- 만약 다른 질문에서 이미 답변이 되지 않았다면 질문들을 의도한 대로 물어본다.
- 각 질문에 충분한 시간을 할애한다.
- 토론을 주제에서 벗어나지 않도록 한다.
- 모든 참여자들을 관여시킨다.
- 신중하게 듣는다. 정보를 종합하고 그것에 반영한다. 명확성을 위해 탐색한다. 사람들로 하여금 말하도록 만든다.
- 인지적이고 감정적인 부분을 찾아낸다. 참여자들에게 그 주제에 관해 어떻게 생각하고 어떻게 느끼는가에 관한 것을 모두 말해줄 것을 요구한다.
- 한 질문에서 또 다른 질문으로 매끄럽게 이동한다.
- 각기 다른 참여자들을 능숙하게 다루고 비공식적인 편안한 느낌을 전달한다.
- 개인적인 의견을 공유하는 것은 피한다.
- 정각에 끝마친다.
- 요약과 함께 집단 토론을 끝내고 어떤 놓친 부분에 대한 의견을 부탁한다.
- 손님을 배웅할 때와 똑같이 문으로 가서 개별적으로 와준 것에 대한 감사의 말을 전한다.

5) 자료 수집

FGI 회의 진행과정에서 표출된 다양한 자료는 오디오나 비디오 등의 형태를 통해 수집된다. 집단회의 진행은 결국 분석할 자료를 다양하게 수집하는 행위로 귀결된다고 볼 수 있다.

회의 진행과정에서 수집할 자료는 기본적으로 대화의 언어적 내용들과 집단적 상호작용의 과정을 이해하는 데 도움을 줄 수 있는 맥락 자료들인 대화의 톤, 침묵, 몸동작, 인상 등의 전반을 포함한다.

초점집단의 매회기마다 회의자료는 녹음, 녹화 등의 형태로 기록되고 회합이 끝난 후에는 녹취록으로 작성된다. 필요에 따라 진행조정자는 회기 진행에 지장을 받지 않는 수준에서 간략하게 노트 등에 기록할 수 있으며, 진행보조자가 노트북을 이용해 현장 상황에서 기록을 할 수도 있다.

6) 자료의 분석과 해석

FGI 회의 진행과정에서 수집된 다양한 자료는 분석 및 해석의 과정을 거쳐 결과를 보고하는 과정을 거치게 된다. 회의 진행과정에서 수집된 자료는 대화 내용과 맥락적 자료인 질적 형태의 자료이다. 따라서 질적인 자료 자체가 갖는 속성으로 인해 자료의 분석도 비구조화된 분석방법으로 자료의 패턴을 찾아내고, 데이터가 맥락 속에서 유지·고려되어야 하며, 귀납적 분석과정이라는 특성을 가진다(Marlow, 2005).

이러한 FGI에서 질적자료 분석 절차는 다음의 4단계로 진행된다(김영종, 2013).

■ 1단계 : 자료수집 및 녹취록 작성

- 회기에서 토의되는 내용은 기본적으로 오디오나 비디오 등의 형태로 기록하고, 회합이 끝난 후 녹취록으로 작성(필요에 따라 노트북 등을 이용하여 현장에서 기록 작성, 이때 화자의 실명은 일반적으로 사용하지 않음)

■ 2단계 : 주요 개념 찾기

- 녹취록을 읽으면서 주요 단어나 개념들을 다시 찾아냄
- 간단하게 각 단어나 개념들이 각각 몇 번씩 나왔는지 헤아려 볼 수도 있음

■ 3단계 : 범주화 코딩

- 주요 단어나 구를 몇 개의 범주로 묶음(하나의 범주는 보통 3~10개의 단어나 구를 가짐, 모든 코멘트들은 적어도 하나 이상의 범주에 들어맞아야 함)

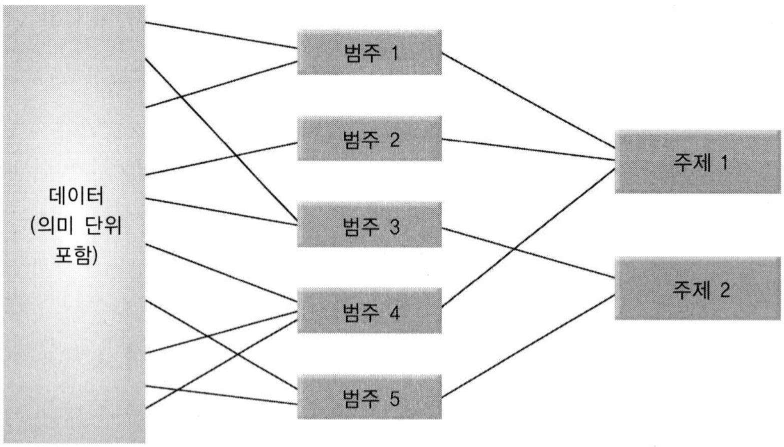

출처 : 황성동(2006), p. 299.

- 단어나 구를 코딩하는 방법은 주요 테마나 일반적인 감정(긍정, 부정, 중립, 제안) 등에 의거

■ 4단계 : 해석

- 주요 단어와 구가 범주별로 그룹화 된 것에 대한 해석 시도(여기에서 주요 테마나 이슈 제기, 각 테마의 상대적인 가중치도 정확히 보고)

특히 이 과정에서 범주화 코딩은 가장 중요한 작업으로 다음과 제시될 수 있다.

〈표 5-6〉 **안산통합서비스네트워크센터를 통한 사례관리경험 개념 범주화 예시 : 개방코딩**

개 념	하위범주	범 주
공공으로부터 클라이언트의 공식적인 정보를 파악함, 각 기관에서 가지고 있는 클라이언트 서비스 정보를 공유함	클라이언트 정보를 공유함	클라이언트 정보와 지역 사회자원의 공유
자원이 필요한 곳으로 배분될 수 있었음, 자원 공유의 통로가 되어줌, 자원에 대한 시각이 다양해짐	지역사회자원의 원활한 발굴과 공유	

<table>
<tr><td>도움을 받을 수 있는 창구, 안전망의 느낌, 딱히 연락할 데가 없음</td><td>힘이 된다고 느낌</td><td rowspan="2">사례관리자 간 상호 지지</td></tr>
<tr><td>클라이언트를 위해 공동의 무엇을 추구한다는 느낌을 가짐, 사례관리자로서 외로울 때 힘이 됨</td><td>사례관리자로서 서로 공감함</td></tr>
<tr><td>개인적으로 볼 수 없는 부분까지 통합적으로 볼 수 있는 기회를 가짐, 실무자의 시야가 넓어짐</td><td>통합사례회의를 통해 시각이 달라짐</td><td rowspan="3">통합사례회의의 운영</td></tr>
<tr><td>매듭을 풀어주는 듯한 느낌을 받음, 기관에서 받기 어려운 부분에 대하여 슈퍼비전을 받음</td><td>통합사례회의를 통해 슈퍼비전을 받음</td></tr>
<tr><td>누가 어떤 부분들을 가장 잘할 수 있는지를 알 수 있음, 주 사례관리기관을 정함</td><td>통합사례회의를 통해 개입해야 할 기관과 서비스를 판단함</td></tr>
<tr><td>전담사례관리자를 둘 수 없는 형편, 전담사례관리자가 있어도 부족, 신규사례를 발굴할 여력이 없음, 전반적인 인력 부족 문제가 사례관리에 집중하기 어렵게 함, 내담자가 못 온다는 전화가 오면 반가움</td><td>사례관리수행인력이 부족함</td><td rowspan="2">사례관리와 프로그램 간의 딜레마</td></tr>
<tr><td>사업운영지침 때문에 프로그램 위주로 운영됨, 평가를 의식함, 사례관리자냐 서비스 제공자냐에 대한 정체성 혼란을 겪음, 평가기간에는 신규사례가 발굴되지 않음, 재가팀일수록 자잘한 서비스가 많음, 프로그램이나 행사 가지치기를 못함</td><td>지침과 평가 때문에 사례관리하기 어려움</td></tr>
<tr><td>주 대상자뿐 아니라 가족에게까지도 개입할 수 있게 됨, 범위를 약간 벗어나는 클라이언트에 대하여도 개입할 수 있게 됨</td><td>클라이언트의 경계를 확장함</td><td rowspan="4">기관의 경계와 한계를 넘어서는 사례관리</td></tr>
<tr><td>기관 자원의 한계에 부닥친 클라이언트 문제나 기관의 역량으로 어려운 부분을 해결할 수 있게 됨</td><td>기관의 자원과 역량의 한계를 극복함</td></tr>
<tr><td>긴급위기사례에 대하여 동시적으로 개입함</td><td>여러 기관이 동시에 개입하여 해결함</td></tr>
<tr><td>서비스 중복사례를 다수 발견함</td><td>서비스 중복을 예방함</td></tr>
</table>

긴급위기사례에서 공공의 역할이 매우 큼, 사례관리 대상자의 수급권 문제 등에서 순조롭게 도움을 받음, 공공의 도움은 담당자에 따라 편차가 큼	공공의 참여수준이 통합사례관리에 영향을 미침	공공사회복지사의 통합사례관리 참여 수준
사례관리자의 고민이나 역량강화에 대한 상급자의 인식이 부족함, 통합사례회의에 참석하는 것은 시간 낭비라고 보는 것 같음, 사례관리자에게 과도하게 기대함, 우리 기관 후원자로 챙기려는 생각이 바뀌어야 함	기관장과 상급자의 인식이 사례관리자에게 영향을 미침	통합사례관리에 대한 기관장의 인식
적절한 기관이 없을 때 떠안음, 이 기관에서 이 기관 넘어갈 때에 연결을 함, 서비스 내용을 조정함, 확인을 함, 자원을 투입함, 슈퍼바이저와 상의함	네트워크센터가 사례수준에서 서비스를 조정함	네트워크센터의 사례관리 지원 기능
민과 관 사이의 다리 역할, 민관협력의 구심점이 됨, 공공과 민간이 자연스럽게 협력하도록 중재함	네트워크센터가 민간과 공공 사례관리자 간에서 중재함	
자원 사각지대에 있는 클라이언트에 대해 지원함	네트워크센터가 긴급지원비를 제공함	
기관별로 다른 사례관리 상황을 공유, 사례관리에 대한 일관된 관점을 갖게 해줌, 통합의 수준에 대한 인식을 맞춰감, 통합사례관리 매뉴얼을 개발함	네트워크센터가 통합사례관리에 대한 방향을 설정해 줌	
사례관리교육과 관련된 욕구를 충족시켜 줌, 사례관리실천기술을 학습하고 공유할 수 있었음, 기본교육과 심화교육을 실시함	네트워크센터가 실무자에 대한 교육을 실시함	
개별기관의 특성과 여건에 맞는 사례관리 컨설팅을 제공함	사례관리컨설팅을 통해서 기관의 변화를 시도함	
한 명의 클라이언트 또는 가족에게 필요한 서비스를 주 사례관리기관을 통하여 여러 기관이 함께 통합적으로 제공함	통합적 서비스 제공	클라이언트에게 더 나은 통합적 서비스 제공
가장 잘 할 수 있는 기관에서 전문적인 서비스를 제공함	전문적인 서비스 제공	
그 자리에서 결정, 신속한 문제접근, 신속한 제공	신속한 서비스 제공	
클라이언트로부터 신뢰받음	신뢰할 수 있는 서비스 제공	

사례관리실천기술이 향상됨, 기관 내 사례관리자 간의 이해가 증진됨을 느낌, 현장에서 가능한 사례관리를 알게 됨	사례관리자의 역량이 강화됨	사례관리실천 기반 강화
기관 내 사례관리 수준이 업그레이드 됨, 기관의 사례관리체계개편에 컨설팅이 도움이 됨, 기관 내 부설센터 간 양식을 통일함	기관의 사례관리체계개편에 도움	
사례관리가 빛으로 다가옴, 지역에서 사례관리 붐이 일어남, 지역 내 사례관리에 대한 인식 변화를 이끌어 냄	사례관리의 필요성에 대한 인식 확산에 도움	
대상자나 지역사회를 생각해서 기관을 오픈하게 됨, 지역사회에 기관을 성공적으로 오픈함, 지역사회에 기관을 알림, 클라이언트에게 통합적인 서비스를 제공하기 위해서 우리 기관이 더 잘해야겠다는 의식이 생김	기관을 지역사회에 개방함	지역 차원의 소통과 연대
기관 간의 동반자적 의식이 형성됨, 내 것을 내놓고 나눈다는 것, 당장 뭘 하지 않아도 연대하고 있다는 의식이 있음	기관 간 소통과 연대	
다양한 기관과의 교류가 활발해 짐, 기관 차원의 협력수준이 업그레이드 됨	기관 간 교류협력 증진	
지역에 대한 자부심을 느낌, 지역단위로 할 수 있는 일, 지역수준으로 볼 수 있는 시각을 갖도록 해줌, 개별기관에서 할 수 없는 매뉴얼 개발이나 연구를 가능하게 함	기관의 경계를 넘어 지역사회 수준으로 보는 시각 형성	
네트워크지원사업이 종결되어서 네트워크센터가 없어지면 각 기관은 다시 외로운 섬이 되어서 고군분투해야 함, 쌓아놓았던 것이 무의미하게 소멸될까 봐 걱정임, 네트워크센터의 규모화・제도화가 필요함	네트워크센터의 기능유지가 필요함	통합사례관리체계 안착을 위한 과제 공유
서비스 조정의 공식적인 권한이 필요함, 민관이 공동책임을 져야 함	민간과 공공이 함께 서비스 조정기능을 담당함	
개별기관과 통합사례회의의 사례관리 방향성이 다른 경우 해결 어려움, 통합사례관리의 범위와 수준에 대하여 보다 세밀하게 정리할 필요가 있음	통합사례관리의 세부적인 가이드라인이 필요함	
투입예산 대비 성과가 얼마나 있는 평가할 필요가 있음	통합사례관리에 대한 평가가 필요함	

출처 : 최지선(2010), pp. 70-72.

7) 결과의 보고

FGI 분석 내용은 결과 보고를 통해 공유하게 된다. 결과보고서 작성은 서면 혹은 구두 보고서의 형태로 작성될 수 있다. 이때 무엇보다 중요한 것은 초기 FGI의 진행 의도, 즉 연구 목적에 초점을 두고 보고서의 독자 혹은 청중을 고려하여 작성하는 것이다.

결과 보고에 들어가는 내용들은 기본적으로 다음을 포함할 수 있다(김영종, 2013 : 337).

- 초점집단 조사연구의 배경에 관한 정보
- 양적분석 결과
  - 해당 현안을 통계적/양적 방식으로 분석한 결과 제시(예 A 코멘트를 한 사람들의 수, Y 생각을 지지하는 사람들의 % 등)
- 질적분석 결과
  - 참여자들의 생각을 대표할 수 있는 코멘트를 옮겨서 제시
  - 참여자들의 감정과 무드를 생생한 그림으로 전달하기 위해 코멘트들은 보통 원문 그대로 인용(단, 화자의 신분이 드러나지 않도록 주의)
  - 초점집단의 견해를 적절히 반영하는 코멘트 제시(결과와 무관한 편향된 코멘트들은 사용하지 않음)

이 가운데 질적분석 결과를 보고한 형태는 다음과 같이 제시된다.

예시 1

지역사회에서 생애말기 돌봄을 제공하는 데 있어서 보건서비스와 복지서비스의 연계가 필요하다는 데 대해서는 연구 참여자 대부분이 동의를 하였다. 그러나 실제로 현장에서는 보건인력과 복지인력의 연계활동에 어려움이 많이 나타났다. 무엇보다 현장에서 보건인력과 복지인력 사이에 의사소통을 할 수 있는 구조가 없다는 의견이 많이 제기되었다.

1) 정보 공유의 어려움

무엇보다 공통의 대상자에 대해 사회복지 인력과 보건인력 간의 기본 정보의 공유가 어려워 각자 비효율적으로 업무를 진행해야 하는 상황들에 대한 의견이 나타났다.

"예를 들어서 수급자 등록이 되어 있는 대상자인데도 전화도 안 되고 그 동네를 가도 1시간 이상 헤맬 때가 있어요. 그러면 동사무소 사회복지사에게 이 분이 그 지역에 사는지 안 사는지만 알려달라고 해도 절대로 안 된다고 하는 거예요. 물론 초창기의 일이지만, '나는 보건소 관할이고, 당신은 동사무소 사회복지사인데, 똑같이 지역주민들을 위해서 일하는데 왜 이런 것도 연계가 안 되느냐, 이해를 못하겠다'면서 나왔거든요. 그 뒤부터는 제가 다시는 사회복지파트를 가고 싶지가 않더라고요." (보건실무 4)

2) 서비스 연계의 어려움

생애 말기 돌봄서비스를 주로 제공하고 있는 보건인력은 각자의 역량에 따라 다양한 지역사회 자원을 찾아서 연계를 의뢰하지만, 쉽게 이루어지지 않을 때도 많다.

"예를 들어서 도시락 배달 같은 것도, 민간 복지관에 여섯 번을 신청하면 한 번은 되어야 하는데 그것도 잘 안 되더라고요. 간호사가 방문해서 이렇게 의뢰하면 굉장히 힘들고 까다롭구나 느꼈어요. 다섯 번, 여섯 번 해서 안 되면 다른 일 하기도 바쁜데 재미가 없죠. 안 하게 되더라고요. 해도 안 되는데 하면 뭐해, 저는 개인적으로 그런 가슴 아픈 경험밖에 없어요." (보건실무 3)

어렵게 연계가 이루어지더라도 대상자에 대한 서비스 수준이 만족스럽지 않은 경우도 많다. 공공 사회복지자원이나 민간 사회복지자원 혹은 지역의 종교기관 등 다양한 지역사회 자원들을 연계하다 보면 때때로 제공되는 서비스의 질이 담보되지 못하여 대상자에게 오히려 불만족스러운 피드백을 듣는 경우도 있다.

"방문간호사의 개인 역량에 따라서, 하고자 하는 마음에 따라서 연계는 충분히 할 수 있는데, 연계를 하는 자원 자체가 저는 문제인 것 같아요. 지속성과 관리성이 부족하기 때문에 조금 허무할 때가 많아요. 처음에 자원을 연계해 줬는데, 그쪽에서 서비스의 효율성이나 깊이가 많이 떨어지는 것 같아요." (보건실무 5)

출처 : 류지선 · 백정원 · 김숙남(2015), pp. 97-98.

예시 2

이 연구에서 수행한 심층면접조사와 전문가집단인터뷰 내용 그리고 서울시 네트워크 사업에 관한 기존 문헌을 종합한 결과, 서울시 네트워크 사업을 통해 다음과 같은 긍정적인 성과들을 도출하였다.

서울시 사회복지 네트워크 사업의 성과	
• 지역사회 내 사각지대 해소 기여	• 민관협력의 중요성 확산
• 민간복지기관 및 민간단체의 참여와 협력 도모	• 지역사회 내 다양한 자원 개발
• 우수사례 발굴 및 보급	

첫 번째로 지역사회 내 사각지대 해소를 제시할 수 있다. 서울시의 대표적인 네트워크 사업의 하나인 희망온돌은 사회복지 관련법과 제도의 사각지대에 놓여 있거나 복지대상자로서 공공의 지원을 받아야 하지만 지원이 미치지 못해 공공이나 민간으로부터 지원을 받지 못했던 취약계층 발굴을 통해 복지대상자의 범위를 확대하는 데 기여했다는 평가를 받고 있다. 그간 공공과 민간 모두 지역사회 내 복지 사각지대에 있는 잠재적 대상자를 발

굴하는 데는 한계가 있었으며, 지원 가능한 복지서비스의 규모는 한정되어 있어 새로운 복지대상자를 찾는 데 소극적으로 대처해 온 것도 사실이다. 그러나 희망온돌의 주 대상은 그동안 공공과 민간의 지원에서 소외된 취약계층 또는 긴급지원이 필요한 계층이며, 지역 내 풀뿌리 민간단체들과 협력하여 기존의 구청이나 동주민센터, 그리고 복지기관 등이 발견해 내지 못한 지역사회 내 숨겨진 복지 사각지대를 발굴하여 지원하고 있다는 점에서 중요한 성과라고 할 수 있다.

둘째, 서울시 네트워크 사업은 지역사회의 다양한 민간단체들의 참여와 협력을 도모했다는 데 의미가 있다. 이는 서혜미와 민소영(2012)의 연구에서 디딤돌 네트워크의 가장 큰 성과로 '기관 간, 실무자 간 유대감 증가'와 '기관, 실무자, 클라이언트와의 관계 강화'가 가장 높은 평가를 받은 것과 맥락을 같이한다고 할 수 있다. 서울 디딤돌과 희망온돌은 지역사회 내 공공과 민간의 다양한 기관들이 참여할 수 있는 기회를 제공하였으며, 이를 통해 공동사업 수행의 경험과 노하우를 축적할 수 있는 장을 마련하였다. 또한 희망온돌 사업은 새로운 사회서비스 제공자로서 민간 풀뿌리단체의 가능성을 열어두었으며, 민간복지기관과 지역의 풀뿌리단체와의 협력을 통해 사회복지의 외연을 확장하고, 지역네트워크 형성의 토대를 조성했다고 할 수 있다. 이를 통해 공공과 민간 복지기관만으로 부족했던 지역사회 내 돌봄시스템 및 안전망을 보다 강화할 수 있었다는 측면에서 긍정적인 영향을 미친 것으로 볼 수 있다.

"기관에서 해주지 못하는 슈퍼비전이나 동료들의 고충을 다른 기관의 실무자들을 통해 받게 되더라고요… 협업을 훈련하고 경험하다 보니 재미를 알아가게 돼요. 혼자 하면 힘들지만 같이 하면 편하고 실적도 같이 나누게 되어 좋아요." (**FGI에 참여한 기관 실무자**, 2012. 9. 6)

〈중략〉

마지막으로 서울시 사회복지 네트워크 사업은 지역사회의 다양한 민간자원을 개발하는 데 기여를 해왔다. 서울 디딤돌사업을 통해 공공과 민간 기관이 공동의 노력으로 지역사회 내 다양한 기부업체를 개발하여 지역의 소외계층에게 연결시켜 왔으며, 희망온돌 및 희망마차사업을 통해 지역사회 물적 자원은 물론 자원봉사자, 나눔이웃 등과 같은 인적 자원들도 개발하여 지역의 복지자원을 확장시키는 역할을 하였다. 또한 본 심층인터뷰에 참여한 구청 담당자에 의하면(2012년 6월 25일), 이러한 네트워크 사업이 활발해지면서 구청뿐만 아니라 동주민센터에서도 민간자원 발굴에 참여하고 있는 것으로 나타났다. 즉,

네트워크 사업 참여로 인해 민간뿐만 아니라 공공에서도 지역사회자원을 개발하고 확대하는 데 노력하고 있음을 알 수 있다.

"저희 구는 공공과 민간이 같이 기부업체나 후원자를 발굴하고, 발굴한 자원을 지역별로 나누어서 인트라넷에 올려서 이용자들이 이용하는 시스템입니다." (**심층면접에 참여한 민간복지기관 실무자**, 2012. 6. 12)

출처 : 최재성 외(2014), pp. 168-170.

4. 사 례

1) 지역사업의 성과 측정에 관한 FGI 분석 연구사례

최근 지역사회에는 주민이 참여하는 마을공동체사업에 대한 관심이 확대되고 있다. 박선희(2014)의 연구는 마을공동체 사업 특성에 대한 이해를 바탕으로 사업의 성과를 개발하고 이를 측정할 수 있는 방법에 대한 함의를 탐색적 차원에서 도출하고자 하였다. 이를 위해 마을공동체 사업 관련 전문가 7명을 대상으로 초점집단면접(FGI)을 실시하여 자료를 수집하고 내용을 분석한 것이다.

분석 결과, 마을공동체 사업의 가장 중요한 성과는 주민 의식 변화, 주체성 증대, 관계 개선, 권한 증대, 지속가능한 주민조직의 형성으로 나타났다. 이 가운데 주민 의식 변화와 주체성 증대 관련 범주에 포함된 FGI 분석 결과를 살펴보면 다음과 같다.

1) 주민의 의식 변화

FGI 내용을 분석한 결과, 참가자들은 주민이 지역과 분리된 '나'를 벗어나 마을에 관심을 갖게 되고, 공동체를 위한 활동에 참여하려는 의식이 성장하는 것이 마을공동체 사업의 가장 큰 목적이며, 결국 '사람이 남는 것'이 가장 중요한 성과라고 보았다. 사업이 종료된 이후 지속적으로 마을활동에 참여하는 것은 주민의 의식이 '성장'함에 따라 나타나는 자연스러운 결과이기 때문에, 마을공동체 사업을 통해 평범한 주민이 마을에 눈을 뜨고, 실제 마을의 '주인'으로 의식이 변화하는 것이 가장 중요한 성과이다.

"지역활동이라는 것이 처음에는 개인의 욕구에서 시작하는데, 하다가 보면 개인만 잘해서는 안 된다는 것을 깨닫고 공동의 선을 보게 돼요. (중략) 결국 마을활동을 통해서 남는 것은 사람입니다. 참여하는 사람들의 의식과 마을에 대한 생각이 얼마나 바뀌었는가, 그래서 내가 앞으로 마을 공동의 이익을 위해 나서겠다는 마음을 내게 되는 것, 그것을 중심에 놓아야 제대로 된 마을 만들기가 된다고 생각합니다." (참가자 C)

"예전에는 마을 전체에 행사가 있을 때 이 일이 차선이었다고 하면, 점점 우선이 되는 것이죠. 이러한 변화가 참여도로 보이게 되고, 이전에는 '난 일을 해서 못 나간다' 하면서 반상회도 안 나오고 이랬던 분이, 어느 순간부터는 '시간 좀 바꿔 달라', '난 오전에는 교육이 있으니까, 오후에 하면 갈 수 있다' 이렇게 (시간을) 조정하려는 의지를 보이게 돼요." (참가자 F)

"혼자 해봐야 혼자 얻을 수 있는 성과는 얼마 없지만, 서로 나누고 보태면 두 배, 세 배가 된다는 것을 알게 되는 거죠. 이 의식의 변화가 사실은 소유에서 공유로 바뀌는 것이고요. 이전에는 내 것, 소유만 생각했는데 보니까 그게 아닌 거예요. 훈련을 해보니까 나누는 게 낫더라, 그러니까 보태지게 되는 거죠." (참가자 D)

2) 주체성의 증대

마을공동체 사업에 참여하면서, 처음에는 수동적이고 형식적으로 참여하던 주민들이 스스로 아이디어를 내고, 그들이 할 수 있는 일들을 스스로 만들어 내는 변화가 나타난다고 하였다. 이것은 피상적인 참여를 넘어 주민이 실질적인 사업 주체가 되어간다는 것이며,

주민들 사이에 관계가 좋아지면서 마을공동체 사업에도 보다 적극적으로 임하게 되는 행동의 변화가 나타나게 되었다.

"(마을공동체 사업을) 관에서 하든 복지관에서 하든 처음에는 손님이었는데 지금은 주인이 된 것 이잖아요. 예를 들면, 우리 동네 아이들은 우리가 책임져야 하니까 장학금을 주민들이 천 원씩 내보자. 그러니까 이제는 그분들이 (마을행사) 날짜를 잡아서 우리에게 알려주세요. 그날 우리 뭐 할 건데 같이 할 수 있나? 어떤 게 필요한데 도와줄 수 있나? 이렇게요. 전에는 우리가 (복지관) 하고, 도와달라고 해야 됐었는데, 그런 변화가 보여요." (참가자 F)

"2년 정도 지나면서 스스로 무엇인가를 요구하게 돼요. 주민들끼리 '모이자'라고 문자를 보낸다거나, '이것을 해야 되지 않나' 같은 것입니다. 스스로 해야 한다고 생각하는 것, 친밀도가 생기면서, 관에서 주도하는 다른 모임에서는 '무엇을 받아갈까'라고 생각하는 반면에, 주민자치적인 모임에 참여할 때는 '내가 전이라도 부쳐갈까'라고 (기여할 것을) 생각하게 됩니다." (참가자 E)

"그 전까지는 주인이 아니에요. 뒤에서 말만 하지, 앞에 나서지도 않고. 뭐 하라고 하면 의무적으로 하시던 분들이 아이디어를 내고 적극적으로 하시게 되는 것, 스스로 뭔가를 만들어 가는 과정이 자꾸 생긴다는 거에요. 소극적이었던 사람이 적극적이고 자기가 마을의 주인이라는 것을 확신하게 되는 것이죠." (참가자 D)

이 연구에서 성과 측정은 사람의 변화 과정을 중심에 두어야 하며, 결과에 대한 평가가 아니라 사업과정에 대한 모니터링과 학습을 위한 것에 목적을 두는 것이 중요하다고 언급하고 있다.

2) 지역사회문제 해결을 위한 사회적기업 활성화에 관한 FGI 분석 연구사례

우리나라에 사회적기업육성법이 2007년 제정된 이후 지역사회 내 사회적기업이 급증하였다. 오단이와 정무성(2015)의 연구는 우리나라에서 다양한 분야에 자리한 사회적기업을 위해 존재하는 중간지원조직에 대한 개념을 정리하고 현시점에서 필요한 중간지원조직의 역할에 대한 방향성을 제시하고자 하였다. 연구를 위해 7명의 중간지원조직의 지원을 받은 사회적기업가를 대상으로 인터뷰를 실시한 것이다.

분석 결과, 우리나라의 현실에서 중간지원조직은 중개자(agency), 조정자, 역량구축자의 역할이 필요한데, 특히 성장단계에서는 시장을 개척해 주는 역할을 해주는 중간지원조직이 필요한 것으로 나타났다. 여기서 중간지원조직의 역할구분과 관련하여 FGI 분석 결과를 연구자의 주장과 연결 지어 제시한 내용을 살펴보면 다음과 같다.

> 사회적기업은 창업단계, 사회적기업으로 진입단계, 성장단계가 존재하는데, 각 단계에 맞는 지원이 필요할 것이다. 그럼에도 불구하고 한국 사회적기업 중간지원조직의 실상은 이러한 단계마다 필요한 지원을 해줄 역량이 있는 조직도 부족하고, 전술했듯이 대부분 중간지원조직이 전문화 · 특성화가 되어 있지 못하는 점을 지적하였다.
>
> **"초기에는 중간지원조직의 장점이 매우 큰데, 어느 수준 위로 성장하려면 아까 말했듯이 액서레이팅하려면 울타리를 넘어가려는 시기에 받쳐줘야 하는데, 울타리를 넘어가려 하는데 자꾸 울타리에 가두려 하면 이게 이제 힘들어지는 거죠." (F-6 연구참여자)**
>
> 이는 한국적 상황이 아직 성장단계에 도움을 주는 중간지원조직이 출현하지 않았음을 보여준다고 하겠다. 즉, 중간지원조직이 창업단계에는 도움이 되었으나 성장단계에는 오히려 발목을 잡고 있는 현실로 다가온다.

창업단계에는 정부가 위탁을 준 지원기관과 편하게 접근이 가능한 유사기관에 지원을 받는 것으로 나타났으며 성장단계에서 특성별 전문기관이나 민간지원기관의 비중이 높아져야 하고, 창업단계보다 오히려 이 시기에 기존 연구들(최해식, 2011; 김학실, 2014)에서 제시한 마케팅과 같은 시장 확대를 위한 중간지원조직의 지원이 필요하다. 즉, 기존 연구와 달리 성장단계에 와서야 시장개척을 우선적으로 수행하는 중간지원조직이 필요하다는 것을 보여준다.

"어떠하면 (성장단계에서 중간지원조직은) 시장을 뚫어주는 역할을 하는 거거든요. 그게 중간지원 조직이 있는 그런 역량, 그런 이미지로. 왜냐면 창업팀들은 언제 없어질지 모르니까 기업에서는 절대 믿을 수 없으니까. 투자기관도 큰 사업단위면 그런 점에서 믿을 수 있는 기관…." (F-2 연구참여자)

"자기 사업모델이 사실 시행착오를 막 겪잖아요. 안정적으로 자리를 잡으면 치고 나가잖아요(성장하잖아요). (중략) 제일 중요한 건 비즈니스에 대한 또 일치된 방법에 대한 명확한 액서레이팅이 지원됐더라면…." (F-6 연구참여자)

위 진술문을 통해 사회적기업가들은 성장단계에서 중간지원조직들이 촉진자(accelerator)의 역할을 해주기를 바라는 것으로 나타났다. 좀 더 자세히 설명하자면 판로확대 지원, 공공조달 지원, 공동브랜드 개발과 같은 시장개척(확대) 영역과 신규참여자 교육, 성공사례 개발과 같은 역량강화 영역으로 중간지원조직의 역할이 구분될 필요성을 의미한다고 볼 수 있다. 김학실(2014)은 전문가를 대상으로 한 인터뷰를 통해 이 두 영역(시장개척과 역량강화)이 사회적경제 중간지원조직에서 필요하며, 특히 판로확대 지원과 공공조달 지원 등의 시장확대 영역이 더욱 필요하다고 주장하였다.

하지만 이러한 역할은 단계별로 구분될 필요가 있다. 달리 말하자면 사회적기업은 창업단계와 성장단계에 필요한 지원내용이나 애로상황이 다르기 때문에 사회적기업을 지원하는 중간지원조직의 역할은 창업단계와 성장단계에서 구분되어야 할 것이다. 즉, 예컨대 창업단계에는 조직에 대한 역량강화가 강조된다면 성장단계에서는 시장개척이 강조되어야 할 것이다. 결국 창업단계와는 달리 성장단계에서 중간지원조직의 역할은 사회적기업들이 사업에 가속을 높일 수 있는 촉진자(accelerator)의 역할이 필요함을 보여준다.

한편, 이 연구에서는 중간지원조직이 정부가 사회적기업을 통제(규제)하는 도구가 되어서는 안 될 것이며, 사업 간의 매개적인 역할(조정자)을 수행하는 것이 중요하다고 언급하였고, 또한 창업단계에서와 성장단계에서 중간지원조직의 역할이 구분될 필요가 있었으며 중간지원조직의 유형에 따른 역할 구분이 필요하다고 제안하고 있다.

Chapter 6

퍼실리테이션 기법

1. 개 요

퍼실리테이션(Facilitation)은 '(일을) 쉽게 하다' 혹은 '(행동 과정 등을) 촉진하다'는 뜻으로, 모인 사람들이 함께 참여하여 활동의 목적을 효과적으로 달성할 수 있도록 중립적인 위치에서 지원하는 행동을 말한다.

좁은 의미에서 퍼실리테이션은 '회의를 효과적으로 진행하기 위한 활동', 넓은 의미에서는 '조직 내 혁신과제 등의 문제해결 과정을 촉진하는 활동'으로 볼 수 있으며, 퍼실리테이터는 다양한 문제해결 과정 및 활동을 지원하는 촉진자의 역할을 하되, '참여하는 사람들 안에 답이 있다'라는 철학을 바탕으로 서로 다른 경험과 생각을 가진 사람들이 원활하게 대화(이야기)할 수 있도록 하는 스킬을 가지고, 회의, 포럼, 컨퍼런스, 워크숍 등에서 사람들이 함께 정보를 공유하고 해답을 찾거나 계획을 세우고자 할 때, 그 과정을 돕는 역할을 수행하는 사람을 말한다(채홍미 · 주현희, 2016).

퍼실리테이션은 오랜 시간을 투입했음에도 불구하고 미팅목적을 달성하지 못하거나, 다루어야 할 이슈가 매우 중요함에도 이슈에 대한 해결책을 쉽게 찾을 수 없을 때, 토의 중에 발생하는 갈등으로 인해 최선의 결과를 얻지 못하는 경우가 발생할 때 등에 활용될 수 있다.

퍼실리테이션은 관리자가 특정 방향의 해결책을 이미 가지고 있거나, 사안이 긴급해서 논의할 시간을 충분히 가지지 못할 때는 적용하기에 한계가 있다.

퍼실리테이션의 발전과정을 살펴보면, 비즈니스 분야에서 1970년대 중반부터 미국을 중심으로 효과적 미팅 진행을 위해 HP, IBM 등과 같은 기업에서 활용하면서 일반화 되었고, 관리자를 퍼실리테이터로 양성하기 위한 활동도 활발히 이루어지고 있다. 1994년에는 퍼실리테이터들의 정보교환, 전문성 개발, 트렌드 분석 및 네트워킹을 위해 국제 퍼실리테이터 협회(IAF : The International Association of Facilitators)가 조직었다. 한국에서도 한국퍼실리테이터협회(KFTA : Korea Facilitator Association)가 조직되어 전문 퍼실리테이터의 자격인증과 합리적 회의문화 확산을 지원하기 위해 기업, 학교, 공공기관 등 모든 조직의 생산성을 높이기 위한 활동을 하고 있다(이영석, 2009).

2. 내 용

1) 퍼실리테이션 유형

퍼실리테이션은 두 가지 유형, 즉 내용 퍼실리테이션과 프로세스 퍼실리테이션으로 구분할 수 있다. 첫째, 내용 퍼실리테이션은 토론이나 미팅에서 취급하는 현안, 주제, 토론에서 직접적으로 발언되는 내용을 퍼실리테이션 하는 것을 말한다.

둘째, 프로세스 퍼실리테이션은 어떤 방식으로 안건이 토론되는지의 과정을 다룬다. 대화의 형식, 집단 역학관계, 대화 방법과 절차, 토의 분위기 등을 조율하는 것으로 퍼실리테이터가 중립을 유지하면서 프로세스를 효율적으로 이끌어 가는 것에 초점을 둔다. 토론 참가자들이 고려해야 할 중요한 사항을 놓치고 있다는 것을 퍼실리테이터가 인지했을 때, 그 사항에 대해 참여자들이 생각해 보도록 권유는 할 수 있으나, 퍼실리테이터가 특정한 의견과 방향을 가지고 토의의 결과를 유도하는 것은 바람직하지 않기에, 내용에 대한 개입은 최소한으로 하는 것이 좋다(이영석, 2009). 퍼실리테이터는 참석한 사람들이 내놓은 답이 50점 또는 80점짜리여도, 참여자들에게 '정답'이 있다는 믿음을 가지고, 참여자 구성원들이 스스로 답을 찾을 수 있게 돕는 자의 역할을 할 뿐, 문제해결 주체는 참여한 구성원들에게 있음을 명심해야 한다(채홍미 · 주현희, 2016).

내용 퍼실리테이션	프로세스 퍼실리테이션
무엇을	어떻게
토론주제 성취해야 할 과제 해결해야 할 문제 이루어야 할 결정들 의제 항목들 목표들	방법과 절차 관계 유지 방법 사용 도구 규칙 또는 규범 집합의 역학관계 집단의 분위기

출처 : 이영석(2009).

2) 퍼실리테이터 핵심 역량

IAF(International Associate of Facilitators : 국제퍼실리테이터협회)는 상호협력적인 고객관계 형성, 적합한 그룹 퍼실리테이션 프로세스 기획, 참여적인 환경 조성 및 유지, 목적에 부합하며 유용한 결과 도출을 위한 지원, 전문지식 확보 및 지속적인 자기개발, 긍정적이고 전문가적인 자세를 퍼실리테이터 핵심 역량으로 규정하고 있다. 이 여섯 가지를 구체적으로 살펴보면 다음과 같다.

(1) 상호협력적인 고객관계 형성

① 업무 파트너십 구축

- 고객과 퍼실리테이터의 상호의무를 명확히 한다.
- 개별과제, 결과물 및 상호 역할에 대해 공감대를 형성한다.
- 퍼실리테이터로서 협력의 가치를 몸소 증명하고 협력기반 프로세스를 실천한다(예 Co-facilitation).

② 고객의 니즈에 최적화한 과정 설계

- 고객의 조직환경을 분석한다.
- 고객의 니즈를 파악한다.
- 기대하는 결과를 얻을 수 있도록 세션을 구성한다.
- 사전에 고객과 함께 산출물의 품질을 정의한다.

③ 복수의 세션으로 구성된 워크숍의 효과적 관리

- 고객과 업무 범위 및 결과물에 대해 명확한 계약을 맺는다.
- 워크숍 계획을 수립한다.
- 성공적으로 워크숍을 수행한다.
- 워크숍 및 프로젝트 단계별로 고객의 만족도를 진단하고 평가한다.

(2) 적합한 그룹 퍼실리테이션 프로세스 기획

① 다음을 충족할 수 있는 명확한 방식 및 프로세스 선정

- 고객의 조직문화, 규범 및 구성원의 다양성에 대한 존중을 바탕으로 참여를 독려한다.
- 다양한 학습방식과 사고방식을 가진 참석자의 참여를 독려한다.
- 고객의 니즈를 충족하는 높은 수준의 산출물 및 결과를 도출한다.

② 그룹 퍼실리테이션에 적절한 시간 및 공간 준비

- 목적에 부합하도록 공간을 준비한다.
- 시간을 효과적으로 활용할 수 있도록 계획한다.
- 효과적인 분위기 및 극적인 요소를 제공한다.

(3) 참여적인 환경 조성 및 유지

① 참여와 소통을 장려하는 의사소통 방법 적용

- 다양한 방식의 참여 프로세스를 적용한다.
- 언어적 의사소통을 효과적으로 구사한다.
- 참석자와 호의적 관계를 형성한다.
- 적극적인 경청 자세를 유지한다.
- 관찰력을 발휘하여 참석자에게 적절한 피드백을 제공한다.

② 참석자의 다양성을 인정하고 존중함으로써 수용적인 분위기 조성

- 참석자 개개인의 경험 및 의견이 긍정적으로 수용될 수 있도록 분위기를 조성한다.
- 참석자가 안심하고 신뢰할 수 있는 분위기를 조성한다.
- 참석자들이 집단의 다양성으로부터 좋은 결과를 얻을 수 있도록 한다.
- 문화적 다양성을 인식하고 감수성을 가질 수 있는 기회를 마련한다.

③ 집단 내 갈등 관리

- 참석자가 본인이 가지고 있는 암묵적 가정을 인식하고 재고할 수 있도록 돕는다.
- 집단 내 갈등요인을 식별하고 갈등요인이 집단의 학습 및 발전에 끼치는 영향을 판단한다.

- 참석자가 갈등을 표출할 수 있는 분위기를 조성한다.
- 혼란을 야기하거나 방해가 되는 행동을 효과적으로 관리한다.
- 표출된 갈등을 해소할 수 있도록 지원한다.

④ 참석자들의 창의성 촉진

- 참석자의 다양한 학습 및 사고방식이 모두 발휘될 수 있도록 장려한다.
- 창의적 사고를 독려한다.
- 모든 아이디어를 수용한다.
- 참석자들의 니즈와 역량에 가장 적합한 접근방식을 적용한다.
- 집단이 가진 에너지를 발휘할 수 있도록 독려한다.

(4) 목적에 부합하며 유용한 결과 도출을 위한 지원

① 명확한 방법 및 프로세스로 안내자 역할 수행

- 참석자가 세션의 맥락을 명확하게 이해할 수 있도록 돕는다.
- 적극적인 경청, 질문 및 요약을 통해 참석자들의 이해 및 공감대 형성을 돕는다.
- 논의가 빗나갈 경우 본래의 논점으로 돌아오도록 다시 안내한다.
- 소그룹 및 대그룹 프로세스를 관리한다.

② 참석자들이 자신의 과제수행에 대해 성찰할 수 있도록 지원

- 참석자들의 요구에 맞게 활동 속도를 조절한다.
- 참석자들에게 필요한 정보를 식별하고 그들로부터 정보와 통찰을 이끌어 낸다.
- 도출한 방안의 실천을 위해 패턴, 경향, 근본 원인, 체계 등을 종합할 수 있도록 돕는다.
- 참석자들이 세션을 통해 경험한 것에 대해 성찰할 수 있도록 돕는다.

③ 원하는 결과를 얻고 합의에 이를 수 있도록 지원

- 다양한 접근방식을 활용하여 합의에 이르도록 돕는다.
- 참석자들이 목표를 달성할 수 있도록 다양한 접근방식을 활용한다.
- 상황 및 니즈 변화에 맞추어 프로세스를 조절한다.
- 집단의 성과를 진단하고 결과를 전달한다.
- 과제를 완성할 수 있도록 돕는다.

(5) 전문지식 확보 및 지속적인 자기개발

① 지식기반 유지

- 경영, 조직 시스템 및 조직개발, 조직 빌달, 심리, 갈등 관리 등의 지식을 습득한다.
- 변화 관리를 이해한다.
- 학습 및 사고 관련 이론을 숙지한다.

② 다양한 퍼실리테이션 방법 숙지

- 문제해결 및 의사결정 방식을 이해한다.
- 다양한 그룹 퍼실리테이션 방식 및 기법을 이해한다.
- 그룹 퍼실리테이션 기법을 잘못 적용할 때 미치는 파장을 숙지한다.
- 논의 내용과 논의 프로세스를 구별한다.
- 고객 니즈 변화에 부응할 수 있도록 새로운 프로세스, 기법, 모델에 대한 학습을 지속한다.

③ 전문가 위상 유지

- 관련 분야 연구 및 학습에 참여한다.
- 해당 분야에서 새롭게 소개되는 정보에 지속적인 관심을 갖는다.

- 자기 성찰과 학습에 지속적인 노력을 기울인다.
- 개인적인 지식 기반과 관계망을 구축한다.
- 인증을 갱신하고 유지한다.

(6) 긍정적이고 전문가적인 자세

① 자기 평가 및 성찰

- 본인의 행동과 그 결과에 대해 성찰한다.
- 개인 및 직업적 가치관과 행동이 일치하도록 노력한다.
- 참석자 요구에 맞추어 개인적 행동방식을 수정한다.
- 개인적 가치관이 고객과의 업무에 어떤 영향을 줄 수 있는지 이해한다.

② 진정성

- 집단의 역량과 가능성에 대한 확신을 갖는다.
- 진정성을 가지고 긍정적인 자세로 접근한다.
- 퍼실리테이터의 시각에서 상황을 묘사하고 다양한 관점을 탐색한다.
- 전문가로서 적절한 행동 지침과 직업 윤리를 준수한다.

③ 참석자들의 잠재력에 대한 신뢰 및 중립성 유지

- 참석자들의 지혜를 존중한다.
- 타인의 역량과 경험을 신뢰하도록 독려한다.
- 논의 결과에 영향을 미치지 않도록 경계한다.
- 객관적이고 비방어적이며 비판적이지 않은 자세를 유지한다.

3) 퍼실리테이션 과정[1)]

퍼실리테이션 과정은 크게 시작하기(열기), 아이디어 도출, 결론도출, 마무리(닫기)로 구성되어 있으나, 결론 도출과 마무리를 통합하여 수행할 수도 있다. 각 단계별 진행 시 주의사항을 중심으로 살펴보면 다음과 같다.

단 계	세부활동
도입(시작하기)	• 워크숍 목적과 이슈, 기본 원칙 확인 • 워밍업하기
진행(아이디어 도출)	• 이슈 이해 • 아이디어 도출 • 아이디어 분류 • 아이디어 평가 • 실행계획 작성
종료(결론도출 및 마무리)	• 토의 결과 정리 • 활동 마무리

출처 : 이영석(2009)을 수정・보완함.

(1) 시작하기

시작하기 단계에서는 워크숍 목표 안내, 참석자 소개, 아이스브레이킹, 기대사항 청취, 어젠다(agenda) 공유, 기본규칙 설정, 파킹랏(parking Lot) 소개 등을 함

※ 파킹 랏 : 중심주제에서 거리가 있는 안건/ 의견을 워크숍 이후에 잊지 않고 논의할 수 있도록 잠시 적어두기 위한 장치. '잠시 주차시켜 둔다'는 은유가 반영된 표현

① 짧은 회의라도 오프닝을 준비하는 것이 중요하다. 편하게 이야기할 수 있는 분위기와 말을 할 수 있는 워밍업을 통해 자신의 의견을 다양하게 제시할 수 있게 된다.

---

1) 퍼실리테이션 과정은 채홍미・주현희(2016)의 내용을 중심으로 정리함.

② 특히 시작할 때 본 모임의 목적과 안건, 진행순서를 공유하고, 참석자 간의 어색한 분위기를 낮추기, 참석자 기대와 실제 모임진행 계획을 비교하면서 참석자의 마음을 준비시키기, 모임 진행 시 모두가 함께 지켜야 할 규칙 만들기 등은 매우 중요하다. 짧은 회의라도 오프닝을 생략하지 말고 진행해야 한다. 단, 시간이 짧을 경우 두 가지씩 묶어 간단히 3분 이내로 진행할 수도 있다.

③ 오프닝에서 참여자들에게 '모임이 끝났을 때에 어떤 결과가 도출되기를 기대하는지' 질문하고 서로의 생각을 나누도록 하는 것은 중요하다. 개별적으로 생각만 하는 것이 아니라, 서로의 생각을 공유함으로써, 각자의 경험·다양한 관심사항과 기대사항을 알게 되고, 서로의 의견을 좀 더 이해하며 기다려 줄 수 있게 된다. 또한 개인의 기대하는 바가 본 모임의 목적과 맞는 기대감인지를 확인할 수 있으며, 미처 아무 생각 없이 앉아만 있던 사람도 기대사항을 생각함에 따라, 세션의 집중도를 높이는 효과가 있다.

※ 질문의 예
- 오늘 모임에 참석한 이유는 무엇인가요?
- 오늘 모임에서 기대하는 것은 무엇인가요?
- 나만 알고 있는 우리 동네의 정보가 있다면, 무엇인가요?
- 우리 지역(마을, 동네)에서 내가 가장 좋아하는 장소가 있다면 어디이며, 그 이유는 무엇인가요?

(2) 아이디어 도출

다양한 아이디어를 도출하고, 나온 아이디어 중에서 평가 · 선정 · 수렴함

① 아이디어 도출 과정에서는 아이디어 발산과 수렴 단계가 구분 되어 있음을 참여 구성원이 알 수 있도록 해야 한다. 누군가의 생각에 대해 '이전에 해 본 거~'라든지 '비슷한 의견인 것 같다'는 의견은 참석자들의 입

을 닫게 만든다. 이는 사람들 앞에서 자신의 생각이 비판과 평가를 받기 원하지 않기 때문이다. 따라서 아이디어를 발산하는 과정과 아이디어를 수렴하는 과정이 분리되어 있음을 구성원이 알도록 진행하면서, 아이디어 발산과정에서는 비판·평가가 이루어지지 않도록 미리 함께 규칙을 정하는 것이 중요하다.

② 아이디어 평가·선정·수렴은 아이디어를 도출한 이후에 바로 진행하기보다는 시간적 차이(gap)를 두면서 풍성히 넓은 시야에서 생각할 수 있도록 할 필요가 있다. 이는 본인이 낸 아이디어에 집착한다든지, 본인 아이디어만 보이고 생각나도록 하는 것에서 한 발짝 벗어나도록 하기 위함이다.

(3) 결론 도출

다양한 의견에 대한 합의, 결론 도출

① 합의는 다수결, 협상, 타협과 달리 서로 주장하는 대안의 장점을 결합한 제3의 대안을 제시함으로써, 서로가 윈윈(win-win)할 수 있는 결과를 도출해 낼 수 있다. 즉, 반대하는 소수의 사람들을 설득하기 위함이 아니라, 반대 의견과 이유, 각 대안의 장단점을 분석해 보면서, 장점을 살릴 수 있는 제3의 대안을 마련하는 것으로, 가장 민주적이면서도 시간이 많이 소요되는 한계가 있어 아주 중요한 결정에서만 적용하는 경우가 많다.

② 퍼실리테이터가 합의를 확인하는 방법으로는 '수신호' 방법이 있다.
주먹 쥔 상태에서 엄지손가락을 위로 들면 찬성, 엄지손가락을 밑으로 내리면 반대, 주먹을 그대로 쥐고 있으면 어떤 결론에든 따르겠다는 의미를 두고, 수신호로 표현하는 방법이 있다. 그 밖에도 색이 있는 종이로 표현하는 방법도 있다. 빨강(반대), 노랑(반대하지 않으며, 결론에 따르겠음), 초록(찬성)한다는 의미를 두고, 모두가 세 가지 색을 가진 상태에서,

동시에 자신의 의견을 색으로 표현하는 방법이다.

③ 모두 합의를 할 때까지 계속 모여서 논의하고 의견을 나누는 것이 중요하지만, 시간이라는 현실적 제약으로 인해, 많은 경우 다수결 의사결정 방법을 따르는 경우가 많다. 이때 많이 사용되는 기법으로는 멀티보팅(Multi-voting), 그린 닷 보팅(Green Dot Voting), 포인트 셰어링(Point Sharing), 랭킹 보팅(Ranking Voting) 등이 있다. 자세한 내용은 '4) 퍼실리테이션에서 활용할 수 있는 다양한 방법(p. 253)'을 참조해 보자.

(4) 마무리

> 교육, 워크숍, 회의 등 항상 클로징이 중요하며, 오프닝에 투입한 에너지의 1/3 정도만큼이라도 마무리에 할애하면 퍼실리테이션의 효과는 배가 될 것임

마무리 과정에서 해야 할 것은 다음과 같다.

① 시간을 연장해야 할 필요가 있는지 참석자들과 함께 검토하고 결정한다. 아무리 재미있는 교육이나 워크숍이더라도, 정시에 마치는 것이 중요하다. 10분 정도 늦게 마치는 것은 이해할 수 있지만, 그 이상의 20분, 30분씩 지연되면 느꼈던 재미가 지루함으로 바뀌기도 하기에 조심해야 한다. 만약 세부프로그램을 조정하는 것이 어렵다면, 타당한 이유를 가지고 참석자들에게 연장 진행에 관한 여부를 물어보고 결정해야 한다.

② 세션에서 다룬 내용을 회고하고 공유한다. 예를 들면, '오늘 세션에서 기억에 남는 장면이나 키워드는 무엇입니까?', '가장 재미있었던 것은 무엇인가요?', '오늘 도출된 내용이 여러분의 기대를 충족시켰습니까? 아쉬운 점이 있다면 무엇입니까?' 등의 질문을 통해 참여자들이 서로의 생각을 나누도록 하는 것은 마무리 단계에서 중요하다.

③ 다음에 무엇을 할 것인지 계획한다.

④ 세션에 대한 만족 정도를 설문한다.

4) 퍼실리테이션에서 활용할 수 있는 다양한 방법

퍼실리테이션을 수행할 때 활용할 수 있는 방법을 살펴보면 다음과 같다.

(1) 나를 소개하기[2)]

<table>
<tr><td>목 적</td><td>☞ 마음열기에서 활용 가능
☞ 자신의 관심사, 주된 생각들을 이용하여 자기소개를 할 수 있고, 이를 서로 공유함으로써 공감대 형성</td></tr>
<tr><td>준비물</td><td>☞ 종이, 필기도구</td></tr>
<tr><td>방 법</td><td>☞ 밑바탕으로 그려진 종이를 각자 나눠준다.
☞ 이름, 소속 등의 기본정보 및 칸 안의 내용을 적도록 한다.
☞ 한 사람씩 나와 발표하게 한다(옆 사람, 혹은 테이블끼리 발표하게 하는 등 시간에 따라서 진행)

☞ 참여자들이 어려워하면, 주제를 정해서 제시
예 요즘 즐겨 하는 취미생활 3가지
최근 가장 집중하고 있는 사회 이슈 3가지
나의 버킷리스트 3가지 등</td></tr>
<tr><td colspan="2">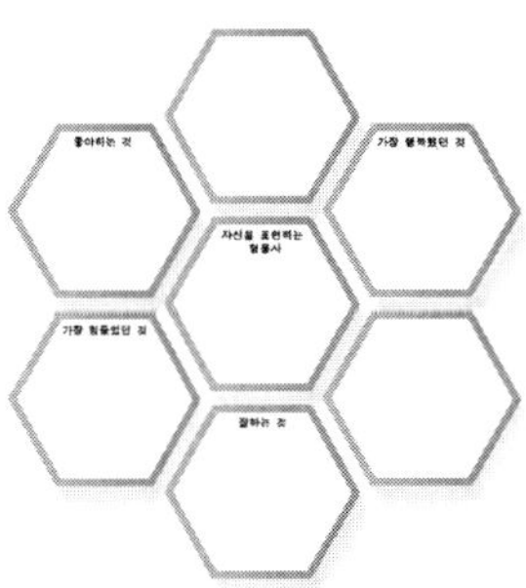

출처 : Miraen, 중학교 진로와 직업 워크북 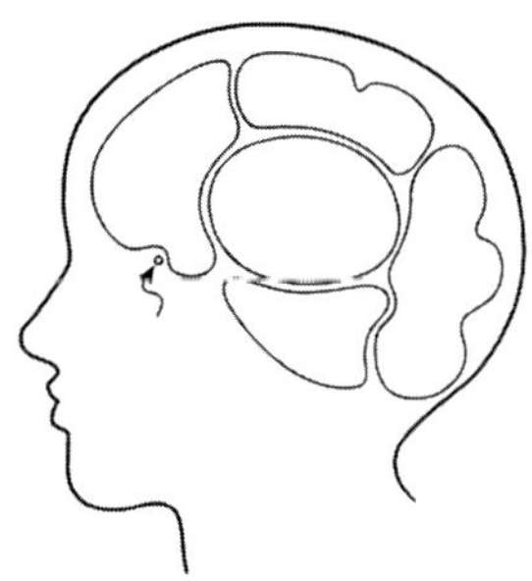</td></tr>
</table>

2) 협동조합 성북신나(2014) 참조.

(2) 옆 사람 인터뷰[3)]

<table>
<tr><td>목 적</td><td>☞ 마음열기에서 활용 가능
☞ 기자가 된 것처럼 상대방에게 질문을 하여, 얻은 정보를 다른 사람들 앞에서 소개함
☞ 직접 묻고 답하면서 서로 간의 이해와 친밀도 향상</td></tr>
<tr><td>준비물</td><td>☞ 종이, 필기도구</td></tr>
<tr><td>방 법</td><td>☞ 2인 1조로 진행
☞ 서로에 대해 인터뷰
• 참석 동기, 모임(활동)에 대해 기대하는 점 등을 인터뷰
※ 인터뷰 질문지가 적힌 종이를 활용해도 좋음
• 상대방에 대한 인터뷰는 5분 정도씩 주어, 짧은 시간에 많은 정보를 알아낼 수 있도록 함
• 조별로 나와서 상대방에 대해 인터뷰해서 알게 된 내용을 다른 사람들에게 설명하기</td></tr>
<tr><td colspan="2"></td></tr>
</table>

3) 협동조합 성북신나(2014) 참조.

(3) 우리 마을 가치관 경매[4)]

목 적	☞ 마음열기에서 활용 가능 ☞ 참여대상자들이 중요하게 생각하는 가치가 무엇인지를 서로 공유
준비물	☞ 포스트잇, 필기도구, 가상의 돈(칩, 종이 돈 등)
방 법	☞ 참여자들에게 포스트잇을 나눠주고, 각자가 생각하는 "우리 마을의 중요한 가치"에 대해 적도록 한다. ※ 단어 또는 짧은 문장으로 적기 ☞ 가치를 적은 포스트잇을 화이트보드(벽면 등)에 붙인다. 유사한 가치는 진행자가 묶어서 이름을 붙여둔다. ☞ 진행자는 개인당 5천만 원의 가상의 돈을 나눠주고, 참여자 개인이 중요하게 생각하는 "가치관"의 입찰가를 적게 하고, 경매를 진행한다. ☞ 경매가 끝난 뒤, 낙찰받은 가치관이 왜 중요한지, 돈은 왜 남았는지 등에 대해 참여자들이 나와서 이야기를 하도록 한다.
	☞ 마을 가치관에 대해 쉽게 떠올릴 수 있도록 돕는 질문 예시 예 우리 지역(마을)이 5년, 10년의 시간이 흐른 뒤에, 우리 지역(마을, 동네)은 어떠한 중요한 가치를 가지고 살아가는 곳이 되면 좋겠습니까? 예 우리 지역(마을, 동네)의 꿈을 이루기 위해 우리가 가질 마음가짐은? 예 우리가 마을 활동의 목표로 삼아야 하는 가치관은? 예 마을 활동이나 사업이 우리 마을에 필요한 궁극적 이유는?

4) 협동조합 성북신나(2014) 참조.

(4) 이미지 카드[5)]

목 적	☞ 마음열기 또는 다양한 의견을 끄집어낼 때 활용 가능
준비물	☞ 다양한 이미지 카드 세트, 각 조별 이미지 카드 부착할 수 있는 판(또는 전지)
방 법	☞ 약 3~5명씩 조가 되도록 구성한 후, 이미지 카드세트를 배포한다. ☞ 조원들이 카드를 모두 볼 수 있도록, 다양한 이미지 카드를 책상에 모두 펼쳐놓는다. ☞ 진행자가 활동에 필요한 질문을 조원에게 하여, 조원은 그 질문에 대답할 수 있는 연상되는 그림의 카드를 4~5장 정도씩 뽑도록 한다. ☞ 각 조원들은 뽑은 카드의 이미지를 다른 조원들에게 보여주면서, 왜 그 카드를 뽑았는지에 대해서 간략히 설명한다. ☞ 조원들이 뽑은 카드를 각 조별로, 주제별로 구분하여 카드 부착판에 붙인다. ☞ 각 조의 조장이 각 조에서 나온 전체 내용을 정리하여 발표한다,
	※ 진행자가 줄 수 있는 활동질문들 예시 - 자신을 표현할 수 있는 이미지 카드를 1인당 3장씩 뽑아보세요. - 우리 지역(마을, 동네) 현재와 미래(5년 뒤, 10년 뒤)의 모습을 표현할 수 있는 카드를 1인당 5장씩 뽑아보세요. - 우리 지역(마을, 동네)에서 내가 하고 싶은 활동 연상되는 이미지 카드를 5장씩 뽑아보세요. ※ 이미지 카드는 진행자가 활동주제에 따라서 만들 수도 있음 - 동식물, 사람, 공간, 행사, 동아리, 취미활동, 농어촌 및 도시 모습 - 사람, 사물, 직업에서 활동하는 모습, 사람이 살아가는 모습 등 특정한 답을 부르는 이미지보다는, 연상 가능한 다양한 이미지의 모습이 담긴 카드이면 좋음(참고, 솔라리움)

5) 협동조합 성북신나(2014) 참조.

(5) 마을지도 그리기[6)]

목 적	☞ 평소에 지나치기 쉬운 우리 마을의 다양한 자원, 장점 및 문제점 등을 발견하고 재인식할 수 있음 ☞ 주민이 알고 있는 자원의 범주를 넓힐 수 있음
준비물	☞ 전지, 색상 펜, 포스트잇, 필기도구, 카메라, 마을지도 등
방 법	☞ 진행자는 조원들이 답사하면서 주요하게 살펴봐야 할 주제에 관해 간략히 설명하고, 주제와 관련 있는 이론, 활용사례 등에 관한 사진, PPT 자료를 활용하여 설명해준다. ☞ 우리 마을(동네) 지도를 보면서, 각 조별(약 5명)로 답사할 곳의 범위(코스)를 구분하여 알려준다. ☞ 각 조원들은 마을을 실제 방문하면서, "주제"에 맞는 부분들에 관해 사진, 또는 그림, 지도에 표시하면서 마을을 탐색한다. ☞ 전지에 답사하면서 발견한 사항(특징)들을 정리하여, 각 조별 발표한다. ※ 마을탐방 시 활용할 수 있는 주제 : 마을의 자원, 마을의 강점과 문제점, 마을의 먹을거리, 볼거리, 개선해야 할 환경 등

마을지도위에 이쑤시개와 포스트잇을 활용하여 마을의 상황을 표시

6) 협동조합 성북신나(2014) 참조.

지역자원 예시

자연자원	• 생태자원 : 산, 강, 호수, 계곡, 저수지, 늪, 바다, 해변, 폭포 • 자연환경 일반 : 물, 깨끗한 공기, 비옥한 땅, 흙, 미개발 온천 • 동식물 : 나무, 특색 있는 꽃과 식물(억새밭), 단풍, 희귀동물 • 특이지형 : 돌, 바위, 기암절벽, 봉우리, 동굴, 특이지질 • 자연현상 : 기후, 일출, 설경
역사자원	• 문화재 : 옛 성곽, 유적/ 전적지, 유명인물 생가, 비석, 불상, 석불, 암각화, 왕릉, 선조묘소 등 • 전통건물 : 절, 서원, 향교, 사당, 정자, 누각, 관헌건물 • 무형자원 : 역사적 인물, 역사적 사건
문화자원	• 특징적 유형자원 : 돌담, 흙담, 전통주택, 의미 있는 건축물, 성황당, 산신당, 각종 조형물 • 전반적 경관 : 평야, 농경지 경관, 마을 전체 경관 • 민속놀이 : 민요, 농악, 풍물 • 고장의 문화예술인 • 문화예술행사 : 공연, 음악회 등 문화행사 • 설화 및 전설, 옛이야기, 지명유래
사회자원 (경제/ 공동체)	• 산업/ 관련시설 : 친환경농업단지, 산업단지 등 • 도농교류활동 : 농촌체험활동, 직거래, 레저활동 • 방문객 대상시설 : 관광시설, 음식점 • 특산물 : 농축산물, 특산물, 공예품, 술, 음식 • 공공문화시설 : 주민센터, 공공공간, 쉼터, 체육시설, 공원, 박물관, 미술관, 수련원, 체험관 • 공동체 활동 : 자원봉사단체, 동호회, 구·시 행사, 축제 • 무형의 정체성 : 지역 이미지, 지역 정체성 • 주요기반시설 : 발전소, 도로, 인공구조물(대교) • 기타 특징적인 마을 공동체 자원 : 가로수길, 마을 만들기 사례
인물자원	• 지역의 전문가 • 다양한 재능, 기술을 가진 인물 • 미래의 리더 • 지역의 시민활동가

출처 : 희망제작소. 희망드로잉 26 워크숍 활용 설명서.

(6) 갤러리 워크[7)]

목 적	☞ 지역주민 개인이 느끼는 불만사항, 해결해야 할 과제들을 도출하고, 이를 해결하기 위해 마을주민이 참여하도록 함
준비물	☞ 전지, 색상 펜, 포스트잇(3색)
방 법	☞ 진행자는 4~6명씩 한 조가 되도록 구성한다. ☞ 진행자는 교육, 문화, 사회경제, 생활복지, 환경주거, 기타 각 분야에서의 불만사항을 생각할 시간을 참여대상자들에게 준다. ☞ 참여한 지역주민들이 평소 느끼는 불만사항을 포스트잇에 적도록 한다. 1인당 포스트잇은 여러 장 작성해도 무방하다. ※ 이때 작성 시 유의사항으로는, 포스트잇 1장에 한 개의 문제점(불만사항)씩 적도록 한다. 이는 추후 포스트잇을 내용에 따라 분류하기 쉽게 하기 위함이다. ※ 불만사항은 구체적으로 작성하도록 진행자가 유도한다. ☞ 각 조에서는 불만사항을 비슷한 유형끼리 분류한다. ☞ 각 조에서 나온 불만사항을 분류한 후에, 이를 해결하기 위한 구체적인 해결방안 등을 논의한 후, 해결방안도 불만족 옆에 적어본다. 예 지역주민들이 참여해서 해결할 수 있는 구체적인 해결방안. 주민교통협의회, 지역주민 순찰자원봉사대 만들기 등 ☞ 조별 활동이 끝난 후에, 각 조마다 자신의 조에서 작성된 내용을 다른 조원에게 설명해 줄 수 있는 사람 1명을 뽑는다. ☞ 각 조에서 작성한 내용(전지 등)을 벽에 붙여둔다. ☞ 설명할 수 있는 1명(각 조당)을 제외한 나머지 조원들은 모두 일어나서, 각 조별로 이동하되, 바로 옆의 조로 이동한다. ☞ 자신의 조에서 나온 불만과 작성된 해결방법을 남아 있던 1명이 자신에게 찾아온 다른 조원들에게 설명한다. ☞ 설명을 다 들은 다른 조원들은, 전지에 붙여져 있는 해결방안 이외에도 떠오른 해결방안이 있으면, 다른 색의 포스트잇에 적어서, 설명을 들었던 전지에 붙여둔다. ☞ 총 5조로 구성이 된다면, 위의 형태로 계속 조별로 돌아가면서 설명을 듣고, 자신이 생각하는 추가적 해결방안을 다른 조에서 작성한 전지에 붙인다. ☞ 다른 조에서 작성한 내용을 다 둘러본 후에, 본인들의 조에 돌아와서, 자신들이 작성한 전지에 추가적으로 붙여진 의견들을 살펴보면서, 해결책 중 가장 좋은 아이디어를 선정하고 공유한다.

7) 협동조합 성북신나(2014) 참조.

(7) 브레인스토밍

목 적	☞ 문제해결을 위해 여러 사람으로부터 많은 아이디어를 도출하여, 그 속에서 해결책을 찾기 위함
준비물	☞ 전지, 굵은 매직펜, 포스트잇
방 법	☞ 누구나 멀리서도 볼 수 있는 굵은 매직을 모두 나누어 갖는다. ☞ 포스트잇 한 장에는 하나의 키워드(한 개의 생각)만 적도록 한다. ☞ 1인당 여러 장의 포스트잇을 사용하여 전지에 붙이도록 한다. ☞ 다소 엉뚱하고, 비논리적, 주제와 상관 없어보여도 일단 생각나는 대로 아이디어를 포스트잇에 적을 필요가 있다. ☞ 다양한 의견이 나왔으면, 다른 관점에서 생각해 볼 수 있도록 진행자가 다양한 질문들을 추가적으로 참여자들에게 함으로써, 참여자들이 계속 생각하여 의견을 추가적으로 발산할 수 있도록 한다. ☞ 적힌 의견들(각각 적힌 포스트잇)을 참여자들이 모두 함께 보면서, 비슷한 것끼리 묶는 분류작업을 한다. 이때의 분류는 한두 사람에 의한 것이 아닌, 참가자들이 모두 함께 동의하면서 의견을 나누면서 분류작업을 하는 것이 좋다. ☞ 분류작업 어느 정도 마무리되면, 각각 분류에 제목을 달아본다. 이때 비슷하지 않은 1~2장의 의견들을 무리하게 그룹(범주)에 추가시킬 필요는 없다.
	※ 브레인스토밍에서 주의할 점 – 집단으로 진행할 때, 다른 사람의 아이디어를 비판(판단)하지 말 것 – 쓴 내용을 비교・대조・분석하지 말 것 – 강압적이지 않고 자유로운 분위기를 유지할 것 – 적은 글(포스트잇)은 누구나 볼 수 있도록 굵은 것으로 적기

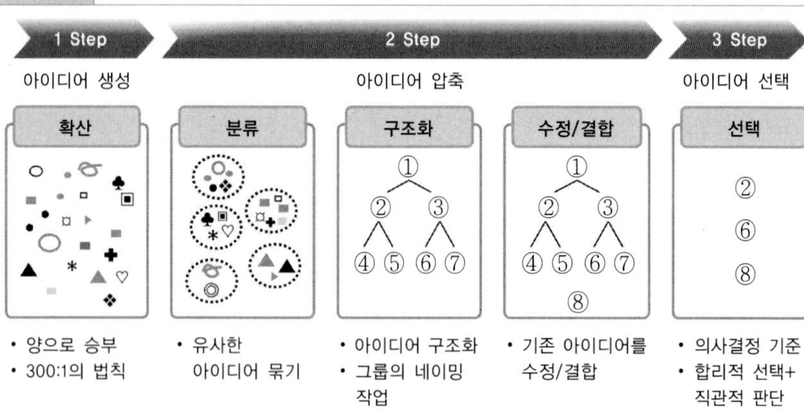

브레인스토밍

출처 : www.thinkvirus.net/167

○ **포스트잇 활용의 이점**

1. 말하기 어려워하는 사람에게 자신의 생각을 밝힐 기회를 준다.
2. 누가 어떤 아이디어를 냈는지 회의 내내 알 수 있게 해준다.
3. 붙여둠으로써 참여집단 전체의 기억을 돕는다 - group memory
4. 붙였다 떼었다 하면서 아이디어의 카테고리를 분류하기 쉽다.
5. 아이디어를 탈락시키거나 보태기 쉽다.
6. 회의가 끝나면 모아서 정리하기 쉽다.
7. 참여자들이 자신의 아이디어가 게시되어 있는 것을 보면서 자부심을 갖는다.
8. 붙이는 활동이 발생하면서 참여의 에너지가 높아진다.
9. 참여자가 동시에 작성할 수 있으므로 발언에 비해 시간이 절약된다.
10. 다른 사람의 아이디어를 보면서 자신의 아이디어를 발전시키기 쉽다.

○ **포스트잇 활용 시 유의사항**

포스트잇 활용

참조 : 쿠 퍼실리테이션, http://blog.hani.co.kr/enfield/66728

1. 시작하면서 작성하는 방법(글씨 크기, 글자 수, 필기구 등)을 설명해 준다.
2. 참여자가 앉아 있는 자리에서 전체를 볼 수 있는 벽면에 붙여둔다.
3. 앉는 자리에서 볼 수 있는 크기의 샘플을 작성하여 시범으로 붙여둔다.
4. 간략하게 적도록 안내한다.
5. 뜻이 명확하지 않을 때는 작성자에게 뜻을 확인한다.
6. 한 장에 하나의 아이디어만 적도록 안내한다.
7. 적지 않는 사람이 있는 경우 적어 내도록 정중히 권유한다.
8. 한 사람이 지나치게 많은 아이디어를 내지 않도록 유도한다.
9. 적어 낸 모든 아이디어를 존중한다.
10. 다른 사람의 아이디어를 활용하여 아이디어를 추가하는 것을 권장한다.

(8) 마인드맵

목 적	☞ 핵심단어를 중심으로 거미줄처럼 사고를 확장시켜 나가되, 이를 시각적으로 확인할 수 있는 브레인스토밍 방법임
준비물	☞ 전지, 색상 펜
방 법	☞ A4용지 또는 전지를 준비한다. ☞ 가운데 동그라미에는 주제에 대한 그림이나 핵심단어로 '중심 이미지'를 작성한다. ☞ 중심 이미지로부터 주 가지를 그리고, 가지 위에 '연관 키워드(핵심어)'를 작성한다. 핵심어는 문장이어도 되지만, 간단한 단어로 작성하는 것이 좋다. 예 해외여행이 주제라면, 관련 연관 키워드는 '누구와', '어떻게', '어디를' 등등으로 구분하여 적을 수 있음 ☞ '연관 키워드'로부터 세 번째, 네 번째 단어들과 이미지를 계속 가지 치면서 작성해 나간다. ☞ 주 가지는 가지도 굵고, 키워드도 크게 하며, 부가지나 세부가지로 뻗어나갈수록 얇고 작게 그린다. ☞ 색, 그림, 도형을 넣어도 되며, 공간을 최대한 활용해서 작성하는 것이 좋다. ※ 마인드 맵의 3가지 기본 원칙 : 중심이미지 : 키워드 : 연결

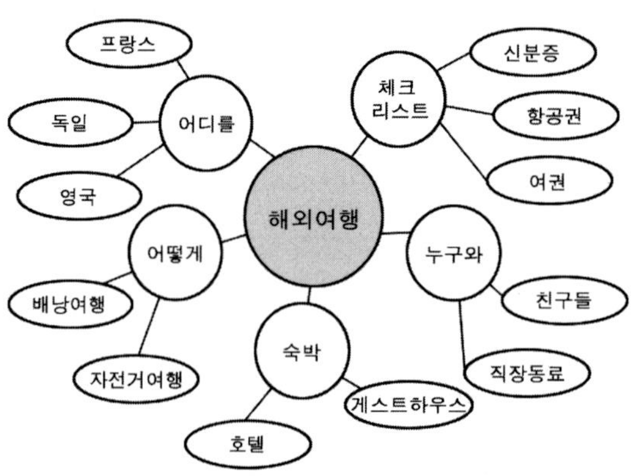

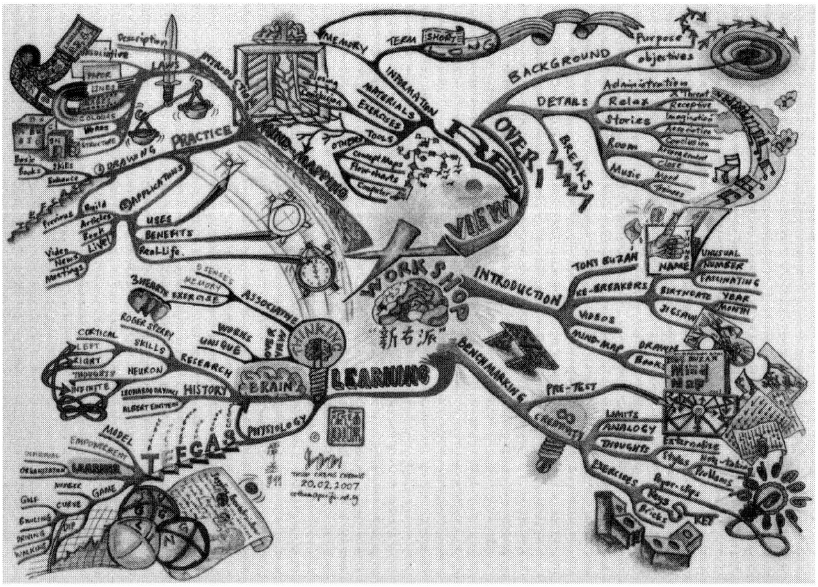

출처 : http://handay23.tistory.com/141

(9) 도트 보팅(DV : Dot Voting)

목 적	☞ 여러 개의 아이디어 중 최종안을 채택하기 위해 사용하는 방법
준비물	☞ 스티커
방 법	☞ 여러 가지 나온 의견(아이디어) 중에 우선순위 또는 최종안을 채택하기 위해 사용한다. ☞ 투표할 아이디어 전체를 모두 읽어보게 한다. ※ 읽으면서 스티커를 붙이지 않고, 전체 의견을 다 읽은 후, 스티커를 어디에 붙일지 정한 후에 붙이도록 한다. ☞ 1인당 투표할 수 있는 스티커를 3~5개로 제한하여 주고, 여러 가지 의견 중에 마음에 드는 곳에 스티커를 붙이도록 한다. ※ 1개의 의견에 스티커 1개만 붙이도록 할 수도 있고, 여러 개의 스티커를 1개의 의견에 모두 붙일 수도 있는데, 시작하기 전에 진행자가 어떤 방식으로 할 것인지를 제시해 주면 됨 □ 그 밖의 보팅 방법[8)] ① 멀티 보팅 ☞ 제안된 의견임 낳을 경우 범위를 축소하기 위해 적용 예를 들어, 총 40개 의견이 도출되면 그중 1개의 최종안을 한 번에 결정하기보다는, 도출된 의견을 여러 번에 걸쳐 간추림 ☞ 참석자들에게 전체 대안의 1/3만큼의 투표 권한을 주기, 투표 결과를 취합하여 상위 1/3을 다음 단계에서 고려할 대상으로 선정하는 것이 중요함 ② 멀티 보팅 ☞ 참석자들에게 투표권한을 줄 때, 대안의 1.5배수를 줌 예를 들어, 총 5개 제안된 의견이 있을 경우 8개씩 스티커를 줌. 참석자들은 총 8개 스티커(투표권)에서 자신이 가장 선호하는 안에 최대 4개(반을 넘지 않는 스티커 수)까지의 투표를 할 수 있음. 이러한 방식을 여러 번 걸쳐 최적의 의견을 찾아가는 것임

8) 채홍미, 주현희 (2016) 참조

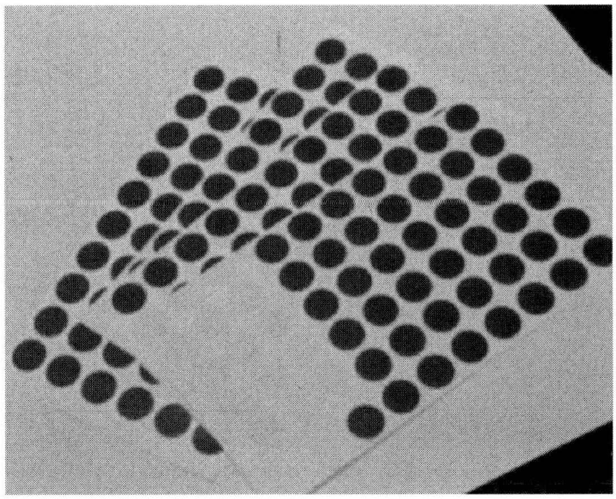

도트 스티커

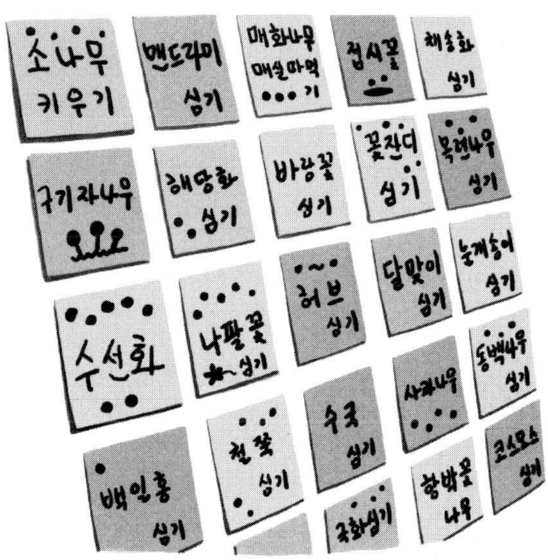
소나무 키우기
맨드라미 심기
매화나무
접시꽃
채송화 심기
구기자나무
해당화 심기
바람꽃 심기
꽃잔디 심기
목련나무 심기
수선화
나팔꽃 심기
허브 심기
달맞이 심기
동백나무 심기
사과나무
수국 심기
철쭉 심기
코스모스 심기
백일홍 심기
국화심기
함박꽃 나무

3. 적 용

주민간담회, 회의, 워크숍, 타운 미팅 등의 퍼실리테이션 디자인 시 적용할 수 있는 5대 원리는 다음과 같다.

① 목적
: 퍼실리테이션의 목적을 명확하게 확인하기
② 생산품
: 퍼실리테이션에서 도출해야 할 산출물(out put)을 확인하기
③ 참석자
: 참석자를 선정하고 그들의 관점을 확인하기. 즉, 참석 인원, 참석자들이 해당 주제에 대해 어떤 정보와 생각을 가지고 있는지 직·간접적으로 확인하기
④ 과정
: 퍼실리테이션 프로세스를 설계하기. 즉, 퍼실리테이션이 어떤 과정을 거쳐야 하는지 큰 틀을 구성하고, 주어진 시간과 인원 규모, 예산 안건 등을 고려하여 상세한 진행기법과 시나리오를 계획하기
⑤ 돌발 상황을 점검하고 대책 세우기

1) 사전조정 및 협의

(1) 직원 간의 사전 준비 및 협의

① 퍼실리테이터는 간담회·워크숍의 운영목적, 퍼실리테이션을 통해 기대하는 목적, 참석자 특성, 간담회 장소(그룹별 세팅 가능한지 여부, 크기 등), 목표달성의 장애물, 최종결과물 등을 확인하여 진행 과정을 계획하기

② 당일 필요한 자료(부수) 및 준비물 확인

◈ 간담회 및 워크숍 요청기관 담당직원과 항시 연계한다.

◈ 담당직원과 사전에 한 번 이상 만나도록 노력한다.

◈ 간담회, 워크숍 등 레이아웃은 분위기 조성을 위해 노력한다[교실 및 강연 스타일의 환경(분위기)은 피한다].

◈ 참여자들 간의 대화에 불편함이 없도록 자리를 배치한다.

◈ 소그룹 인원 편성은 6명이 최적이며, 최대 8~10명 이상이 되지 않도록 한다. 인원이 많은 경우 발언권이 돌아올 때까지 기다려야 함에 따라 집중도가 떨어질 수 있고, 3~4명 이하인 경우에는 서로에게 도움이 될 수 있는 정보 등이 부족한 상황이 발생할 수 있다.

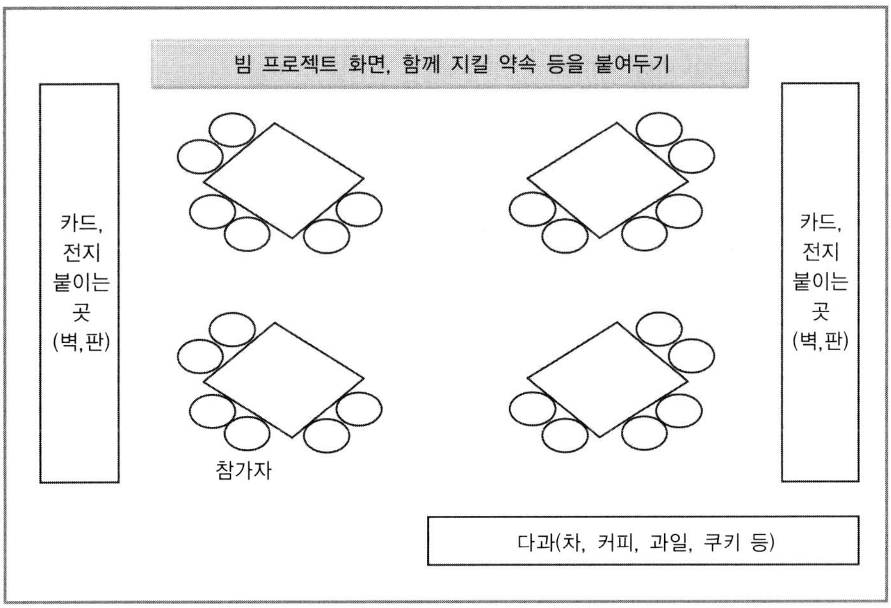

|그림 6-1| 워크숍, 간담회의 레이아웃(예)

3) 워크숍 진행

워크숍 진행 계획은 아래와 같이 구성해 볼 수 있다.

(1) 워크숍 일정(안)

워크숍명	의제 찾기 (워크숍)	시간	190분 (휴식 시간 별도)
대 상	마을공동체사업 의제를 마을단위에서 찾고자 하는 주민모임 및 단체		
목 적	마을공동체 기본 이해와 지원사업 내용을 이해하고, 마을의제 발굴		
기 법	퍼실리테이션 (○) / 강의식 (○) / 토론식 (○) / 실습식 (○)		
그룹구성	총 5그룹(1그룹당 5명씩)		

(2) 진행 세부내용

구 분	진행순서	시 간
1	인사말	5분
2	• 목적과 이슈, 기본 원칙 확인 – 퍼실리테이터 자기소개 – 워크숍 목적 및 필요성, 워크숍 진행 시 지켜야 할 규칙 등을 설명하고 참가자들과 규칙을 같이 소리내어 읽어보기	10분
3	• 워밍업 (아이스브레이킹) – 그룹별 참자가 자기소개(하는 일, 참여동기, 참여를 통해 기대하는 점, 동물/풍경 사진카드 등 책 앞에서 소개된 내용들을 활용하여 소개)	20분
4	• 이슈 이해 – 본격적인 토의에 앞서서, 오늘 논의할 이슈에 대해서 간략히 토의 – 이슈가 왜 제기되었고, 참석자들은 이슈를 어떻게 이해하고 참석하였는지 등에 관해 이야기함으로써, 서로의 발언에 대한 이해도 증가, 자신이 주제와 어떤 관련 있는 발언을 해야 할 것인지에 대한 내용 이해가 높아짐	15분

5	• 아이디어 도출 – 브레인스토밍 등 다양한 방법을 통해 각 아이디어 도출(카드에 작성하여 그룹별 조원들이 볼 수 있는 곳에 붙여두기) [질문 예시] – 우리 지역(마을)의 강점 · 약점은 무엇인가? – 우리 지역(마을)에서 해결해야 할 문제점은 무엇이며, 해결 방안은 무엇인가? – 우리 지역(마을)의 미래는 어떤 모습일까? – 우리 지역(마을)이 계속 살고 싶은 마을이 되기 위해서는 무엇이 필요한가? – 그러한 마을이 되기 위해, 우리가 할 수 있는 것은 무엇인가? 지방자치단체에서 해야 할 것은 무엇인가? ※ 질문 수에 따라서 시간 배정 조절 필요	40~50분
6	• 아이디어 분류 – 참여자들의 아이디어 중 유사 · 중복된 아이디어끼리 묶음 – 벽에 붙어 있는 다양한 아이디어들을 그룹 구성원 모두 볼 수 있는 시간을 줌 – 구성원에게 '유사한 아이디어'를 이야기해 달라고 요청함 – 구성원이 준 의견에 따라서 카드를 분류해 나감 – 만약 의미가 불분명한 카드가 있거나, 분류한 범주에 묶인 카드가 그 범주에 있는 것이 맞지 않다고 생각하는 사람이 1명이라도 있으면, 아이디어나 의견을 낸 참가자에게 설명을 해달라고 한 후, 협의과정(모두가 동의할 때가지)을 거쳐, 아이디어를 분류	15~20분

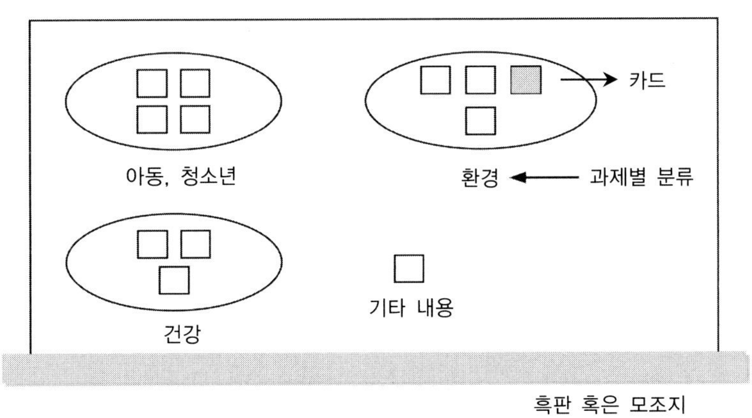

|그림 6-2| 카드를 붙이는 레이아웃

7	• 아이디어 평가 및 실행계획 작성 – 아이디어의 실행 가능성(실행이 용이)과 효과성이 높은 아이디어를 대상으로 실행계획을 작성	40~50분
8	• 토의 결과 정리 및 평가, 활동 마무리 – 토의한 결과(논의 및 결정된 사항 등)들을 간략히 발표 – 참여자들의 노고에 감사, 성공적 워크숍 활동 축하, 참여자들 소감 및 앞으로의 다짐 등에 대해 이야기 듣기	20분
9	결과 보고서 작성	

※ 진행 중 브레이크 타임(다과 먹으면서 이야기)을 자주 가지면서, 참여자들의 에너지가 충전될 수 있도록 센스있게 진행하는 것이 중요함

(3) 퍼실리테이터의 역할

◈ 과제의 명확화 : 참여자들이 토의 목적과 목표를 명확히 이해할 수 있도록 함

◈ 중립성 : 진행자가 참여자들이 대답을 하지 않는다고 성급하게 정답을 준다든지, 그룹 간의 이견이 발생할 때 한쪽 편 의견에만 긍정적 대응을 해서는 안 됨. 참여자 누구나 편안하게 다양한 의견을 많이 제시할 수 있도록 시간을 주면서 인내하고 참으며, 중립성을 유지하는 것이 중요함
참여자들의 가능성을 존중하고 신뢰, 참여자들의 역량에 대한 신뢰(설령, 참여자들이 제시하는 대안들이 진행자가 보기에 70%처럼 보일지라도)를 기반으로 진행해야 함

◈ 아이디어 및 합의 도출 : 참여자들의 생각 속에 있는 가정들을 표면화시키도록 촉진자의 역할을 함. 토의하여 결정할 때, 모든 구성원들의 의견이 반영된 결정이 내려질 수 있도록 해야 함

◈ 활력 조정 : 의사소통을 효과적으로 할 수 있도록 하며, 즐겁게 목표에 도달할 수 있도록 논의 분위기 조성, 그 밖에 갈등관리, 심판의 연기 등이 있으며, 이는 교재 앞 부분의 내용을 참고

(4) 진행 시 주의사항

◈ 한 과제에 너무 집중하지 않도록 한다.
◈ 참가자들 전원이 발언하도록 배려한다.
◈ 진행하면서 참가자 중 Key Person을 파악한다.
◈ Key Person을 살 활용한다.
◈ 참가자끼리의 의견교환을 통하여 추가카드를 보다 많이 붙인다.
◈ 개별적이고 구체적인 문제로, 특히 긴급하게 대처할 필요성이 있는 과제에 대해서는 반드시 대응한다(상담창구 소개, 담당과에 연락 등).
◈ 퍼실리테이터는 참가자들이 자신의 의견을 이야기할 수 있도록 기다려 주고, 좋은 질문을 하면서 다양한 의견을 이끌어 내는 것이 중요하다. 퍼실리테이터가 정답을 주는 사람이 아니라는 것을 스스로 명심해야 한다.

4. 사 례

지역에서 퍼실리테이션을 적용한 사례를 제시하면 다음과 같다.

1) 대전 서구 주민주도형 마을계획 수립 : 어린이 원탁회의를 통한 아동친화도시 추진계획 반영[9)]

☞ 대상 : 100인의 어린이 원탁회의(유전초)
☞ 회의운영 : 대전 서구 정림종합사회복지관
☞ 최종결과 : 어린이 100인의 원탁회의를 통해 도출한 내용 → 원탁회의 보고회 및 의회에 정책제안, 어린이 정책제안서 발간

9) 구장완(2018). 대전광역시 서구 주민주도형(지역복지관중심) 마을계획 수립활동사례, 한국지역사회복지학회 추계 학술대회 발표논문자료. 한국지역사회복지학회, pp. 115-134.

01 서구 100인의 어린이 원탁회의

추진배경

- 유엔아동권리협약을 근거로 한 어린이가 안전한 마을, 행복한 지역사회, 즐거운 학교 만들기
- 어린이가 참여하는 원탁회의를 통해 당사자들의 생각과 주요 이슈발굴
- 마을 어린이 욕구를 기반한 마을복지 공동체 실천을 위한 서구 어린이 친화정책 제안

추진개요

- 운영기간 : 2017. 3.~9.(7개월)
- 대　　상 : 6개 권역 초등학교 및 지역복지관
- 참여인원 : 어린이 782명/ 초등학교 7개교/ 지역복지관 6개소
- 주　　제 : 우리가 만드는 즐거운 학교, 행복한 마을
- 주요내용 : 어린이 원탁회의 실무추진단 협의 및 교육
원탁회의 참여학교 선정 및 협력기관 논의
권역별 100인의 어린이 원탁회의 진행

공동주관/ 참여학교

대전서구청, 대전서구사회복지관협의회, 대전서구지역사회보장협의체, 대전서부교육지원청
대전복지재단, 초록우산어린이재단 대전지역본부
대전갈마초등학교, 대전금동초등학교, 대전삼천초등학교, 대전성룡초등학교, 대전수미초등학교
대전정림초등학교, 대전탄방초등학교

운영방침

- 권역별 초등학교와 지역복지관이 협력하여 진행함
- 학교 교과과정과 연계하여 어린이 원탁회의를 운영하며, 참여 어린이에게 의사소통 및 창의적 문제해결 방법을 경험하게 함
- 원탁회의 운영 시 10명이 한 팀이 되어 원탁 테이블에서 회의 진행
- 원탁 퍼실리테이터는 복지관별 담당자들이 사전 교육을 받은 후 참여함
- 참여한 모든 어린이들의 의견은 동등하며, 소중하게 다루어져야 함
- 주요 의제는 어린이친화 정책으로 제안하여 추후 서구청 어린이 정책에 반영될 수 있도록 함

주요사업

구 분	내 용
실무추진단	• 어린이원탁회의 진행을 위한 기획 및 협의활동 • 권역별 실무추진위원 및 활동가 선정 및 역할분담 • 원탁회의 진행을 위한 퍼실리테이터 역량강화 교육
네트워크	• 권역별 초등학교 선정 및 협력기관 논의 • 서구지역 및 어린이 관련기관 연계를 위한 네트워크 활동
어린이 원탁회의	• 권역별 100인 어린이 원탁회의 진행 • 주제 : 우리가 만드는 즐거운 학교, 행복한 마을 • 퍼실리테이터 교육수료자 중심의 원탁회의 진행활동
정책제안	• 권역별 의제 수합을 통한 어린이 정책제안서 작성 • 당사자인 어린이들이 서구청에 직접 정책제안서 제출 • 학교별 선정 의제 발표 및 의견 나누기

세부내용 및 교육

- 서구 지역사회복지관 부장 및 지역조직팀 중심으로 실무추진단 구성
- 민관협력사업 및 지역복지 활성화를 위한 공동의 실천 활동 기획
- 지역복지 담당자 및 맞춤형 팀 역량강화를 위한 퍼실리테이터 교육

- 일시 : 1차 - 2017. 4. 3.(월) 13:00 ~ 18:00
  2차 - 2017. 4. 10.(월) 13:00 ~ 18:00
  3차 - 2017. 5. 4.(수) 9:00 ~ 12:00
- 장소 : 정림종합사회복지관 회의실
- 대상 : 지역조직사업 담당자 및 맞춤형 팀 공무원 20명
- 내용 : 퍼시리테이션의 개념, 의미, 퍼실리테이터의 역할, 회의촉진기술, 실습 등

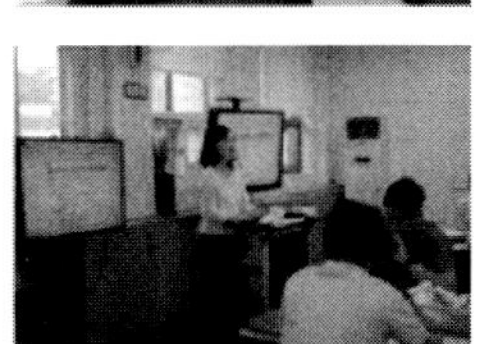

원탁회의

‖ 원탁회의 일정표

구 분	시 간	프로그램	세부내용
사전 준비	08:00~08:30	물품준비, 이동	• 참석확인, 물품 확인
	08:30~09:30	원탁회의 세팅	• 테이블, 의자, 영상준비
	09:30~10:00	최종점검	• 음향, 물품확인 등
여는 마당	10:00~10:05	인사말씀	• ○○초등학교장 • ○○종합사회복지관장
	10:05~10:10	원탁회의란	• 원탁회의 목적, 방법 이해
	10:10~10:15	사전교육	• 워크숍 기본규칙 나누기 • 퍼실리테이터 소개하기
어린이 원탁 회의	10:15~10:30	인사 나누기	• 원탁별 참석자 인사
	10:30~12:00	어린이 의제 발굴(원탁회의)	• 브레인라이팅방식 진행 • 개인작업 후 나누기 • 모둠별 주요 의제 선정 • 전체발표, 최종과제 선정
소망비행기 날리기	12:00~	소망비행기 날리기	• 소망 작성 후 소망비행기 날리기 • 기념촬영

원탁회의

‖ 활동내용

❶ 원탁회의 주제

- 2가지 주제(학교, 마을)을 제시하고 주요 의제 발굴

주제 1. 즐거운 학교생활을 위해 우리에게 필요한 것은? 주제 2. 어린이가 행복한 마을이 되기 위해 필요한 것은? 주제 3. 즐거운 학교생활을 위한 선배들의 꿀팁

❷ 원탁회의 진행방식

모둠별 의제논의 ➜ 발표 및 투표 ➜ 최종 의제선정 ➜ 소망비행기 날리기

❷ 운영방법

- 대전서구사회복지관협의회 소속 복지관과 권역별 초등학교가 연계하여 원탁회의 각 1회씩/ 총 6회 진행
- 퍼실리테이터 : 대전서구사회복지관협의회 소속 복지관 지역조직담당 실무자 2명씩 총 12명 활동(테이블당 퍼실리테이터 1명 배치)

2016년, 100인의 어린이 원탁회의(유천초)

더불어숲

행복한 마을, 즐거운 학교 만들기
'100인의 어린이 원탁회의' (2016.6.21)

100인의 어린이 원탁회의

· 학교와 마을의 이슈를 어린이의 시각에서 보기
· 토론을 통한 창의적 문제해결 방법 모색
· 어린이의 민주시민 의식 성장
· 주요 의제 마을 및 학교운영에 반영

선정의제

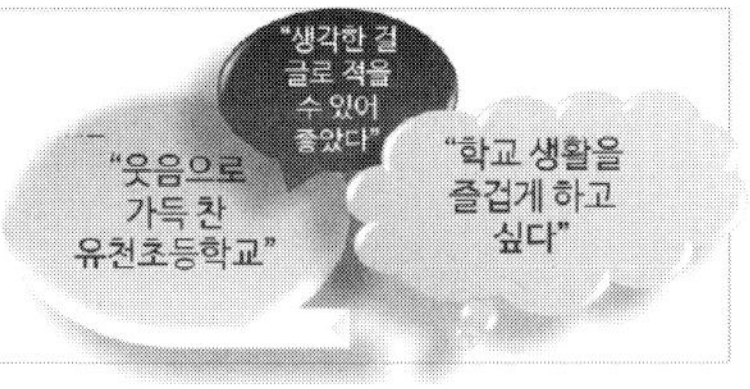

원탁회의 보고회 및 정책제안

Ⅱ 활동개요

- 일 시 : 2017. 9. 29. (금) 10:00~12:00
- 장 소 : 서구의회 본회의장 (3층)
- 대 상 : 54명(7개교 대표 어린이 24명, 민관협력실무추진단 등)
- 주요내용 : 의회견학, 어린이가 행복한 마을만들기 의제발표 및 전달

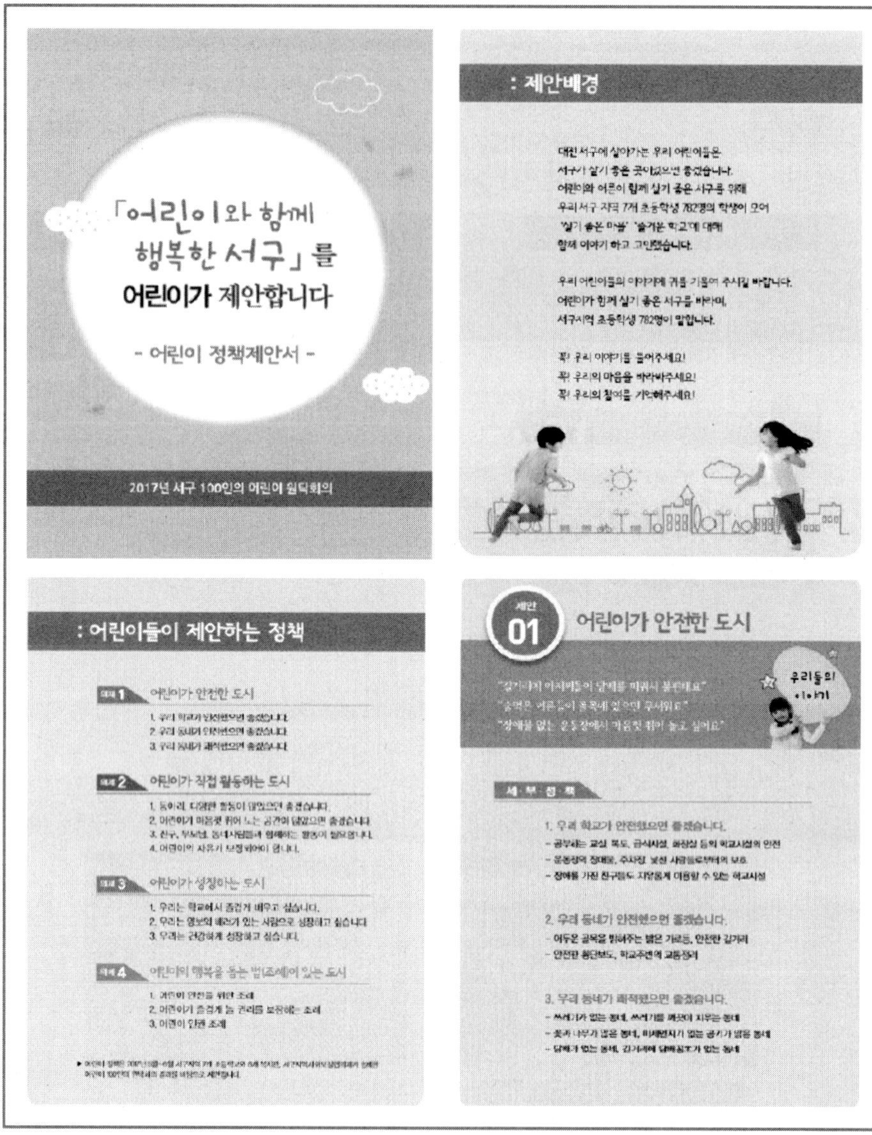
「어린이와 함께 행복한 서구」를 어린이가 제안합니다

- 어린이 정책제안서 -

2017년 서구 100인의 어린이 원탁회의

: 제안배경

대전 서구에 살아가는 우리 어린이들은
서구가 살기 좋은 곳이었으면 좋겠습니다.
어린이와 어른이 함께 살기 좋은 서구를 위해
우리 서구 지역 7개 초등학생 782명의 학생이 모여
'살기 좋은 마을' '즐거운 학교'에 대해
함께 이야기 하고 고민했습니다.

우리 어린이들의 이야기에 귀를 기울여 주시길 바랍니다.
어린이가 함께 살기 좋은 서구를 바라며,
서구지역 초등학생 782명이 말합니다.

꼭! 우리 이야기를 들어주세요!
꼭! 우리의 마음을 바라봐주세요!
꼭! 우리의 참여를 기억해주세요!

: 어린이들이 제안하는 정책

1 어린이가 안전한 도시
1. 우리 학교가 안전했으면 좋겠습니다.
2. 우리 동네가 안전했으면 좋겠습니다.
3. 우리 동네가 쾌적했으면 좋겠습니다.

2 어린이가 직접 활동하는 도시
1. 동아리, 다양한 활동이 많았으면 좋겠습니다.
2. 어린이가 마음껏 뛰어 노는 공간이 많았으면 좋겠습니다.
3. 친구, 부모님, 동네사람들과 함께하는 활동이 필요합니다.
4. 어린이의 자유가 보장되어야 합니다.

3 어린이가 성장하는 도시
1. 우리는 학교에서 즐겁게 배우고 싶습니다.
2. 우리는 양보와 배려가 있는 사람으로 성장하고 싶습니다.
3. 우리는 건강하게 성장하고 싶습니다.

4 어린이의 행복을 돕는 법(조례)이 있는 도시
1. 어린이 안전을 위한 조례
2. 어린이가 즐겁게 놀 권리를 보장하는 조례
3. 어린이 인권 조례

제안 01 어린이가 안전한 도시

우리들의 이야기

세·부·정·책

1. 우리 학교가 안전했으면 좋겠습니다.
- 공부하는 교실, 복도, 급식시설, 화장실 등의 학교시설의 안전
- 운동장의 장애물, 주차장, 낯선 사람들로부터의 보호
- 장애를 가진 친구들도 자유롭게 이용할 수 있는 학교시설

2. 우리 동네가 안전했으면 좋겠습니다.
- 어두운 골목을 밝혀주는 밝은 가로등, 안전한 길거리
- 안전한 횡단보도, 학교주변의 교통정리

3. 우리 동네가 쾌적했으면 좋겠습니다.
- 쓰레기가 없는 동네, 쓰레기를 깨끗이 치우는 동네
- 꽃과 나무가 많은 동네, 미세먼지가 없는 공기가 맑은 동네
- 담배가 없는 동네, 길거리에 담배꽁초가 없는 동네

2) 읍면동 중심의 주민조직화 실제와 과제 : 안동행복드림사업을 중심으로[10)]

☞ 사업명 : 지역안전망 구축을 위한 주민중심 마을 만들기 안동행복드림 사업

☞ 사업수행기간 : 2015. 11. 1.~2018. 12. 31.

☞ 사업수행기관 : 안동시지역사회보장협의체

☞ 사업재원 : 경북사회복지공동모금회 기획사업으로 지원, 안동시에서 지원

☞ 컨소시엄 : 안동시 동·면·리 총 4개 지역

☞ 최종결과 : 지역주민 참여 → 다양한 의견 및 욕구, 지역문제 인식 → 지역주민이 동의하는 과제 선정, 지역 복지 의제 발굴 → 지역주민과 함께 사업 계획 및 추진

※ 지역 주민참여로 지역문제를 인식하고 해결과정을 함께 추진

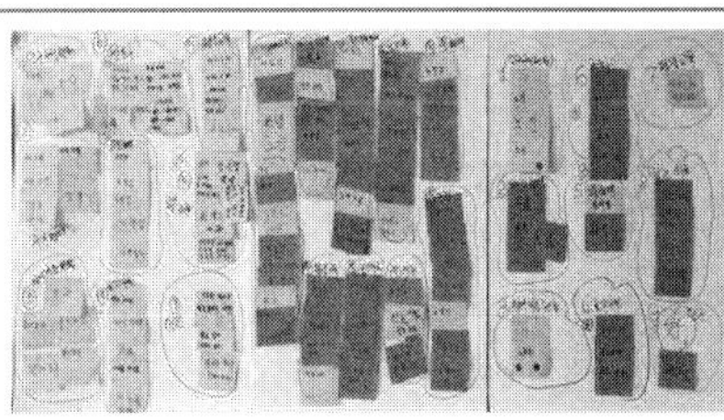	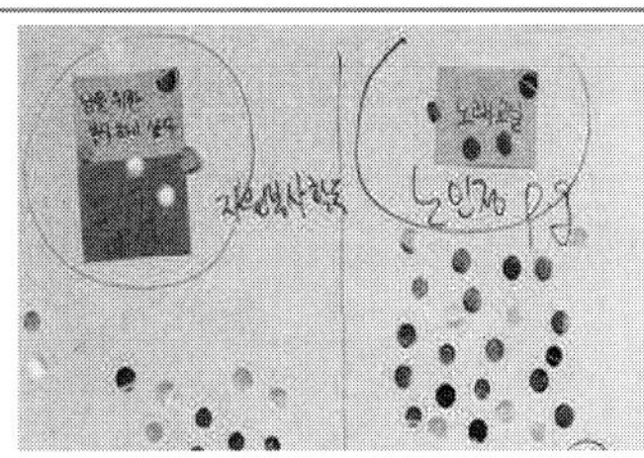
포스트잇 작업(범주화)	도트보팅으로 동의(찬성) 의견 표시

10) 최미현(2019). 읍면동 중심의 지역사회복지실천 : 읍면동 중심의 주민조직화의 실제와 과제 - 안동 행복드림사업을 중심으로(발표5). 한국지역복지아카데미 하계세미나, 한국지역복지아카데미.

(7) 『지역사회보장계획 수립을 위한 주민간담회 운영 매뉴얼』 숙독

※ 간담회의 흐름을 재확인한다.

포인트 (1)

◈ 주민센터 내 담당직원 간에 항시 연계한다.
◈ 담당직원과 참가주민 파트너끼리 사전에 한 번 정도는 만나도록 노력한다.

2. 통과의 조정 및 사전협의

(1) 담당 통 내 참가주민의 조정

※ 각 담당직원이 분담하여 개최 전까지 사전 조정을 한다.

(2) 통의 통대표주민(창구) 확인

※ 준비를 진행하면서 늘 연계한다.

(3) 개최안내 설명서 부수, 안내방법 확인

※ 담당직원은 필요부수를 읍면동 담당자에 연락한다.

※ 안내용 설명서를 언제 배포할 것인지 확인한다.

※ 안내용 설명서는 담당직원이 직접 전달한다(주민간담회에 대해 재차 협력을 요청하면서 상세한 사전협의를 한다).

(4) 당일 회의장 레이아웃 확인

※ 통대표주민과 사전에 확인한다.

(5) 회의장 준비 등 확인

※ 회의 준비시간, 당일 접수 확인

(6) 통대표 인사말 확인

포인트 (2)

◈ 읍면동 내 통대표주민과 항시 긴밀한 연계를 가진다.
◈ 회의장 레이아웃은 분위기 조성을 위한 첫발(교실 스타일, 강연 스타일은 피한다)

〈회의장의 레이아웃(예)〉

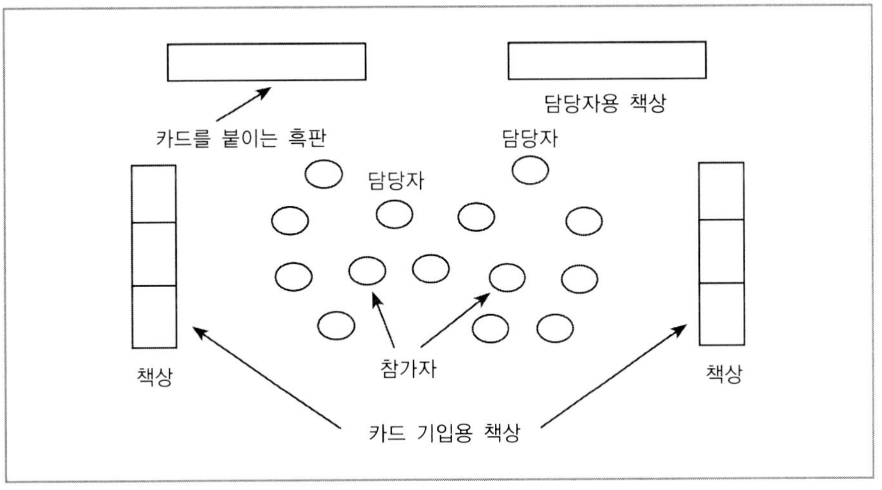

※ 준비물 체크(□에 체크한다)

□ **설명용 자료** : 개최안내 설명문, 출생률, 고령화율 통계 자료
카드 기입에 대한 힌트

□ 기입용 카드 □ 연필 □ 지우개
□ 매직 □ 모조지 □ 테잎
□ 기록용지 및 보고용지 □ 감상문 기입용지(직원용)
□ 용기와 웃는 얼굴

(5) 문제의 추출작업(이미지 만들기)(10분)

진행 절차

① 취지 설명을 바탕으로 막연한 이미지로부터 점점 참가주민들의 지역(당일 모인 단위)에 있어서의 구체적인 문제, 과제를 생각해 본다.

※ 1~2명의 참가주민에게 질문을 해본다.

※ 참가주민에게 바로 카드 기입은 요구하지 않는다.

⇩

② 담당직원이 자기 눈으로 본 구체적인 예(업무상, 생활상)를 들면서 보다 이미지를 구체화해 간다.

※ 예 쓰레기 버리는 문제, 홍수 등 재난재해 문제
어린이들의 놀이공간 문제, 치매노인의 장기보호 문제

⇩

③ 「카드기입요령」을 사용하여 참가주민들이 과제를 쉽게 생각해 낼 수 있도록 진행한다. 카드기입 작업으로 들어간다.

※ 「카드기입요령」 사용

(6) 카드기입 작업(10분)

진행 절차

① 카드의 활용방법에 대해 설명한다.

※ 참가주민들로부터 나온 과제를 정리(공통과제)해 본다.

※ 과제를 참가주민들이 공유하면서 의논을 나눈다.

※ 카드 한 장 한 장이 계획의 기초자료가 된다.

⇩

② 카드 기입방법을 설명한다.

※ 흑판 또는 모조지에 써서 설명한다.

※ 적은 과제가 「카드기입요령」의 어느 분야에 해당되는지 번호를 기입한다.

※ 한 과제에 대해 카드 한 장을 사용한다.

⇩

③ 「카드기입요령」에 해당되지 않는 카드에는 번호를 매기지 않는다.

⇩

④ 과제기입은 한 사람이 몇 장을 써도 괜찮다.

⇩

⑤ 기본적으로 누가 무엇을 썼는지에 대해서는 서로 모르게 한다.

〈기입 예〉

- 동네 어린이들에게 말을 걸어도 인사를 하지 않는다.
- 나이 든 남편이 몸이 불편한 부인을 간병하고 있다.
- 쓰레기 버리는 날짜, 방법 등이 지켜지지 않고 있다.

※ 카드기입 작업이 어려운 상황에 대한 대응

카드기입 작업이 곤란(참가자 수가 적다, 적는 것에 대해 저항감을 가지고 있다)한 경우는 무리하게 작업을 진행시키지 말고, 담당직원이 「카드기입요령」의 과제분야별로 화제를 제공하여 거기에서 나온 과제를 카드에 기입하여 붙이면서 간담회를 진행시켜간다 → (8)로 이동

포인트 (6)

◈ 카드기입 작업은 분위기를 어느 정도 만들어놓고 나서 시작

◈ 쓰는 것에 대해 저항감을 가지고 있는 참가자에 대한 배려

◈ 개별적이고 구체적인 과제는 중요하게 취급은 하지만, 그 부분에 특히 집중하지 않도록 한다.

◈ 「카드기입요령」을 활용한다.

(7) 기입된 카드의 정리 작업(15분)

진행 절차

① 참가주민 전원이 카드를 기입했는지 확인한다.

⇩

② 기입된 카드를 모두 회수하여 과제분야별로 나누는 작업을 진행한다. 「카드기입요령」을 참조

⇩

③ 한 사람이 카드에 기입한 과제를 읽고 나면, 다른 한 사람이 읽은 과제를 분야별로 흑판 혹은 모조지에 붙인다.

⇩

④ 분류된 카드를 동그라미로 구분하여 「카드기입요령」에 있는 분야(환경, 어린이 등)별로 제목을 기입한다.

⇩

⑤ 분류에서 제외된 카드는 기타로 분류한다.

⇩

⑥ 한 카드에 두 과제가 기입되어 있으면 담당직원이 카드 2장으로 옮겨 적는다.

포인트 (7)

◈ 카드 한 장 한 장을 소중하게 다룬다(카드가 생명).
◈ 카드작업은 참가자끼리 의논을 하면서 해 나간다.
◈ 카드에 적혀있는 과제를 정확하게 낭독한다.
◈ 분류단계에서 지역의 특징적 과제를 파악한다.
◈ 기입한 사람이 누구인지 모르도록 배려한다(원칙).

〈카드를 붙이는 레이아웃〉

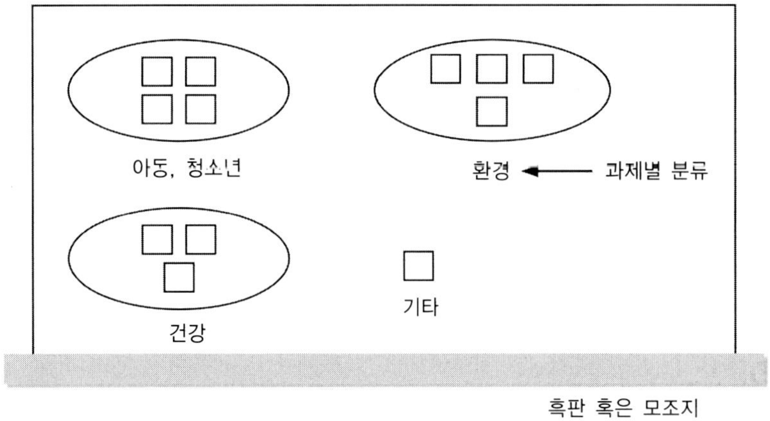

(8) <u>(카드에 적힌) 과제에 대한 토의</u>(50분)

진행 절차

① 참가주민에게 모조지에 붙인 카드를 보이면서 소감을 듣는 것부터 시작한다.

⇩

② 담당직원이 소감을 말한다.

예 이 간담회는 다른 반상회와 비교해서 과제(카드)가 많다.
이것은 여러분들이 여러 곳에 관심을 가지고 있는 것을 말해주고 있다.

예 특히 이 간담회는 케어(카드)에 대한 과제가 많은데 가까이에 양로원이 있어서 아마 노인문제를 자기들의 문제라고 생각한 것으로 보인다.

⇩

③ 분류한 카드를 분야별로 화제를 제공하면서 진행한다.

※ 가장 많은 카드부터 화제로 한다.

※ 담당자가 자신 있는 과제부터 화제로 한다.

※ 가장 적은 카드부터 화제로 한다.

⇩

④ 카드 한 장 한 장에 기입되어 있는 과제의 특징을 말하면서 참가주민에게 어떻게 생각하는지 물어본다.

예 「환경」 문제부터 말씀드리면, 카드를 보니 가정용 쓰레기를 버리는 매너에 관한 카드가 많은 것 같습니다. 여러분은 일상생활에서 어떻게 느끼고 있습니까?

예 여러분도 자기 일처럼 걱정되는지, 역시 노인케어에 대한 카드가 많은 것 같습니다. 현재 케어를 받고 계신 분, 아니면 경험하신 분, 또는 앞으로 케어에 대해 걱정되시는 분들, 여러 가지 의견을 이야기해 봅시다.

예 이 카드를 보면, 「아이들의 가정교육」 문제로 많이 고민하시고 계시는 것 같은데, 지역에서 아이들을 어떻게 키우면 좋을지 얘기해 봅시다.

⇩

⑤ 하나의 화제가 끝나면 다음 화제로 넘어간다.

※ 임기응변적으로 대처한다.

⇩

⑥ 참가주민들이 이야기하는 도중에 새로운 과제가 나올 경우 그때마다 담당직원이 카드에 기입하여 추가로 붙인다.

⇩

⑦ 붙여진 카드에 대해서는 반드시 의견교환을 하도록 한다.

⇩

⑧ 진행 중 나온 의견 등은 기록담당(담당 직원)이 기록한다.

포인트 (8)

◈ 한 과제에 너무 집중하지 않도록 한다.
◈ 참가주민들 전원이 발언하도록 배려한다.
◈ 진행하면서 참가주민 중 Key Person을 파악한다.
◈ Key Person을 잘 활용한다.
◈ 참가주민끼리의 의견교환을 통하여 추가카드를 보다 많이 붙인다.

(9) 정리 작업(10분)

진행 절차

① 참가주민 전원이 발언했는지를 확인한다.

※ 발언하지 않은 참가주민이 있으면 소감을 물어본다.
(무리하게 강요하지는 않는다)

⇩

② 참가주민에게 마지막으로 의견이 있는지 물어본다.

⇩

③ 담당직원이 감상을 말한다.

⇩

④ 향후의 계획 만들기(예정)에 대해 설명한다.

※ 올해는 기초자료 만들기를 위해 통, 반에서 간담회를 개최하고 관계 단체와의 간담회도 개최 예정

※ 기초자료를 바탕으로 시군구 각 부서가 협력하여 정리하는 작업을 할 예정(건강, 복지, 아동, 케어서비스, 시민생활기획, 건축, 사회교육, 사협 등)

포인트 (9)

◈ 카드 한 장 한 장이 중요한 기초자료가 된 것을 강조한다.
◈ 개별적이고 구체적인 문제로, 특히 긴급하게 대처할 필요성이 있는 과제에 대해서는 반드시 대응한다(상담창구 소개, 담당과에 연락 등).

3. 좌담회 종료(5분)

(1) 통 대표주민 인사말

⇩

(2) 담당직원 감사의 인사

⇩

(3) 뒷정리

⇩

(4) 통 대표 및 참가주민에게 인사

※ 간담회의 소감을 듣는다.

4. 보고

(1) 간담회 실시현황 보고서 제출

⇩

(2) 과제기입 카드의 제출

⇩

(3) 담당직원들 소감 제출

※ 제출처 : 읍면동 담당자

[지역사회보장계획 수립을 위한 주민간담회 담당직원 설명자료]

주민간담회 개최

◈ 주민간담회 개최 취지

「복지」 문제로부터 ➡ 자립된 생활을 보낼 수 있는 마을로

이제까지 우리 사회에서는 어쩌면 사회복지서비스는 특정한 사람들만이 받을 수 있는 것이고, 행정이 반드시 대처해야 되는 것으로 생각해 온 경향이 있었습니다.

이런 가운데 이제까지 여러분들이 건강하고 안심하며 생활할 수 있는 마을 만들기를 위하여 지역주민 분들과 협력하여 추진해 왔으며, 앞으로도 시(구)청과 읍면동 주민센터의 중요한 업무임은 말할 필요가 없습니다.

그러나 출생률 저하와 고령자의 증가와 더불어 사회가 복잡화되고 욕구가 다양화됨에 따라 이제까지와 같이 행정만으로는 지역 구석구석까지 지원할 수가 없게 되었습니다.

예를 들면, 독거노인에 대한 일상적인 지원과 보살필, 케어를 필요로 하는 분들과 그 가족에 대한 지원과 격려, 장애를 가진 분들에 대한 지원, 육아 중인 엄마들에 대한 지원, 보다 살기 좋은 마을 만들기 등을 들 수 있습니다.

이러한 과제들은 이제까지도 시(군, 구)청, 지역대표, 각 단체대표들, 읍면동 주민자치위원회 및 지역사회보장협의체 위원, 자원봉사자 등 많은 시민들과 함께 협력하면서 대처해 왔습니다.

앞으로의 지역사회는 이러한 것을 한층 더 추진하여 자립생활이 곤란한 개인이나 가족이 지역에서 자립생활이 가능하도록 네트워크를 만들고 필요한 서비스(공적 · 비공적 서비스)를 종합적으로 제공하는 체제를 강화해 갈 필요가 있습니다.

그래서 우리 시(군, 구)에서는 「지역사회보장계획」을 만들고 있습니다.

지역사회복지는 막연한 단어입니다만 … 「복지」를 「생활」로 바꾸면 이해하기가 쉬울지도 모르겠습니다. 여러 가지 장애가 있어 자립생활이 곤란한 사람이나 가족이라도 모든 시민이 「행복한 생활을 할 수 있는 마을 만들기」 위하여 지금 필요한 것이 무엇인가를 함께 생각해 가는 것이 이 계획입니다. 계획을 만듦에 있어서 시(군, 구)청과 지역사회보장협의체가 중심이 되어 계획수립 TF를 만들어 이제까지의 지역사회복지 추진 행정을 반성하고 새로운 복지 시(군, 구)를 만들기 위해 고민하고 있습니다.

그러나 이 계획은 「행정이 무엇을 할 것인가」를 위한 계획만은 아닙니다. 지금 지역주민인 여러분이 무슨 고민을 하고 있는지, 어떤 관심을 가지고 있는지 등에 대해서 직접 얼굴을 맞대고 이야기를 하는 것부터 계획 만들기를 시작하려고 합니다.

이러한 취지에서 오늘 간담회를 개최하고자 합니다.

[주민좌담회 때 주민에게 나누어줄 자료/한 장에 양면인쇄 됨]

좌담회 안내(재미있는 좌담회 안내 제목을 붙인다)

♣ 목적 …

모든 시민이 지금 살고 지역에서 누구나 자립된 생활을 보낼 수 있는 마을을 만들기 위하여 지금 어떤 문제가 있는지를 여러분들과 함께 풀어나가기 위하여 얼굴을 맞대고 이야기를 하기 위한 좌담회입니다

♣ 지금 우리지역에서는?

- 케어로 지쳐있는 사람이 있어서 걱정이다.
- 아이들을 위한 놀이공간을 더 만들었으면 좋겠다.
- 반상회 활동에 좀 더 참가 했으면 좋겠다.
- 노인부부세대의 쓰레기 문제 등

♣ 누구든지 …

웃는 얼굴로

건강하게

안심하고

행복하게

♣ 모두가 힘을 합쳐

한사람 한사람의 의견을

마을 만들기에 …

♣ 아버지, 어머니, 할아버지, 할머니, 언니, 오빠, 중고생 대환영 많이많이 참석해 주세요.

참고문헌

강병로(2008). 사회복지 욕구조사와 프로그램 평가. 서울 : 나눔의집.

강영걸・박성복(2008). 사회복지조사론. 경기 : 학현사.

구장완(2018). 대전광역시 서구 주민주도형(지역복지관 중심) 마을계획 수립활동사례. 한국지역사회복지학회 추계 학술대회 발표논문자료. 한국지역사회복지학회, 115-134.

권구영・김영란(2010). 사회복지실천가를 위한 과학적 조사분석과 보고서 작성. 경기 : 공동체.

길현종・김수영・신나래・이영수(2015). 고용・복지 사회서비스 수요・공급분석-지역을 중심으로. 세종 : 한국노동연구원.

김병록(2008). 지역사회 복지격차 연구에 대한 분석. 지역사회연구, 16(2), 143-161.

김병섭(2008). 편견과 오류 줄이기-조사연구의 논리와 기법. 경기 : 법문사.

김석주(2015). 지리정보체계와 다층분석을 활용한 지역사회복지연구-미국 공공부조 수급종료 여성들의 취업후 소득에 대한 연구사례. 한국지역사회복지학회지, 54, 291-309.

김영종(2007). 사회복지 조사론 이해와 활용. 서울 : 학지사.

______(2007). 사회복지조사방법론(제2판). 서울 : 학지사.

______(2013). 사회복지프로그램 개발과 평가. 서울 : 학지사.

김용학(2004; 2007). 사회연결망 이론. 서울 : 박영사.

김이배・안재성(2014a). GIS를 활용한 경북사회복지 이용시설의 접근성 비교연구. 사회복지정책, 41(3), 107-129.

______________(2014b). GIS를 활용한 사회복지 수요공급 연구. 경북 : 경북행복재단.

김정현・김가희・김보영(2015). 사회복지시설 접근성의 지역 불균형 해소방안 연구-지역 분포 분석을 중심으로. 세종 : 한국보건사회연구원.

류지선・백정원・김숙남(2015). 지역사회 생애 말기 돌봄에 있어서 사회복지 개입의 필요성 탐색. 보건과사회과학, 40, 79-110.

박경숙(2014). 남양주시 지역사회 민관 복지관련기관 네트워크의 구조적 특성과 거버넌스 유형. 사회보장연구, 32(3), 93-124.

박선희(2014). 마을공동체 사업 성과 측정에 관한 탐색적 연구. **한국지역사회복지학**, 49, 285-306.

박세경 · 이정은 · 신수민 · 양난주(2013). 사회서비스 수요공급의 지역단위 분석연구. 서울 : 한국보건사회연구원.

박치성(2006). 비영리 정부조직 간 공식계약관계에 대한 연구 : 미국 피츠버그시 사회서비스 공식계약 연결망을 중심으로. **행정논총**, 44(4), 231-258.

박치성 · 원구환(2009). 사회 네트워크 분석의 활용을 통한 조직진단 분석에 관한 연구. **한국조직학회보**, 6(2), 1-32.

박태영 외(2017). 지역복지자원 연계 · 관리 모델 개발 및 확산방안 연구-시군구 및 읍면동 지역사회보장협의체의 연계를 중심으로-. 지역발전위원회.

박태영(2016). 지역조직사업의 가시화 시론. 지역복지 과제해결을 위한 지원사업 영덕 · 안동 · 의성 제2차 공동교육. 영덕군지역사회보장협의체.

박태영 · 채현탁(2017). **지역사회복지론**. 경기 : 정민사.

박해긍 · 김주희 · 조보경 · 최정임(2017). 지역조직가의 역할에 관한 사례연구-지역조직화사업, 마을만들기 활동을 중심으로-. **한국지역사회복지학**, 63, 97-131.

보건복지부(2017). 읍면동 맞춤형복지 업무 매뉴얼.

__________. 제3기(2015-2018) 지역사회복지계획 수립 매뉴얼.

보건복지부 · 광주대학교 산학협력단(2012). 지역사회복지계획 중장기 발전방향 연구(일본 쯔루오카(鶴岡)시의 지역복지계획 수립 Working Group(2003. 11)), 2012, 414-431.

보건복지부 · 한국보건사회연구원(2018). 통계로 보는 사회보장.

서혜미 · 민소영(2012). 지역기반 네트워크의 구조적 특성과 효과성 연구-강남구 디딤돌 사업을 중심으로. **서울도시연구**, 13(2), 89-108.

성은미 · 백승호 · 주춘범(2009). 경기도 민간복지자원 실태조사 보고서. 경기 : 경기복지재단.

손동원(2002). **사회 네트워크 분석**. 서울 : 경문사.

송현주(2011). 노인복지조직 간 네트워크 특성에 관한 연구. 대구대학교 대학원 석사학위논문.

신현욱 · 강병노 · 최영광 · 황성혜(2011). 장애인복지관 직업재활네트워크 구조 비교 · 분석 연구. **장애와고용**, 21(3), 131-162.

오단이・정무성(2015). 지역사회문제 해결을 위해 창업한 사회적기업가가 바라본 한국 중간지원조직 연구-지속가능한 사회적기업 활성화를 위해-. 한국사회복지행정학, 17(1), 189-212.

오윤정・남진열(2015). 제주특별자치도 행정시 지역사회복지계획 수립과정 분석. 한국지역사회복지학, 52, 147-169.

우수명(2007). 지역사회 네트워크의 이해와 실제. 제1기 지역사회조직가과정자료집. 한국보건복지인력개발원.

______(2008). 지역사회복지 관련 조직간 네트워크 성장에 영향을 미치는 요인 연구. 숭실대학교 대학원 박사학위논문.

______(2012). 네트워크 분석을 활용한 집단 프로그램의 사전・사후 응집력 평가 연구-친밀과 신뢰 네트워크를 중심으로. 한국사회복지행정학, 14(1), 1-25.

윤지영・방한별・김주희(2011). 평택시 사회복지시설 욕구조사 실무도움서 1~3. 평택복지재단.

이수상(2016). 네트워크 분석 방법론. 서울 : 논형.

이영석(2009). 진정한 퍼실리테이터는 누구일까, 퍼실리테이션 케이스의 비밀창고, 월간 HRD 6월호. 한국퍼실리테이션센터.

______(2009). 퍼실리테이션 프로세스, 월간 HRD 8월호. 한국퍼실리테이션센터.

이재무・이재성(2014). 사회연결망분석을 활용한 아이돌봄지원사업의 정책네트워크 연구. 한국사회복지행정학, 16(3), 209-234.

이정화・박공주(2004). 노인복지 수요예측을 위한 노인인구의 공간적 분석-GIS를 이용한 농촌인지적 접근. 한국지역사회생활과학학회지, 15(4), 137-150.

이종환(2010). SPSS를 이용한 조사방법 및 통계분석의 이해와 적용. 경기 : 공동체.

채구묵(2004). 사회과학 통계분석. 경기 : 양서원.

채홍미・주현희(2016). 퍼실리테이터 : 소통을 디자인하는 리더. 아이앤유(inu).

최미현(2019). 읍면동 중심의 지역사회복지실천 : 읍면동 중심의 주민조직화의 실제와 과제 – 안동 행복드림사업을 중심으로(발표5). 한국지역복지아카데미 하계세미나. 한국지역복지아카데미.

최재성・강은나・이정은・조미형・김영환(2014). 지역중심 사회복지 네트워크 사업에 대한 비판적 고찰-서울디딤돌 및 희망온돌 사업을 중심으로. 한국사회복지행정학, 16(2), 155-180.

최지선(2010). 서비스통합전략으로서의 사례관리실천경험에 관한 연구. 한국사회복지행정학, 12(1), 57-88.

평택복지재단(2010). 제2기 평택시 사회복지계획 수립을 위한 평택시민 복지욕구조사.

한국지역복지아카데미(2014). 의성군 지역주민 복지욕구조사.

허명회(2015). R을 활용한 사회네트워크분석 입문. 경기 : 자유아카데미.

협동조합 성북신나(2014). 지역자원조사매뉴얼 ABC.

황성동(2015). 알기 쉬운 사회복지조사방법론. 서울 : 학지사.

희망제작소. 희망드로잉 26 워크숍 활용 설명서.

Miraen. 중학교 진로와 직업 워크북.

JST社會技術研究開發センター·秋山弘子(2015). 高齢社會のアクションリサーチ -新たなコミュニティ創りをめざして-. 東京大學出版會.

加納光子(2001). 現代社會と地域福祉. 井岡 勉·成清美治 編. 地域福祉概論. 學文社.

加藤博史(2016). 人權志向の自治力の向上指標. 加藤博史 外(2016). 地域福祉のオルタナティブ. 法律文化社.

廣井良典(2011). コミュニティを問いなおす. ちくま新書.

金子 勇(1989). 新コミュニティの社會理論. アカデミア出版會.

島原万丈・HOME'S總研(2016). 本当に住んで幸せな街-全國「官能都市」ランキング-. 光文社新書.

藤井博志(2000). ユミュニティワークの到達点とユミュニティワーカ一養成の課題. 牧里毎治 編. 地域福論. 川島書店.

牧里毎治(2002). 地域援助の理論と技術. 黑木保博 外. 社會福祉援助技術論(下). ミネルヴァ書房.

________(2012). 住民參加で讀み解く岡村地域福祉論. 牧里毎治外 編. 自發的社會福祉と地域福祉. ミネルヴァ書房.

上野谷加代子・齊藤彌生(2015). 福祉ガバナンスとソーシャルワーク -ビネット調査による國際比較-. ミネルヴァ書房.

小林良二(2016). 研究と實踐をつなぐ「見える化」「見せる化」の意義と課題. 東洋大學福祉社會開發研究センター シンポジウム 資料集.

松野 弘(2004). 地域社會形成の思想と論理. ミネルヴァ書房.

安田雪(2005). ネットワーク分析 : 何が行為を決定するか. 東京 : 新曜社.

岩間伸之・原田正樹(2012). 地域福祉援助をつかむ. 有斐閣.

玉野井芳郎松(1978). 地域主義. 學陽書房.

紫田 學(2017). 地域福祉における'まちづくり'-その再考と摸索-. 牧里毎治外 編. 地域再生と地域福祉. 相川書房.

竹之下典祥(2016). 住民主體に求められる要件. 加藤博史 外(2016). 地域福祉のオルタナティブ. 法律文化社.

Anselin, L.(1992). *SpaceStat, a Software Program for Analysis of Spatial Data*. Santa Barbara, CA : National center for geographic information and analysis, University of California.

Anselin, L., & Bera, A. K.(1998). Spatial dependence in linear regression models with an introduction to spatial econometrics. In A. Ullah & D. E. A. Giles(Eds.), *Handbook of Applied Economic Statistics*(pp. 237-289). Dekker, NY : CRC Press.

Baily, T. C.(1994). A review of statistical spatial analysis in geographic information systems. In S. Fortheringham & P. Rogerson(Eds.), *Spatial Analysis and GIS*(pp. 13-43). London, UK : Tayler & Francis, Ltd.

Cancian, M., Haveman, R. H., Meyer, D. R., & Wolfe, B.(2002). Before and after TANF : The economic well-being of women leaving welfare. *Social Service Review, 76*(4), 603-641.

Chang, K.(2008). *Introduction to Geographic Information Systems*(4th ed.). New Delhi : McGraw-Hill Higher Education.

Gardner, J.(1997). *Building Community*. 이강현 역(1997). 공동체건설. 볼런티어21.

Griffith, D. A.(1987). *Spatial Autocorrelation : A Primer(Resource Publications in Geography)*. Washington DC : The Association of American Geographers.

Hanneman, Robert A., & Riddle, Mark(2005). *Introduction to Social Network Methods*. Riverside, CA : University of California, Riverside.

Kain, J. F.(1968). Housing segregation, Negro employment, and metropolitan decentralization. *The Quarterly Journal of Economics, 82*(2), 175-197.

Krejcie, Robert V., & Morgan, Daryle W.(1970). Determining sample size for research activities. Educational and Psychological Measurement, 30, 607-610.

Marlow, C.(2005). *Research Methods for Generalist Social Work*(4th ed.). Belmont, CA :

Brooks/Cole-Thompson Learning.

Moran, P. A. P.(1950). Notes on continuous stochastic phenomena. *Biometrika* 37(1/2), 17-23.

Morgan, D. L., & Krueger, R. A.(1998). *Focus Group Kit*. SAGE. 신경림 외 공역(2004). 질적 연구방법 포커스 그룹. 서울 : 현문사.

NASW(1999). *Encyclopedia of Social Work*(19th ed.). 사회복지대백과사전. 서울 : 나눔의집.

Netting, F. E., Kettner, P. M., & McMurtry, S. L.(1998). *Social Work Macro Practice.* Longman.

O'Sullivan, D., & Unwin, D. J.(2010). *Geographic Information Analysis*(2nd ed.). Hoboken, NJ : John Wiley & Sons, Inc.

Pace, R. K., & Barry, R.(1997). Quick computation of spatial autoregressive estimators. *Geographical Analysis, 29*(3), 232-247.

Pantoja, A., & W. Perry(1992). Community Development and Restoration : a perspective. In F. G. Rivera & J. L. Erlich(Eds.), *Community Organization in a Diverse Society.* Allyn & Bacon.

Philip Seed(1990). *Introducing Network Analysis in Social Work*. London : Jessica Kingsley Publishers.

Putnam, R. D.(2000). *Bowling Alone.* 정승현 역(2009). 나 홀로 볼링. 페이퍼로드.

Tobler, W.(1970) A computer movie simulating urban growth in the Detroit region. *Economic Geography, 46,* 234-240.

Warren, R. L.(1978). *The Community in America.* Rand McNally.

Wasserman, S., & Faust, K.(1994). *Social Network Analysis : Methods and Application*. New York : Cambridge University Press.

Webster, B. H., & Bishaw, A.(2006). Income, earnings, and poverty data from the 2005 American Community Survey. Washington, DC : U. S. Census Bureau.

Wilson, W. J.(1987). *The Truly Disadvantaged : The Inner City, the Underclass, and Public Policy*. Chicago, IL : University of Chicago Press.

국가공간정보포털. www.nsdi.go.kr

다음백과. 100.daum.net/encyclopedia/view/47XXXXXXb616

대구광역시청. www.daegu.go.kr

비즈지아이에스. www.biz-gis.com

서베이몽키 www.surveymonkey.com

서울특별시 공간정보교육센터. www.gis.seoul.go.kr

통계청. www.kostat.go.kr

blog.hani.co.kr/enfield/66728

blog.naver.com/something76/220742519112

cafe.naver.com/eboya07/85797

handay23.tistory.com/141

kh2un.blog.me/60122879370

vvwwvw.tistory.com/19

www.koofacilitation.kr

www.thinkvirus.net/167

저/자/약/력

■ **박태영**

대구대학교 사회복지학과 교수
대구대학교 대학원 사회복지학과(철학박사)
지역사회복지론, 지역복지계획의 이론과 실천 등

■ **채현탁**

대구사이버대학교 사회복지학과 교수
대구대학교 대학원 사회복지학과(철학박사)
지역사회복지론, 자원봉사론, 사회복지법인 운영이 지역 경제에 미치는 파급효과 등

■ **김동화**

경북행복재단 선임연구원
대구대학교 대학원 사회복지학과(철학박사)
사회적기업의 성과에 관한 다층분석, 제1차 경상북도 장애인 패널 조사 등

■ **김석주**

대구대학교 사회복지학과 교수
Case Western Reserve 대학교 사회복지전공(철학박사)
지리정보체계와 다층분석을 활용한 지역사회복지연구, 사회복지 통합 자료체계의 구축과 활용 등

지역사회복지연구방법론

|공저자| 박태영 · 채현탁 · 김동화 · 김석주

|1판 1쇄| 발행 2019년 3월 5일

|발행인| 김 동 훈
|발행처| 공 동 체

|주소| 경기도 고양시 일산동구 호수로 358-39, 동문타워 I 905호(백석동)
|전화| 031) 920-8305(대표)
|팩스| 031) 920-8308
|e-mail| compub@naver.com
|출판등록| 2005년 10월 6일
|등록번호| 제396-2005-36호

|ISBN| 979-11-6105-341-7
정가 17,000원

MEMO

MEMO

MEMO